U0574424

BLUE BOOK

智库成果出版与传播平台

传播创新蓝皮书

BLUE BOOK OF
COMMUNICATION INNOVATION

中国传播创新研究报告
（2020）

ANNUAL REPORT ON CHINA'S COMMUNICATION
INNOVATION (2020)

主　编／单　波
执行主编／肖　珺　吴世文

社会科学文献出版社
SOCIAL SCIENCES ACADEMIC PRESS (CHINA)

图书在版编目（CIP）数据

中国传播创新研究报告.2020 / 单波主编. -- 北京：
社会科学文献出版社，2020.7
（传播创新蓝皮书）
ISBN 978 - 7 - 5201 - 6687 - 4

Ⅰ.①中…　Ⅱ.①单…　Ⅲ.①传播学 - 研究报告 - 中
国 - 2020　Ⅳ.①G206

中国版本图书馆 CIP 数据核字（2020）第 088438 号

传播创新蓝皮书
中国传播创新研究报告（2020）

主　　编 / 单　波
执行主编 / 肖　珺　吴世文

出 版 人 / 谢寿光
组稿编辑 / 祝得彬
责任编辑 / 张　萍

出　　版 / 社会科学文献出版社·当代世界出版分社（010）59367004
　　　　　　地址：北京市北三环中路甲 29 号院华龙大厦　邮编：100029
　　　　　　网址：www. ssap. com. cn
发　　行 / 市场营销中心（010）59367081　59367083
印　　装 / 三河市东方印刷有限公司

规　　格 / 开 本：787mm × 1092mm　1/16
　　　　　　印 张：18.25　字 数：271 千字
版　　次 / 2020 年 7 月第 1 版　2020 年 7 月第 1 次印刷
书　　号 / ISBN 978 - 7 - 5201 - 6687 - 4
定　　价 / 168.00 元

主要编撰者简介

单　波　武汉大学哲学博士，教育部人文社会科学重点研究基地武汉大学媒体发展研究中心主任，教授，中国新闻史学会副会长，中国传播思想史学会会长。主要从事比较新闻学与跨文化传播研究，出版的主要著作有《中西新闻比较》《20世纪中国新闻学和传播学·应用新闻学卷》《心通九境：唐君毅哲学的精神空间》《跨文化传播的问题与可能性》《新闻传播学的学术想象与教育反思》等，在中外期刊上发表论文百余篇，曾获教育部高校优秀成果二等奖、湖北省社会科学优秀成果二等奖、宝钢优秀教师奖、国务院政府特殊津贴、文化名家暨"四个一批"人才等。

肖　珺　武汉大学新闻学博士，教育部人文社会科学重点研究基地武汉大学媒体发展研究中心副主任、研究员，武汉大学新闻与传播学院副教授、网络传播系副主任，武汉大学跨文化传播研究中心主任。担任中国舆论学研究委员会常务理事等学术兼职。曾为美国费曼项目高级访问学者、"加拿大研究特别奖"项目访问学者、香港中文大学和台湾政治大学访问学者等。主要从事网络传播和跨文化传播研究，出版的主要著作有《新媒体跨文化传播的中国实践研究》《跨文化虚拟共同体：连接、信任与认同》等。已主持并完成国家社科基金、教育部等课题多项，在国内外发表科研成果近80部/篇，曾获湖北省社会科学优秀成果奖等学术奖励。

吴世文　传播学博士，教育部人文社会科学重点研究基地武汉大学媒体发展研究中心研究员、副教授，武汉大学珞珈青年学者、人文社科青年学术团队负责人，武汉大学媒体发展研究中心健康传播研究所主任，武汉大学信息管理学院（出站）博士后，宾夕法尼亚大学、香港城市大学、澳门科技大学访问学者，主要研究领域为互联网历史、健康传播与文化。近年出版专著《新媒体事件的框架建构与话语分析》等，主持国家社科基金青年项目等多项课题，发表中英文论文50余篇，曾获得湖北省社会科学优秀成果奖等学术奖励。

摘　要

本报告由教育部人文社会科学重点研究基地武汉大学媒体发展研究中心组织编撰，分为总报告、社会传播篇、经济传播篇、政治传播篇、文化传播篇、媒体传播篇、附录七部分。

总报告以"中国传播创新"为主题，从传播组织、内容生产、传播方式、社会连接四个维度评估 2019 年的中国传播创新，解读年度中国传播创新实践，分析代表性案例，发掘其中的创新要素与传播智慧。

总报告研究发现，2019 年是中国传播的"5G 元年"，技术进步展现出从"人人互联"转向"物物互联""人物互联"的前景，技术的平台化发展、社会不确定性的增强和公众集体智慧共同作为驱动力，为中国传播创新不断提供动能。2019 年，社会传播创新具有社会问题驱动和公益性质，并和时代背景、新技术进步密切结合。文化传播创新注重发掘文化中国的文化特性和"活化"元素，从而运用新形式、新方法创新性地传播中国文化。政治传播创新继续注重运用新的技术手段和媒介平台沟通政府与民众，政府有关部门注重通过推出惠民举措来促进沟通。经济传播创新着眼于不同商业模式的相互碰撞，注重探索社会主义市场经济中的蓝海之地。媒体传播创新聚焦新的技术形态（如 5G、AI、区块链技术等），多数创新由技术驱动，致力于发掘新技术形态给内容生产与组织架构带来的新机会。中国传播创新呈现出复杂性、创生性、治疗性特点，面临资本如何坚守传播创新、如何将事件驱动的创新持续化和生活化、如何为创新创造条件和积累能量这三重挑战。

专题研究发现，2019 年中国传播创新的热点，主要包括以下几个方面。在社会传播创新实践中，新媒介的使用为社区和家庭的互动带来了新的契机。一方面，在线数字社区的圈群化传播让农村社区黏性进一步增强，多元

主体的"共同在场"打破了原有的单一中心结构,有利于建立农村治理新模式。另一方面,手机媒介对于留守儿童的家庭教育具有重要意义,有必要加强留守儿童的基本媒介素养教育。在政治传播创新实践中,《飞跃看变化》等通过"跨界融合"主流媒体与游戏,将新闻元素纳入游戏设计,容易给目标受众带来沉浸式体验。在文化传播创新实践中,国家媒体面对争议话题的跨文化沟通能力有所增强,个人化的跨文化叙事产生了全球传播效果。在经济传播创新实践中,品牌传播的运作模式围绕"智能决策",在精确化、自动化和智能化方面探索创新,内容运作不断实现批量化、个性化与场景化发展,品牌服务呈现出纵深化与整合化的趋势。在媒体传播创新实践中,5G、区块链、AI、4K 等新技术的创新性运用催生了"媒体大脑 3.0"等新产品,而短视频产品继续保持快速发展态势。

总之,从 2019 年中国传播创新的热点事件和前沿事件来看,中国传播创新呈现丰富性与多元性特征,并朝着公众驱动传播创新的方向演进。

关键词:中国传播　创新　社会　连接

目 录

Ⅰ 总报告

B.1 2019年中国传播创新的现状、挑战与趋势

.... 单　波　吴世文 / 001

一　2019 年中国传播创新概论 .... / 002

二　2019 年中国传播创新的典型案例及其特征 .... / 003

三　挑战与未来走向 .... / 022

Ⅱ 社会传播篇

B.2 在线社区传播与农村治理新模式

——基于宁夏中北村微信群的考察 .... 冉　华　耿书培 / 026

B.3 快手短视频 App 提升农村用户主观幸福感的调查研究

.... 邓元兵　李　慧 / 046

B.4 手机在农村留守儿童家教中的作用研究

——基于武陵山片区的调查 .... 于凤静　王文权 / 064

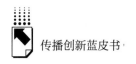
Ⅲ 经济传播篇

B. 5 2019年中国媒介与居民生活形态变迁

⋯⋯⋯⋯⋯⋯⋯⋯⋯⋯⋯ 徐立军 姚 林 刘海宇 褚晓坤 / 080

B. 6 2019：5G智能技术背景下的中国品牌传播创新

⋯⋯⋯⋯⋯⋯⋯⋯⋯ 姚 曦 姚 俊 郭晓譞 袁 俊 / 105

Ⅳ 政治传播篇

B. 7 "新闻＋游戏"的跨界融合创新研究

——以新华社《飞跃看变化》为例

⋯⋯⋯⋯⋯⋯⋯⋯⋯ 李 斌 乌梦达 樊 攀 / 127

B. 8 2019年数据保护制度创新报告⋯⋯⋯⋯⋯ 王 敏 曹 放 / 139

Ⅴ 文化传播篇

B. 9 2019年中国跨文化传播创新实践研究⋯⋯⋯⋯ 肖 珺 郭苏南 / 169

B. 10 跨国春节联欢晚会的传播创新策略：以南宁电视台为例

⋯⋯⋯⋯⋯⋯⋯⋯⋯⋯⋯⋯⋯⋯⋯⋯⋯ 刘文军 / 189

Ⅵ 媒体传播篇

B. 11 中国报网深度融合的探索："侠客岛"传播创新研究

⋯⋯⋯⋯⋯⋯⋯⋯⋯ 张远晴 申孟哲 张 雪 / 202

B.12 中国传统媒体的微博传播及其趋势 ………… 汪 抒 李 博 / 219

B.13 省级党报融合传播创新探究

      ——以湖北日报传媒集团融合传播实践为例

…………………………………………… 张小燕 李泽坤 / 229

Ⅶ 附录

B.14 中国传播创新大事记（2019） ………………… 赵珞琳 / 246

Abstract ……………………………………………… / 258

Contents ……………………………………………… / 261

皮书数据库阅读**使用指南**

总 报 告

General Report

B.1

2019年中国传播创新的
现状、挑战与趋势[*]

单 波 吴世文[**]

摘 要： 中国传播创新是一个体系化的过程，其基于社会条件、媒介
条件与技术条件出现，具有条件性与积累性的特点。从社会
传播、文化传播、政治传播、经济传播、媒体传播五个维度
评估2019年中国传播创新的典型案例发现，在从"人人互
联"转向"物物互联""人物互联"的新传播场景中，中国
传播更倾向于在"融合"中展现场景传播、关系传播和情感

* 本文为武汉大学自主科研项目（人文社会科学）研究成果，受到"中央高校基本科研业务费专项
资金"的资助，是教育部人文社会科学重点研究基地重大项目"互联网传播形态与中西部社会
治理"（17JJD860004）的阶段性成果。
** 单波，武汉大学媒体发展研究中心主任，教授；吴世文，武汉大学媒体发展研究中心研究员，
武汉大学新闻与传播学院副教授。

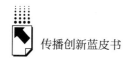

传播。技术的平台化发展、社会不确定性的增强和公众集体智慧共同作为驱动力，为中国传播创新不断提供动能。一些媒介事件，如新中国成立70周年、第七届世界军人运动会等，展现了宏观层面传播的活力。但中观层面的组织传播创新尚未深入，微观层面个体一方面渴望沟通与互动，另一方面又想守住"失联"的权利。中国传播创新呈现出复杂性、创生性、治疗性特点，面临资本如何坚守传播创新、如何将事件驱动的创新持续化和生活化、如何为创新创造条件和积累能量这三重挑战。

关键词： 中国传播　创新　5G　社会连接　公众实践

一　2019年中国传播创新概论

2019年，中国传播进入"5G元年"，围绕5G的各种争夺进入白热化阶段。岁末，5G空间争夺告一段落，爱立信、华为、诺基亚等排出座次。更重要的是，5G将确立自己在通信技术发展历史中的地位，极大地丰富传播资源，使"人人互联"转向"物物互联""人物互联"，使得我们可以随时随地利用各种设备作为互联网的接口，融入虚拟世界之中，从而展现场景传播、关系传播、情感传播。加之随着智能化、平台化、大数据、区块链技术等的进一步发展及其应用的拓展，它们对传播速度的加快与空间的再造引起广泛关注，面对总体社会信息需求的增加和不确定性的增强，传播创新呈现出复杂性（传播关系的再生产）、创生性（连接与分享的智能化）、治疗性（"失联"与"孤独"）特点，并有所转换与融合。这为中国传播创新实践创造了条件，也提出了新的要求。

与"5G元年"相适应的是，中国的社会传播、政治传播、文化传播、经济传播、媒体传播更倾向于在"融合"中展现场景传播、关系传播、情感传播，同时，也使传播组织、内容生产、传播方式、社会连接在新传播形态中发生变革。2019年，中国出现了一些媒介事件，如新中国成立70周年、第七届世界军人运动会等。各大媒体集中运用新传播技术，如5G和4K等，并整合社会传播力量，使这些媒介事件成为集体性的传播活动。在宏观层面，传播活动比较活跃，如中美贸易摩擦中的民间辩论与对话。但是，中观层面的组织传播创新尚未深入。在微观层面，人们渴望通过沟通和对话来消除孤独，但我们也追问，"失联"或不连接是否应该成为我们在媒介化社会中的一种生存权利？当我们把非常多的精力投入对新媒体传播的关注之时，我们也在追问，如何关注8亿多网民之外的"非网民"（除了婴幼儿和低龄儿童以及高龄老人）群体的信息需求，如何关注"非互联网"传播与人际传播？传播创新理应成为公众的一种生活方式，但我们还在努力实现这一目标的过程之中。

二 2019年中国传播创新的典型案例及其特征

本研究根据传统媒体报道量、网络媒体关注度以及专家学者关注点，从五个维度各收集了20个典型的案例。同时，通过专家讨论和比较，选取其中的典型案例进行分析和阐述，回答它们有何创新、何以创新以及继续创新的可能与方向等问题。

（一）社会传播创新及其特征

1. 短视频招工：企业社会沟通的新路径

近年来，制造业开始通过短视频和直播招工，这在2019年有突出的表现。短视频的内容涵盖了工作环境、流程、要求、地点、薪资等，短视频中工人个体化与生活化的表达有助于说服观众，并有助于潜在员工了解车间环境，做出较为明确的就业选择，企业与社会也形成了某种连接关系。

与传统招工相比，短视频招工打破了时间与地域的限制，拓展了招工信息的传播渠道，使用工方与求职者建立起新的联系，有助于节约企业的招工

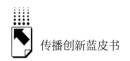
成本。视频画面直观地传达工厂内部的工作与生活情况，可以强化企业与员工的连接，而评论与私信促进了既有员工与潜在员工之间的交流，有助于强化员工之间的沟通和理解。不过，短视频平台监管不力会导致招工信息的真实性难以保障，通过短视频平台招工的企业中存在夸大其词进行宣传的现象，企业承诺的条件与实际情况相去甚远，对应聘的农民工不负责任。[1] 这需要引起有关管理部门的重视。此外，短视频招工以短视频用户为目标人群，间接地排斥了非短视频用户，导致新的信息弱势群体产生，如使用非智能手机的求职者以及年纪较大的求职者等。乡镇和农村地区发布招聘信息时需要拓展渠道，照顾这部分群体的需求。

2. "小艾帮帮"：视频连线建立特殊沟通渠道

2019 年初，视障律师金希发起的"小艾帮帮"助盲公益平台携手华为推出助视软件，以辅助视障人士完成日常生活活动。视力障碍者在应用程序中长按求助按钮，志愿者们即可通过视频连线的方式为其提供帮助，内容包括寻找丢失的物品，描述文字、图片、人物等。[2]

从传播创新的角度看，"小艾帮帮"可以加强视障人士与非视障人士的沟通，为两个群体之间增进交流和理解提供了可能，有助于打破视障人士与非视障人士之间的隔阂，为视障人士提供一些帮助。不过，"小艾帮帮"平台存在一些待解决的问题。例如，"小艾帮帮"在视障人群中的普及率不高，但相比之下志愿者的数量已经饱和，因此常常出现一位视障者求助，多位志愿者"抢单"的现象。此外，如何保护视障人群的隐私，也是一个需要考虑的问题。

3. "中国社会扶贫网"：扶贫的社会连接渠道

"中国社会扶贫网"App 由国务院扶贫办主管，是连接贫困户多元化需

① 《短视频成招工新阵地　农民工"潮"变 HR"送饭碗"》，人民网，2019 年 12 月 5 日，http：//js. people. cn/n2/2019/1205/c360303 – 33607614. html，最后访问日期：2020 年 2 月 22 日。
② 《中国 2000 万视障人群何去何从？ "小艾帮帮"来帮忙!》，简书，2018 年 3 月 8 日，https：//www. jianshu. com/p/93bc4208d518，最后访问日期：2020 年 2 月 22 日。

求和社会爱心资源的精准扶贫网络平台。该平台采用"互联网＋扶贫"模式，依托贫困人口建档立卡数据信息系统，设立了爱心帮扶、贫困众筹、电商扶贫、扶贫展示、扶贫榜样五大板块。该平台自2017年上线以来，截至2020年初聚焦了近6000万人。①

与其他公益众筹平台不同的是，"中国社会扶贫网"信息审查严格，身份验证、国家贫困户数据库验证以及当地扶贫干部验证三重审核②，为贫困人群与社会公益力量的交流提供了可靠的保障。

"中国社会扶贫网"App利用互联网平台推动扶贫工作，是扶贫公益传播的新形态。它在内容生产上通过结合行政资源较好地保障了信息质量，优化了贫困户与爱心人士的连接通道，建立了扶贫对象与捐赠者之间的新连接，有助于引导人们给予贫困户、贫困地区更多的关注。但是该扶贫平台的运作需要关注如下问题：第一，不能忽视没有使用智能手机、缺乏上网条件的贫困个体，以免扶贫对象范围受到限制；第二，在实际运作中存在强制下载和安装现象，容易导致基层工作存在形式主义问题，会引起贫困户的反感；第三，个别贫困户提出超过刚需的不合理诉求。

4. "团圆"系统：提升寻找失踪儿童的传播效率

公安部儿童失踪信息紧急发布平台（又称"团圆"系统）是由公安部刑侦局打拐办在阿里巴巴公司的技术支持下建立的儿童失踪信息发布渠道，它可以发布失踪儿童信息并发动群众收集犯罪线索。③ 发生儿童失踪或被拐案件时，打拐民警收到当事人向当地派出所报案后，立案审核并在系统内部上传案件资料，向在事发地坐标特定半径内的所有民警以及淘宝、支付宝、微博等多个应用软件推送失踪儿童信息，发动更多力量参与寻找。

---

① 中国社会扶贫网，https：//www.zgshfp.com.cn/？p＝1，最后访问日期：2020年2月22日。
② 《棉被、大米、火腿肠……"社会扶贫"APP里有贫困者最直接的声音》，观察者，2019年12月8日，https：//www.guancha.cn/politics/2019_12_08_527755_s.shtml，最后访问日期：2020年2月22日。
③ 《公安部："团圆"系统上线三年来找回近4000名失踪儿童》，澎湃新闻，2019年6月2日，https：//www.thepaper.cn/newsDetail_forward_3591073，最后访问日期：2020年2月22日。

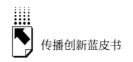

该系统运用"时间＋空间"的推送规则，采取多 App 协同推送的扩散机制，快速找回失踪儿童。截至 2019 年 6 月，"团圆"系统共发布失踪儿童信息 3978 条，找回儿童 3901 名，找回率达 98％。[①] 失踪儿童找回的平均时间从此前的 132 小时缩短到 78 小时，[②] 取得了积极的成效。

"团圆"系统对拐卖儿童这一社会问题进行传播创新。它整合多个主流应用程序，拓宽了儿童拐卖信息的传播途径，有助于提升失踪儿童信息的传播效率。当然，在信息的有效触及率上，"团圆"系统仍有改善的空间。从目前的情况来看，不少用户为了避免接收应用程序推送的广告，常常会关闭应用程序推送信息的权限，导致失踪儿童信息无法到达这部分用户。

5. "夕阳再晨"：建立老年人与青年人的新连接

2019 年 2 月，"夕阳再晨"科技助老项目的发起人张佳鑫获得"时代楷模"称号。[③] 该项目旨在联动政府、企业、高校等多方资源，组织大学生志愿者走进社区，通过科技大讲堂与"一对一青春伴夕阳"模式帮助老年人更好地融入信息科技社会。[④] 截至 2019 年 8 月，已有 19 个省（自治区、直辖市）的 100 余所高校志愿者参与其中，覆盖全国 500 多个社区，直接帮助老人达 20 万人次，间接帮助老人达 80 多万人次。[⑤] 知乎答主"张民孤儿"认为，该公益组织对有一定文化素养的爷爷奶奶有莫大帮助，在子女无闲

① 《公安部："团圆"系统上线三年来找回近 4000 名失踪儿童》，澎湃新闻，2019 年 6 月 2 日，https：//www.thepaper.cn/newsDetail_forward_3591073，最后访问日期：2020 年 2 月 22 日。
② 《"团圆"系统找回率 98％ 网友点赞"人贩子克星"》，央视网新闻，2019 年 6 月 21 日，http：//news.cctv.com/2019/06/27/ARTIaWdQtGpbOD5OCfMZSYPR190627.shtml，最后访问日期：2020 年 2 月 23 日。
③ 《北京邮电大学教师张佳鑫荣获中共中央宣传部授予的"时代楷模"称号!》，北京邮电大学新闻网，2019 年 2 月 22 日，https：//news.bupt.edu.cn/info/1012/19673.htm，最后访问日期：2020 年 2 月 22 日。
④ 志愿汇："北京市夕阳再晨社会工作服务中心"主页，http：//m.zyh365.com/api/share-department? id =14948575973265725e03298d64afd9e8e23b760462396&app_share_type = weixin&from = groupmessage，最后访问日期：2020 年 2 月 22 日。
⑤ 《用青春守护"夕阳"——记"夕阳再晨"科技助老项目发起人张佳鑫》，《精神文明报》2019 年 8 月 13 日，https：//www.jswmb.cn/article/5168/26606.html，最后访问日期：2020 年 2 月 22 日。

暇、卖家无耐心指导老年人使用智能设备时，给老人们带来了便利。①

随着我国进入老龄化社会，如何为老年人提供社会支持成为一个新课题。"夕阳再晨"项目鼓励青年人积极参与到"数字反哺"之中，帮助老年人提升网络媒介素养，促进老年人逐步适应信息化社会。此举建立与维系了老年人与青年人的新连接，同时，也推动青年志愿者了解老年人的需求。不过，高校大学生的流动性强，如何保障志愿活动前的系统培训，如何提升志愿者的专业性与针对性，是该项目后续需要思考和解决的问题。

6. "美图秀秀"推出"安全带"贴纸：创新交通安全传播

2019年10月，"美图秀秀"联合"滴滴出行"平台共同发起"为爱而系，我在行动"活动，并上线"安全带"系列创意贴纸。用户可以在该应用内给照片添加安全带贴纸，并发布照片参与社区话题的讨论，获得官方授予"安全带倡议小天使"称号的用户，将获得70元滴滴快车出行电子卡的奖励。②

据统计，乘客乘车时系好安全带能够下降约50个百分点的伤害率，"美图秀秀"携手"滴滴出行"采用场景传播方式和体验式传播方式普及安全知识（"安全带生命带，前排后排都要系"），取得了较好的成效。肖明超认为，"倡导系安全带"经常是严肃的宣传口吻，与用户有一定距离感，但"美图秀秀"与"滴滴出行"从共生场景出发，引发用户产生主动行为，极具带入感与参与感。③

从传播创新的角度看，该项目利用贴纸这一新兴的内容载体，促进了交通安全知识的再生产。安全带趣味贴纸在互联网传播，有助于建构有关交通

---

① 《如何评价北邮博士张佳鑫创建的夕阳再晨公益项目?》，知乎网站，2017年12月1日，https：//www. zhihu. com/question/53375584/answer/805046919，最后访问日期：2020年2月22日。

② 《超时髦的"安全带"来啦! 美图秀秀携手滴滴推出公益特效》，搜狐网，2019年10月15日，https：//www. sohu. com/a/347049808 _ 218717? spm = smpc. author. fd-d. 17. 1582382471508m8Y5BiH，最后访问日期：2020年2月22日。

③ 《美图联合滴滴推出跨界新玩法，以体验式营销助力安全出行》，新浪网，2019年10月24日，http：//vr. sina. com. cn/news/hz/2019 – 10 –24/doc-iicezuev4552149. shtml，最后访问日期：2020年2月23日。

安全知识的公共话语空间。该项目主张以轻松、娱乐的方式传播交通安全知识，改变了严肃内容的"刻板面孔"，取得了较好的传播效果，为严肃内容的传播提供了可借鉴的样本。不过，用户为照片添加贴纸并传播图片，往往需要在两个不同的平台中进行，过程较为烦琐，传播受到平台限制。同时，以晒照片的形式参与活动难以保障用户的隐私安全。这是这一类传播创新需要思考的问题。

总的来看，本年度社会传播创新的主题丰富，涉及老人、儿童、视障人士、工人群体、贫困人群等，覆盖了公益传播、扶贫传播、儿童安全传播、交通安全传播等议题，体现了社会传播创新的活力。这些社会传播创新具有社会问题驱动的属性，并与时代背景、新技术密切结合，尤其注重新技术手段在社会弱势群体中的创新应用。启动社会传播创新的主体有不少是公众，他们为社会传播创新提供了源源不断的动力。不少社会传播创新具有公益性质，主动发动年轻人参加，这也是弘扬志愿服务精神的积极尝试。

（二）文化传播创新及其特征

1. "设计下乡"主题展览亮相伦敦：地域文化的国际传播

2019年9月19日，由中国美术学院文创设计制造业协同创新中心总牵头承办的"设计下乡——为社会公益设计"主题展览亮相英国伦敦设计节。主题展览分为"彝 in London""象 in London""渔 in London"三大板块，其中峨边彝族自治县设计了精准扶贫项目。几十位中外设计师和艺术家参与到四川小凉山、宁波象山、黔东南雷山县三地的设计扶贫项目中，通过设计研发民族元素产品和艺术品表达自己对中国乡村、贫困山区的自然环境、日常生活、民俗传统和民族特色的感受与理解。[①] 本次展览既体现了本土设计师对于乡土文化的设计思考，也包含了西方设计师想象中的东方地域文化，

---

① 《中国美院"设计下乡——为社会公益设计"主题展览亮相伦敦设计节》，浙江新闻，2019年9月21日，https://zj.zjol.com.cn/news/1292349.html，最后访问日期：2020年2月23日。

引起了较大的关注。

从传播创新的维度看，中国的多民族地域文化经由海内外设计师的艺术化与"活化"得以传承，有助于建立乡土文化与现代文化之间、本土思想与海外思想之间的新连接。从传播方式看，海外设计师用自己的理解阐释中国文化，有助于增进海外受众对中国文化的了解，是地域文化国际传播的有益尝试。

2. "设计中国·魅力汉字"主题展：连通古老文明

2019年11月2日，"设计中国·魅力汉字"主题展在雅典扎皮翁宫拉开帷幕，展览分为"汉字的历史与艺术""汉字与中国人的生活""汉字的设计与文创""中国与希腊""汉字的信息化与汉字的传播"五个部分，以汉字为中心讲述汉字对推动中华文明发展以及促进世界文明交流所做的贡献。展览现场气氛热烈，一些外国友人穿着带有汉字的服装合影拍照。特别是放有笔、墨、纸、砚"文房四宝"的互动区成为热门的"打卡"景点。①

该展览以汉字为媒介搭建起中国文化与希腊文化交流的桥梁，建立了中国文化与海外受众的新连接。国外友人可以在现场感受汉字的魅力，这种体验式传播场景是中国文化在他文化语境中"活化"的体现。

3. 抖音"非遗合伙人"计划：非物质文化遗产传承的开放平台

2019年4月16日，抖音团队正式宣布推出"非遗合伙人"计划。该计划将以城市合作为基础，打造非物质文化遗产的开放平台，以加强流量扶持、提高变现能力的方式，帮助非物质文化遗产传承人在抖音App中实现百万个粉丝或百万元收入的目标。②《2019抖音数据报告》显示，1372个国家级非遗项目中，有1275个项目进驻抖音平台，占比93%，国家级非遗全年被点赞33.3亿次。其中京剧、咏春拳、黄梅戏是国家级非物质文化遗产

---

① 《"设计中国·魅力汉字"展走进雅典：当中国红遇见希腊蓝》，中国经济网，2019年11月11日，http://www.ce.cn/xwzx/gnsz/gdxw/201911/11/t20191111_33573643.shtml，最后访问日期：2020年2月23日。

② 《抖音"非遗合伙人"计划上线　全国招募50名传承人》，《南京日报》2019年4月18日，http://njrb.njdaily.cn/njrb/html/2019-04/18/content_533542.htm，最后访问日期：2020年2月23日。

视频类播放量排名前三的项目。① 从中可见，抖音"非遗合伙人"计划在一定程度上助力了非遗文化的社会化传播。

对非物质文化遗产进行传承是一种历史责任。从传播创新的维度分析，抖音"非遗合伙人"计划吸纳非遗传承人进驻平台，并帮助他们实现流量转化，为非遗文化在传承中面临的文化语境变迁、受众断层、价值转化困难等问题提供了一种可能的解决办法，对我国非物质文化遗产的创造性转化与创新性发展进行了积极的探索。此外，将非遗项目的内容与形式适当地生活化与趣味化，可以拉近年轻一代与非遗的距离，激发他们了解中国传统文化的热情。当然，在非遗文化传承的创新传播过程中，过度商业化、乱打"情怀牌"的传播方式并非长久之计，值得警惕。

4. 《哪吒之魔童降世》：古典神话的现代诠释

2019 年 7 月 26 日，动画电影《哪吒之魔童降世》在中国内地上映。该片取材于中国神话"哪吒闹海"，以幽默诙谐的叙述方式讲述了哪吒虽"生而为魔"却"逆天而行斗到底"的成长故事。② 该片上映 78 天，共收获内地总票房 50 多亿元人民币，成为第一部国产票房超过 50 亿元的动画长片。③ 澎湃新闻评论该片虽有少年热血动漫痕迹，但不失为一部好电影，因为它做到了"讲好故事，不说教"，避免了常被诟病的国产电影"低幼化"倾向。④

《哪吒之魔童降世》基于本土文化立场和时代背景重构英雄神话故事，是对中华优秀传统文化的深度挖掘与继承创新。但中国动画长片的问题仍很

① 《2019 抖音数据报告》，消费站，2020 年 1 月 6 日，http：//cbndata. com/report/2168/detail？
isReading = report&page = 27&readway = stand，CBNData，最后访问日期：2020 年 2 月 23 日。

② 小 K 老师：《【电影评析】〈哪吒之魔童降世〉上篇：经典叙事模式下的创新颠覆》，搜狐
网，2019 年 8 月 7 日，https：//www. sohu. com/a/332016367_120104028，最后访问日期：
2020 年 2 月 23 日。

③ 《50 亿票房大角逐，奥斯卡〈哪吒之魔童降世〉输给〈玩具总动员 4〉》，腾讯新闻，2020
年 2 月 10 日，https：//new. qq. com/omn/20200210/20200210A07ZLA00. html？pc，最后访
问日期：2020 年 2 月 23 日。

④ 《〈哪吒之魔童降世〉：燃烧吧，热血少年》，百家号澎湃新闻，2019 年 7 月 26 日，
https：//baijiahao. baidu. com/s？id = 1640086214324245632&wfr = spider&for = pc，最后访问
日期，2020 年 2 月 23 日。

突出，不管是《大圣归来》抑或是《哪吒之魔童降世》，均是对经典 IP 的反复咀嚼，在创新力、制作能力等方面仍有待提高。

5. 李子柒的文化输出：个人视角的文化分享

2019 年 12 月 6 日，"李子柒是不是文化输出"的讨论话题登上新浪微博热搜榜，引起热议。一周之内，话题阅读量高达 8.4 亿，而微博话题"央视评李子柒为何火遍全球"的阅读量高达 11.3 亿，讨论量达 11.7 万。① 李子柒是国内一名网络短视频创作者，其创作的短视频的内容主要是从衣食住用行多个方面展示中国田园牧歌式的生活。白岩松评论道："如果我们来自民间并真的走向世界的网红，由一个变成几十个，变成几百个上千个，那中国故事就真有的讲了。"②

从传播创新的角度看，李子柒创作的视频内容以个人视角讲述中国文化故事，不同于宏大叙事，对于不少受众来说，这种内容具有新意。同时，这些视频内容具有文化属性，可以在多元文化语境中实现文化接入，是中国田园文化跨文化传播的一种尝试。

综上，文化传播创新关注的是文化中国在不同群体间以及国内外群体间的互动、共享与认同，致力于探索打破文化沟通障碍从而让受众理解、接受、分享文化中国的新方式与新路径。它处理的是传统文化与现代文化、中国文化与外国文化、集体文化与个体文化之间的关系，注重发掘文化中国的文化特性和"活化"元素，从而运用新形式、新方法创新性地传播中国文化。基于本年度的文化传播创新实践，文化中国的传播需要有"设计感"，即通过文化设计植入文化中国的精髓和抓住目标受众。同时，需要突出文化中国的文化属性，尤其是它的特色，比如田园文化特色。这是文化中国的"内核"，也是其得以传播的关键。

---

① 《李子柒是不是文化输出》，微博话题，2019 年 12 月 6 日，https：//weibo. com/a/hot/d37f430c57af8938_0. html? type = grab，最后访问日期：2020 年 2 月 23 日。
② 《白岩松：李子柒这样的网红太少了　微笑着为她鼓掌是最好的》，央视网，2019 年 12 月 15 日，http：//m. news. cctv. com/2019/12/15/ARTIXwaQ9VK6YLEMmGKSnavy191215. shtml，最后访问日期：2020 年 2 月 23 日。

（三）政治传播创新及其特征

1. 浙江"在身边"网络品牌：摆脱说教的主旋律 IP

2019 年，浙江省委网信办联合多个单位开展了"在身边"系列主题活动。其中，在抖音平台上推出的专门针对年轻学子的网络主题活动"70 有我更青春"，浙江省有 17 所高校积极参与。该活动于 2019 年 4 月启动，两个月内相关话题数累计达到 200 多个，视频总播放量达到 3000 多万人次。[①]此外，"在身边"网络品牌还在改革开放 40 周年之际，在线上开展"改革在身边，我是见证者""匠心在身边""初心在身边"等主题宣传活动，在线下将征集来的回忆故事呈现在"改革号"时光列车上和四十年时光快闪店内，获得了不少关注。[②]

"在身边"系列主题活动在一定程度上实现了 IP 化，结合大事件整合传播内容与话题，吸引了年轻人的积极参与。它在一定程度上摆脱了"说教式"的灌输，采用的方式贴近年轻人的喜好，有助于推动主旋律内容产品的传播。

2. 广东省政府网站集约化平台：高效便民的"数字政府"

广东省政府是全国 11 个政府网站集约化工作的试点地区之一，它采用"省级统建、分级部署"的榕树形架构，以持续迭代的运营方式，打造七个"一站式"服务平台与八个"网上履职"应用。截至 2019 年 12 月底，广东省在运行的政府网站已缩减至 636 家，在运行的政务新媒体也缩减至 3088 家。[③] 2019 年 12 月，广东省政府网站集约化平台入选"2019 年中国网络理政

① 《"70 有我更青春"网络主题活动正式启动　17 所浙江高校成立新媒体联盟》，浙江新闻，2019 年 6 月 18 日，http://zjnews.zjol.com.cn/201906/t20190618_10361761.shtml，最后访问日期：2020 年 2 月 23 日。
② 《四十年时光快闪店国庆亮相杭城　我是改革见证者》，浙江在线，2018 年 10 月 1 日，http://town.zjol.com.cn/czjsb/201810/t20181001_8398416.shtml，最后访问日期：2020 年 2 月 23 日。
③ 《广东省人民政府办公厅关于 2019 年第四季度全省政府网站与政务新媒体检查情况的通报》，广东省人民政府办公厅政府信息公开网站，2019 年 12 月 31 日，http://www.gd.gov.cn/gkmlpt/content/2/2787/post_2787444.html，最后访问日期：2020 年 2 月 23 日。

十大创新案例"。① 《中国网络理政十大创新案例（2019）报告》指出，广东省政府网站集约化平台较有成效地解决了政府网站"信息孤岛""数据烟囱"等问题，有助于实现政府网站资源优化融合。②

通过建立政府网站集约化平台，广东省政府整合各地市、各级政府网站，改善了当前繁复冗杂的政府网站架构，减少了给民众在信息搜索中多网站切换带来的不便，有助于提高政务信息的传播效率与触达率。此举还有利于促进政府信息资源共享，优化民众与政府的沟通。如何适应传播生态的变化，如何精准抓住不同属性的民众（例如老年人和年轻人）的信息需求，是该集约化平台需要进一步考虑的问题。

3. 杭州余杭区机关食堂等场所对民众开放：用"惠民"促进沟通

2019 年 11 月初，杭州余杭区一个机关食堂开始周末对民众开放，以成本价提供早餐与午餐。据工作人员介绍，因该食堂临近平山公园，地理位置特殊，附近不仅有少年宫、老干部活动中心、工人文化宫、科技馆等，还有多个市民活动场所、兴趣班授课点。每到周末人流十分密集，日均人流量最高时超过千人，开放政府食堂可以方便市民解决就餐问题。除开放食堂外，机关内部停车场也对外开放，附近居民可以错时停车，从而缓解社区车位不足的问题和马路上的交通压力。③ 网友纷纷为此点赞，例如，"政府机关食堂对外开放，与市民共享资源""不以营利为目的，所有菜品按成本价收费的经营理念，让消费者感到了实惠，彰显了政府以人民为中心的执政理念"。④ 光明时评写道："这些彰显着开放与包容的细节服务里，聚焦了许多当下社会

---

① 《"中国网络理政十大创新案例（2019）"在上海发布》，复旦大学网站，2019 年 12 月 19 日，https：//news. fudan. edu. cn/2019/1220/c31a103619/page. htm，最后访问日期：2020 年 2 月 23 日。

② 《"中国网络理政十大创新案例（2019）"在上海发布》，复旦大学网站，2019 年 12 月 19 日，https：//news. fudan. edu. cn/2019/1220/c31a103619/page. htm，最后访问日期：2020 年 2 月 23 日。

③ 《杭州一机关食堂向市民开放》，《北京青年报》2019 年 11 月 19 日，http：//epaper. ynet. com/html/2019 – 11/19/content_342127. htm? div = – 1，最后访问日期：2020 年 2 月 23 日。

④ 《光明时评：这个机关食堂，欢迎"蹭饭"》，光明新闻，2019 年 11 月 18 日，http：//news. gmw. cn/2019 – 11/18/content_33328741. htm，最后访问日期：2020 年 2 月 23 日。

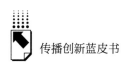
的痛点、堵点。精细、体贴的服务背后，是机关单位观念的转变和服务的创新。"①

政府适当共享机关单位资源，是政府惠民服务的可能路径，有利于创建民众与政府沟通的新渠道。同时，此举还有助于拉近政府与人民之间的距离。当然，政府机关共享单位资源时需要从细处入手，形成有力的配套保障与管理措施，避免把好事办成坏事。

4.《家国梦》新闻游戏：主流内容的游戏化传播

2019 年国庆前夕，人民日报全媒体新闻平台"碰碰词儿"工作室和腾讯"追梦计划"为庆祝新中国成立 70 周年，联合出品了公益手游《家国梦》。该游戏以弘扬家国情怀为导向，将广大青少年预设为目标人群。在游戏中，用户可以选择家乡所在的省份，在游戏场景中熟悉国家相关政策并完成各类城乡建设。同时，玩家可以点亮纪念卡册为新中国成立 70 周年喝彩。②

《家国梦》未上线就吸引了广大游戏玩家的关注，开启不删档测试后，大量玩家下载该款游戏，并将其推至 App Store 的游戏免费榜榜首。在游戏平台 TapTap 中，《家国梦》也以 9.6 分登上热门和新品两大榜单的榜首。豆瓣网友"一毛"评论道："这个主旋律小游戏还挺让人惊喜的。刚开始几天玩得停不下来。操作简单易上手，没有氪金入口，各地相册很可爱，还可以顺便了解一些政策。"③

《家国梦》将主流内容与游戏融合，以有趣、交互的形式传播国家政策，在内容生产和传播形式方面进行了积极的探索，有助于激发青少年游戏玩家的家国认同感。随着越来越多的青少年聚焦游戏平台而不再使用传统媒

---

① 《光明时评：这个机关食堂，欢迎"蹭饭"》，光明新闻，2019 年 11 月 18 日，http：//news. gmw.cn/2019 – 11/18/content_33328741. htm，最后访问日期：2020 年 2 月 23 日。
② 《庆祝新中国成立 70 周年公益手机游戏"家国梦"上线》，人民网，2019 年 9 月 25 日，http：//society. people. com. cn/n1/2019/0925/c1008 – 31371046. html，最后访问日期：2020 年 2 月 24 日。
③ 《关于家国梦的评论》，"一毛"的回复，豆瓣话题，2019 年 10 月 14 日，https：//www. douban. com/game/34841864/comments？ start = 20&sort = score，最后访问日期：2020 年 2 月 23 日。

体，如何吸引这部分玩家，是一个值得探索的传播问题。不过，如何把握游戏的成分，平衡传播知识与游戏体验，持续地吸引青少年的关注，是仍需要探索的问题。

总的来说，从根本上讲，政治传播创新探索的是政府与民众民主沟通的可能性。从本年度来看，它继续注重运用新的技术手段和媒介平台沟通政府与民众、开启对话、促进理解。政府有关部门注重通过推出惠民举措来促进沟通，取得实效。有关主流价值观的传播注重以游戏等方式抓住年轻人，是政治传播适应受众和传播生态变化的一种反应。发达地区基层政府的政治传播探索比较活跃，成效较为显著。同时，在国际政治传播中，民间视角开始受到重视，这是一种积极的趋势。

（四）经济传播创新及其特征

1. 周杰伦新单曲销量突破百万：突破音乐付费的难题

2019 年 9 月 16 日晚，周杰伦最新单曲在 QQ 音乐、酷我音乐、酷狗音乐三大音乐平台上线，以单曲 3 元的价格同时售卖。新歌上线 25 分钟后，销售量约 229 万，销售总额突破 680 万，甚至一度导致 QQ 音乐平台宕机。[1] 该案例成为 2019 年音乐付费的典型案例。

自 2015 年政府加强打击盗版后，中国数字音乐的内容付费业务艰难起步。用户此前获得了长达近十年的免费获取、下载与传播体验，音乐付费意识难以形成。近年来，数字音乐平台的付费进程依旧缓慢和艰难。艾瑞咨询《2019 年中国数字音乐内容付费发展研究报告》显示，中国数字音乐用户付费率仅为 5%。[2]

从经济传播创新角度看，周杰伦新单曲销售案例为数字音乐平台内容付

---

① 《9 月 16 日晚上 11：00 周杰伦最新单曲〈说好不哭〉上线！周杰伦合作阿信》，人民网，2019 年 9 月 17 日，http：//ah.people.com.cn/n2/2019/0917/c358329 - 33359530.html，最后访问日期：2020 年 2 月 23 日。
② 《2019 年中国数字音乐内容付费发展研究报告》，艾瑞咨询，2019 年 7 月 11 日，http：//report.iresearch.cn/report/201907/3411.shtml，最后访问日期：2020 年 2 月 23 日。

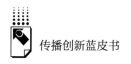

费增加了一定的信心，也提供了一些可借鉴的经验。例如，通过深耕偶像经济刺激粉丝的购买欲望，以粉丝"打榜"的运行机制调动用户付费的积极性等。不过，中国音乐付费习惯如何养成，如何发展音乐付费的模式，尚需要探索和实践。

2. 淘宝测试热搜功能：形成基于场景的营销传播

2019年9月18日，淘宝首页出现类似热搜的"全网热榜"，榜单根据热度实时更新，当天出现在热榜的内容有"吃独食太香了""我亚洲天王终于出歌了""影响范围最广冷空气将来袭"等。用户点击热榜内容会直接跳转至相关商品或活动页面，对应的推荐产品为一人食火锅、周杰伦周边产品、秋装等。阿里巴巴工作人员表示，"全网热榜"已经实现了50%的灰度测试，全面上线的时间待定。①

淘宝作为购物平台属于功能性软件，不具备资讯属性，用户黏性较差。"全网热榜"通过记录用户上网的搜索习惯，把搜索较多的热点事件与关联的商品推荐给用户，本质上是利用热点事件给商品做广告，希望形成基于场景的营销传播。这种做法不失为一种经济传播创新。但该功能的效果还有待上线后继续考察。此外，"全网热榜"存在卖家参与"买榜"的风险，不利于平台内部的公平竞争，需要引起重视。

3. 知乎直播上线："直播＋问答"的知识分享模式

2019年10月11日，知乎通过市场调研与内测运行后正式上线直播功能。在直播场景内，用户可以通过评论弹幕进行提问、对谈，主播可以实时开展知识分享和传授经验。如果主播输出价值含量高的内容，得到用户的支持与认同，其便可以获得相应的收益。据了解，知乎直播主播的筛选采用邀请制，未来将会逐步扩大主播的邀请范围。② 此举是知乎继"知乎小视频"

① 《淘宝确认上线热搜功能，已实现双端50%灰度测试》，百家号澎湃新闻，2019年9月19日，https：//baijiahao. baidu. com/s？ id = 1645091193006291721&wfr = spider&for = pc，最后访问日期：2020年2月24日。

② 《知乎上线直播功能 试运行阶段主播采用邀请制》，中国网，2019年10月11日，http：//henan. china. com. cn/tech/2019 – 10/11/content _40917331. htm，最后访问日期：2020年2月24日。

"好物带货"后的又一尝试。知乎方面表示，直播业务能够进一步丰富产品内容，从而延展产品纵深，也为一些口语表达优于写作的用户提供了更丰富的创作工具与使用场景。①

目前，直播技术已经成熟，知乎将其运用于新项目是对"直播＋问答"模式在垂直领域开展知识传播的探索，为知识在社群中的流动、交换提供了技术保障，有助于提升传播效率，并探索形成最优化的知识分享机制。不过，在直播市场的红海中，知乎直播如何发展和形成稳定的模式，尚待继续观察。

4. "双十一"多网购平台卖房：房地产商与电商结合的尝试

2019 年"双十一"前，阿里巴巴、京东、苏宁三大电商平台推出特价房源，并在其应用软件上开辟了房源出售板块。其中，阿里法院拍卖推出超过 10000 套房源，京东在 70 个城市联合 200 家开发商推出超过 6000 套房源，苏宁推出 1111 套恒大特价学区房与地铁房。② 自三个平台开始卖房，线上咨询的客户逐渐增多，问题集中于活动规则介绍、地产项目情况、房产情况等。"双十一"购房节期间，苏宁实现签约金额约 2 亿元，签约量同比增长 210%，线上订单总额增长 210%，流量增长 350%。③

从经济传播创新的角度看，房地产商与电商平台合作在"双十一"推出"法拍房""特价房"，通过线上看房、选房极大地简化了交易过程，拓宽了房产买卖的渠道，是房地产交易模式的新探索。但是，房地产不同于其他商品，信息披露是否全面与详细、售后服务能否得到保障等，仍有待观察。

总之，本年度的经济传播创新注重在变动的经济环境中寻找最优化的分享方式和分享机制，尤其是着眼于不同商业模式的相互碰撞，注重探索社会

---

① 《知乎直播上线　场景更丰富内容更多元》，百家号中国新闻网，2019 年 10 月 11 日，https：//baijiahao.baidu.com/s？id＝1647078293765158292&wfr＝spider&for＝pc，最后访问日期：2020 年 2 月 24 日。

② 《"双十一"电商扎堆卖房，是噱头还是薅羊毛的好机会？》，中国新闻网，2019 年 11 月 6 日，http：//www.chinanews.com/cj/2019/11-06/8999762.shtml，最后访问日期：2020 年 2 月 24 日。

③ 《"双十一"电商卖房之路能走多远？》，《中国产经新闻》2019 年 11 月 15 日，http：//dzb.cien.com.cn/zgcjxw/20191115/html/page_07_content_001.htm，最后访问日期：2020 年 2 月 24 日。

主义市场经济中的蓝海之地。其中，随着网络新媒体崛起，用户付费意愿逐渐增强，从长期来看，这将有助于促进互联网内容消费的新发展。

（五）媒体传播创新及其特征

1. "媒体大脑3.0"：区块链版权平台和AI审核

2019年11月26日，由新华智云科技有限公司推出的国内首个面向融媒体中心的智能化解决方案"媒体大脑3.0"正式发布。"媒体大脑"致力于在"策、采、编、发、审、存"全流程为内容工作者赋能，自2017年上线后，经过两次优化，目前，"媒体大脑3.0"已经在江西省融媒体中心、齐鲁智慧媒体云等平台落地。"媒体大脑3.0"以区块链技术和AI审核为突出特征，"版权区块链"帮助内容创作者将自有版权作品进行确权，并监测自有作品的传播情况。一旦出现侵权行为，电子取证工具会将证据固定。"AI内容风控"基于深度学习多模态理解，对图像、文本、视频进行检测，可以降低内容风险，节省审核人力。[①]

"媒体大脑3.0"采用区块链与AI技术将融媒体生产工作智能化，针对媒体行业"洗稿""审核难"等问题提出了解决方案，保护了内容生产者的版权，节约了文字、视频、音频等内容审核的人力，有助于重构媒体的业务流程，可以为媒体业态变革做技术上的准备。不过，"媒体大脑3.0"需要密切关注具体应用中存在的问题，并不断进行迭代升级。

2. "5G+4K"：新直播技术的组合应用

2019年央视春晚利用5G网络向全国传输分会场节目，实现了井冈山、长春、深圳三地画面4K超高清视频实时回传，而且在长春分会场成功实现5G网络VR实时传输，[②] 成为以"5G+4K+AR"为特点的直播晚会。在2019年全国两会中，央视直播团队采用"5G+4K"技术顺利完成了两会直

① 《"媒体大脑3.0"发布 这项智能技术有多厉害？》，浙江新闻，2019年11月26日，https://zj.zjol.com.cn/news/1335485.html，最后访问日期：2020年2月24日。
② 《春晚首次"5G+4K"直播，三大运营商是如何各自发力的》，搜狐网，2019年2月13日，http://www.sohu.com/a/294387407_120043843，最后访问日期：2020年2月24日。

播报道。① 在新中国成立70周年国庆阅兵中，4K主观视角拍摄技术首次被引入，并通过5G实时回传至央视总台。②

随着各项新技术的发展与不断成熟，5G网络日趋稳定，4K的产业链日臻完善，"5G+4K"的直播组合越发常见，有助于高清视频产业提升画质与延迟时长，可以满足视频直播集成化与便携化的需求，正在推动高清直播产业进入发展的快车道。

"5G+4K"的直播组合自2019年试水后，多次应用于全国两会、上海国际电影节、军运会、国庆阅兵、央视春晚等大型直播场景中，增强了画面的真实感与视听效果，提高了传播效率。未来"5G+4K"的模式可应用于更多的行业，但需要警惕技术中心主义，注意内容创新与技术创新并重。

3. "央视频"：5G新媒体平台

2019年11月20日，我国首个国家级5G新媒体平台中央广播电视总台"央视频"App上线。"央视频"定位于有品质的视频社交媒体，致力于打破传统单一的发布模式，依托中央广播电视总台的视频资源和优质内容，聚焦"泛文体、泛资讯、泛知识"三大品类，向用户提供长、短视频及直播服务。③ "央视频"的电视子栏目收录了CCTV和各大卫视的内容，并将4K高清节目内容单独列出。与抖音、快手等短视频App不同的是，"央视频"的前台依托视频、数据、AI三大中台，加入价值传播因子、社会网络评价体系等与正能量有关的指标，且在直播子栏目中所有内容均为横屏，仅保留互动发言，没有打榜刷礼物的互动形式。④ 随着5G时代的到来，人民群众的精神需求不断提升，诉求更加丰富多元。中央广播电视总台尝试将自身视

① 《两会直播有多牛？5G手机+4K高清直播博得一众好评》，通信世界网，2019年3月7日，http：//www.cww.net.cn/article？id=448366，最后访问日期：2020年2月24日。
② 《5G国庆献礼，首次解锁多种大阅兵观看方式》，通信世界网，2019年10月1日，http：//www.cww.net.cn/article？id=458627，最后访问日期：2020年2月24日。
③ 《总台"央视频"正式上线》，央广网，2019年11月20日，http：//jx.cnr.cn/2011jxfw/bwzg/20191120/t20191120_524866187.shtml，最后访问日期：2020年2月24日。
④ 《央视频上线以来，首次披露与抖音、快手的三大不同》，百家号小二速报，2019年12月13日，https：//baijiahao.baidu.com/s？id=1652774005715218685&wfr=spider&for=pc，最后访问日期：2020年2月24日。

频优势与用户喜爱的社交方式相结合,致力于将"央视频"打造成为主流媒体与广大用户间的连接者。①

从媒体创新传播的角度看,"央视频"以开放的姿态实现资源整合,其设计与开发的初衷是融合主旋律内容与新技术平台,致力于改善当前由算法分发造成的"信息茧房""过滤气泡"等问题,并希望推动主流价值观的社会化传播。这是媒体传播创新积极努力的方向。但是,如何融合严肃内容或主流价值观与视频这一喜闻乐见的形式,如何评估"央视频"的传播效果与社会效应,尚需要观察。

4.《主播说联播》短视频栏目:《新闻联播》的"圈粉"之道

2019 年 7 月 29 日,中央广播电视总台新闻新媒体中心推出了短视频栏目《主播说联播》。该栏目的视频内容时长 2 分钟左右,新闻主播以更通俗易懂、更接地气、更具个人思考的语言风格对当天重大事件和热点新闻进行分析解读,致力于传递主流价值观。② 在《主播说联播》首期特别节目中,主播康辉对网友热议的话题进行了统一回复。截至 8 月 16 日,该条微博已收获 7.5 万转发,近 3 万评论,59 万点赞,成为央视新闻官方微博中的热门微博。③《主播说联播》栏目秉持口语化、年轻化的语言风格,引起不少年轻人的关注。有评论指出,"看来央视的融媒体不是说说而已""央视新媒体制作的《主播说联播》是对传统《新闻联播》的新解读,采用了创新的方式为老牌节目注入新的能量"。④

---

① 《总台"央视频"正式上线》,央广网,2019 年 11 月 20 日,http://jx.cnr.cn/2011jxfw/bwzg/20191120/t20191120_524866187.shtml,最后访问日期:2020 年 2 月 24 日。
② 《〈主播说联播〉爆火给媒体留下什么启示》,百家号红网,2019 年 10 月 24 日,https://baijiahao.baidu.com/s? id = 1648280869897235553&wfr = spider&for = pc,最后访问日期:2020 年 2 月 24 日。
③ 《从"令人喷饭"到"满嘴跑火车",新闻联播硬核金句连登热搜,网友:太好看,每天追》,网易新闻,2019 年 8 月 16 日,http://news.163.com/19/0816/17/EMNFBFKG00019K82.html,最后访问日期:2020 年 2 月 24 日。
④ 《〈新闻联播〉成"网红":连续三个月收视上扬,15～24 岁观众涨幅最大》,央视网,2019 年 11 月 13 日,http://1118.cctv.com/2019/11/13/ARTI4LspZIyOvlS84vEecu4B191113.shtml,最后访问日期:2020 年 2 月 24 日。

从媒体传播创新的角度看，《主播说联播》采取竖屏和短视频呈现的方式，能够契合当下手机端多平台的传播形式，实现多屏互动，为传统节目提供了新的传播机会。该栏目在文本上深耕新闻内容，以主播视角传达观点，转变表达方式，语言幽默诙谐，背景音乐轻松愉悦，不仅可以突出主播个性鲜明的形象，而且有助于拉近官方媒体与公众的距离，提升内容的接受度和用户黏性。在一定程度上，有利于官方媒体塑造有态度有温度的形象。不过，《主播说联播》的内容选择如何抓住用户的关切，是一个需要不断探索的问题。同时，它无法抓住非网民群体，这需要引起基于新媒体平台的传播创新的警惕。

5. "爱安吉"县级融媒体 App：县域自主的融媒体创新

"爱安吉"App 是浙江省安吉新闻集团自主研发的一款应用程序，它汇集了 20 余个政府部门的资讯信息，同时兼具新闻发布、娱乐引导、社会治理体系信息汇总、便民服务、产业转型升级等服务功能,[1] 实现了资讯矩阵与应用服务的密切结合。2019 年 12 月，安吉新闻集团研发的"爱安吉"App 入选"2019 应用新闻传播十大创新案例"。[2]

当前，融媒体中心建设主要有三种模式，分别为"省域统筹""市域联动""县域自主",[3] "爱安吉"App 是"县域自主"的典型。"爱安吉"App 日阅读量 5 万人次以上，活跃度 40%，下载用户已达 20 万，注册用户10 万左右。[4] 安吉县人口为 46 万，说明"爱安吉"App 在当地人中的使用

---

① 《浙江省安吉县县级融媒体中心建设立足"爱安吉"APP》，新华网，2019 年 5 月 29 日，http://www.xinhuanet.com/zgjx/2019 - 05/29/c_138099197.htm，最后访问日期：2020 年 2月 24 日。

② 《"爱安吉"APP 入选 2019 应用新闻传播十大创新案例》，浙江省安吉县人民政府网站，2019 年 12 月 2 日，http://www.anji.gov.cn/jraj/zwxx/20191202/i2558496.html，最后访问日期：2020 年 2 月 24 日。

③ 《县级融媒体中心建设：各显其能，更需因地制宜》，人民网，2019 年 9 月 3 日，http://media.people.com.cn/n1/2019/0903/c40606 - 31334238.html，最后访问日期：2020 年 2 月 24 日。

④ 《"爱安吉"APP 入选 2019 应用新闻传播十大创新案例》，浙江省安吉县人民政府网站，2019 年 12 月 2 日，http://www.anji.gov.cn/jraj/zwxx/20191202/i2558496.html，最后访问日期：2020 年 2 月 24 日。

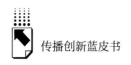

率较高。依托这一客户流量，安吉新闻集团实现了移动端经营创收。[①] 目前，"爱安吉" App 成为全国 52 个县（市）复制推广的典型。

"爱安吉" App 尝试基于县域开展自主的融媒体建设创新，找准新闻资讯与便民服务相结合的着力点，建立新闻、娱乐、社会治理信息、便民服务与民众的新连接，收到了较好的成效，为县级融媒体提供了可资借鉴的发展思路。随着媒介生态变迁，"爱安吉" App 如何继续创新、持续满足县域民众的具体需求、寻找普遍性规律以获得持续的生命力，尚需要继续探索。

总之，媒体传播创新是中国传播创新的重要组成部分，其在 2019 年的热点话题聚焦新的技术形态（如 5G、AI、区块链技术等），多数创新是由技术驱动的。不少媒体传播创新致力于发掘新技术形态给内容生产与组织架构带来的新机会，但突出的创新实践集于央视等大型媒体机构，分散的小平台的创新发展较为艰难。不过，县级融媒体建设中的创新为媒体传播创新注入了新的活力，值得我们持续关注和期待。

三　挑战与未来走向

（一）2019 年中国传播创新面临的挑战

2019 年中国传播创新面临一些挑战，主要表现在以下几个方面。

1. 资本与传播创新的非平衡性

资本可以成为创新的推力，也可以成为绑架创新的干扰性因素。随着传播在社会生活中的作用越来越凸显，在媒体和信息传播过程中，资本不断对其进行渗透，并试图垄断新媒介与信息沟通，从而实现自身的目的。例如，部分商家以网络营销乃至虚假宣传为手段获得"流量"，注重新技术的传播创新而忽视了内容的传播创新。这些现象持续存在，仍然干扰着 2019 年的

---

① 《县级融媒体：生动凸显"民声""民生"》，人民网，2019 年 6 月 12 日，http：//media. people. com. cn/n1/2019/0612/c427534–31133424. html，最后访问日期：2020 年 2 月 24 日。

中国传播创新。

2. 事件驱动的传播创新如何持续化和生活化

从前文分析可见，诸多重大事件通过集中采用新技术和整合公共传播力量来实现传播创新，如第七届世界军运会的传播等。这些事件也是新技术形态的检验地和传播创新的试验田，并通过打造媒介事件在国内外形成了广泛的影响力。对于创新传播实践来说，如何将这些事件的创新持续运用于公众的日常生活，将是一大挑战。虽然事件中的传播创新启用了诸多社会公共资源（日常传播难以具备这样的条件），但是，从根本上讲，中国传播创新应当成为公众的一种生活方式，从而融入现实生活。无法扩散或没有社会化的传播创新，不是真正的和有生命力的传播创新。

3. 传播创新的条件尚处于变动与积累之中

创新是一个体系，中国传播创新是一个体系化的过程，其生成需要特定的条件，包括社会条件、媒介条件和技术条件等。从纵向比较的角度考察本年度中国传播创新的实践，一方面，扩大信息的需求与建立连接的渴望等社会条件不断积累，为传播创新持续聚集力量；另一方面，媒介条件和技术条件反复变动，传媒产品和传播实践受到影响，如5G改变了媒体的竞争格局等。其中的问题是，有助于孵化传播创新的条件如何持续发挥作用，并推动传播创新的质变？这需要系统的观察与有计划的应对。

（二）中国传播创新的未来走向

1. 技术的平台化发展对传播创新的推动作用不断凸显

从当前来看，技术是传播创新持续发展的主要推动力，尤其是随着人工智能、大数据、5G等技术的普遍应用，这种趋势越来越明显。究其原因，技术越来越平台化，对社会生活的渗透越来越深入，传播活动越来越多地受到技术的影响。可以预见，未来技术对传播创新的影响会不断增强。这要求我们重新思考：如何评价技术驱动的传播创新？如何规避技术给传播创新带来的风险？如何实现技术突破，使传播创新规划成为可能？如何提防技术以创造"连接"的方式置换"对话"？技术不是"有害的"存在，我们如果

对新技术恐慌或持保守态度，会错失更新传播过程的机会。技术可以作为传播创新的动力，但是，传播创新需要防止被技术异化。如果我们受制于技术，使得传播创新过度依赖传播形式的更新，那么传播创新将不断丢失实质性内容。技术如何与社会协调、传播形式如何与传播内容融合、物质性媒介与能动性的人类如何沟通，是后续我们需要持续观察和思考的命题，也需要我们保持警惕。

2. 社会不确定性的增加呼唤传播创新

无论是算法带来的隐私争论，还是 2019 年底新型冠状病毒肺炎引发的"信息疫情"，都表明总体社会的不确定性因素在增加。结合中美贸易摩擦、"逆全球化"思潮、地区冲突等来看，社会中的不确定性因素增加是全球普遍现象。因而人们对信息的需求扩大，呼唤传播创新，这是推动传播创新的社会条件。

如今，民众对解决社会问题的需求越来越强烈，如解决医患沟通的矛盾、缓解农民群体的"交流贫困"、重建老年群体的社会连接等。传播创新孕育于社会之中，中国社会变革为传播创新提供了土壤，人们通过传播创新来解决社会问题。因此，传播创新应当与社会转型呼应和共振，并从扩大社会交往的角度发展成为社会创新的"新引擎"。我们期待把传播创新与生产要素创新结合起来，并通过推动后者根植于人类的普遍交往来推动人类命运共同体的形成。

3. 公众集体智慧驱动的传播创新处于发展过程之中

创新的进程有颠覆性创新与持续性创新两种基本类型。在理想状态下，我们期待颠覆性创新对社会交往产生巨大影响。但是，颠覆性创新的出现需要聚集社会条件，其过程是复杂的和渐进的。一方面，从实践上看，中国传播创新是一个变革的过程，属于持续性创新。在这个过程中，某些领域或某个时刻可能出现颠覆性创新，但这种创新是局部的，难以整体推进。另一方面，持续性创新通过不断优化不同创新要素之间的组合，推动总体社会的交流、沟通和理解朝互惠性理解的方向持续发展，催生颠覆性创新。当然，我们需要颠覆性思维，在某些"奇点"大胆地推动颠覆性创新。

　　从根本上讲，中国传播创新应当以公众创新为动力。当前，公众创新以变革的姿态进行社会交往与政治参与，创造资源共享与网络经济的空间，从而成为媒介改革的重要力量。公众的传播创新基于公众的集体智慧，是一种分布式的创新，也是一种渐进式的、迭代式的创新，具有极大的韧性与活力。

　　公众主导中国传播创新是有条件的。我们需要吸收和推广公众的传播创新，使之植根于个人与社会生活场景，植根于人与物、物与物、物与空间环境、物与服务等的传播关系之中，以及人与人的情感联系之中。

　　（感谢武汉大学硕士研究生所做的资料收集工作，他们是2018级传播班传播理论专业的王一迪、徐瑾瑜，2019级传播班传播理论专业的冯铭钰、姚和雨、杜莉华、罗一凡、周堃露、黄杨。）

社会传播篇

Social Communication

B.2

在线社区传播与农村治理新模式

——基于宁夏中北村微信群的考察*

冉 华 耿书培**

摘 要： 改革开放以来，西部地区村庄虽然在经济上得以快速发展，
但这种发展所带来的社区"空心化"、组织"离散化"以及
公共空间弱化等问题使西部农村社区治理和乡村社区建构工
作面临不少困境。在高度媒介化的社会中，这些问题正在悄
然发生改变。本文以宁夏回族自治区中北村微信群为观察对
象，从线上社区、农村治理等视角出发，对新媒体环境下乡

* 本文为武汉大学自主科研项目（人文社会科学）研究成果，受到"中央高校基本科研业务费
专项资金"的资助，是教育部人文社会科学重点研究基地重大项目"互联网传播形态与中西
部社会治理"（17JJD860004）的阶段性成果。

** 冉华，传播学博士，教授、博士生导师，武汉大学媒体发展研究中心研究员，研究方向为传
播学、广告与媒介经济；通讯作者：耿书培，武汉大学新闻与传播学院传播学在读博士，研
究方向为健康传播、媒介效果。

村社区的建构和转型进行观察。研究发现，在线数字社区的圈群化传播使农村社区的黏性进一步增强；多元主体的"共同在场"打破了单一中心的结构，推动了农村治理新模式与共同体意识的建立；认同感的塑造提升了村民参与公共议题讨论的意愿。该研究在一定程度上为新兴媒介在西部发展与乡村社区治理等方面发挥作用提供了方向和思路。

关键词： 虚拟社区　村庄治理　微信群　中北村

一　引言

长期以来村庄社区与村落治理被传播学研究者关注。作为世界为数不多的"村庄大国"之一，我国近年来针对农村地区颁布了一系列政策，从经济、社会、文化、教育等多方面加快了乡村现代化建设进程。随着生活条件的不断改善，媒介尤其是电子媒介和数字媒介的使用及普及在村庄治理、乡村社区建构等方面正在发挥更大的作用。本研究基于新媒介与村落治理之间的关系，以宁夏回族自治区中北村为案例展开分析，以期为中西部社会治理提供借鉴，也为数字环境下的村落团结再塑造提供新的可能。

（一）乡村共同体式微与"空心化"村庄形成

乡村社区作为一个真实的生活共同体，它的存在和演化对村庄的发展起到基础性作用。德国社会学家滕尼斯在《共同体与社会：纯粹社会学的基本概念》一书中，就将共同体建立在人的本质意识基础上，并强调血缘、地缘和宗教共同体都是共同体的基本形式，它们不仅是独立的单元，更是浑然交互发展的整体。①

---

① 〔德〕斐迪南·滕尼斯：《共同体与社会：纯粹社会学的基本概念》，林荣远译，北京大学出版社，2010，第58~65页。

"共同体"（Gemeinschaft）是一种理想的社区类型，既强调地域概念，即邻里、城镇、城市；又强调"关系"这一基础。① 在宁夏中北村，邻里关系是连接村民的主要纽带，村民们在有限的空间内进行日常生活和交往。由此，邻里共同体构建了一套"共助"系统，也为稳定生活提供了重要保障。② 中国村庄社区是建立在血缘和地缘基础上的熟人社会。以农业为主要活动聚集起来的人们的生产生活共同体。③ 该共同体以宗族血缘和邻里为关系纽带，人口流动性相对较小，同质性特征明显。贺雪峰提出，乡村共同体大致由三种边界构成：自然边界、社会边界和文化边界。④ 社区是由相互依赖的个体构成的场域，社区内的成员共同参与讨论决策，分享资源并有相似的信仰和目标。这一场域不会在短期内形成，而是会经过一段较长的时间，因内部成员共享特殊记忆和经验而形成并变得成熟。

然而，当城乡关系发生变化时，乡村共同体因为乡村人口流动而失去稳定性。随着精准扶贫、西部大开发等战略的实施以及社会主义市场经济体制的完善，西部农村地区正加速摆脱贫困和落后状态。生产方式的更新、经济结构不断升级，使传统的村庄逐步对外开放，村民利用便捷的交通工具拓宽了地域和空间上的合作领域。中东部相对发达的地区吸引了西部农村的劳动力，大规模的人口流出让乡村面临的问题和挑战随之而来。外出务工人员的增加致使留守在农村的人口以老人和小孩为主，村庄"空心化"成为一种普遍现象。作为重要人际关系节点的年轻劳动力向外迁移后，留守的村民减少，村民间关系连接弱化，他们参与公共事务和仪式的意愿降低。与此同时，外出村民远离家乡所产生的疏离感和孤独感也让他们逐步失去对乡村的归属情怀。尤其是自农村改革以来，农村社会出现了值得警惕的"社会原

---

① 〔法〕埃米尔·迪尔凯姆：《社会分工论》，渠东译，生活·读书·新知三联书店，2000，第77页。
② 田毅鹏：《村落过疏化与乡土公共性的重建》，《社会科学战线》2014年第6期，第8～17页。
③ 闫文秀、李善峰：《新型农村社区共同体何以可能？——中国农村社区建设十年反思与展望（2006～2016）》，《山东社会科学》2017年第12期，第106～115页。
④ 贺雪峰：《新乡土中国：转型期乡村社会调查笔记》，广西师范大学出版社，2003，第30页。

子化"趋向，乡土团结陷入困顿。① 在此背景下，乡村基层自治与村民权益保障面临着较大的现实困难。村庄精英群体和中坚力量的流失，致使基层治理失去大部分活力和执行力，进而消解着实地共同体和动摇原本稳固的邻里关系。当留守村民之间连接更加疏散，交往深度降低时，弱化的团体意识和合作意识导致村内的公共事务问题难以得到高效解决。目前看来，当国家权力从乡土"退场"后，农民之间横向的连接断裂，乡村整合能力降低，基层自治的重要性越发凸显。

（二）作为线上社区的中北微信群

随着网络和智能设备的普及，新兴媒介的发展帮助村民们实现了跨越时空的"共同在场"，社交媒体在村庄事务治理中的作用也在不断演变。从某种意义上说，乡村共同体以另一种形式实现了重构。村民自行发起建立的微信群作为一种圈群化的聊天工具，在一定程度上缓解了当下村庄的尴尬局面。中北村的微信群有 5 类，分别是中北村党员群、中北村村委干部群、生产队小组群、村务政务群和中北村健康群，村民们至少加入了两个微信群。在乡村社会关系网络的构建中，社交媒体为个体有关共同体的想象、参与和互动提供了技术上的可能。在现代社会里，共同体不再像传统社会那样需要面对面交流，而是可以在虚拟网络关系中突破时空和地域的限制。

由于社交媒体的广泛使用，大众生活正在走向数字化。虚拟社区作为一种社会形态，对于人们共享和交换个人资源变得越来越重要。② 当足够多的人在虚拟社区中进行公开讨论的时间足够长，在社区里有足够的人情味，并

---

① 吕方：《再造乡土团结：农村社会组织发展与"新公共性"》，《南开学报》（哲学社会科学版）2013 年第 3 期，第 133～138 页。

② Rovai A. P., "Sense of Community, Perceived Cognitive Learning, and Persistence in Asynchronous Learning Networks," *Internet and Higher Education* 5, 4 (2002): 319–332; Zhang, Xu, "The Quality of Virtual Communities: A Case Study of Chinese Overseas Students in WeChat Groups," *The Global Studies Journal* 10, 3 (2017): 19–26.

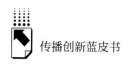
且个体在网络空间中形成社会关系时,虚拟社区就存在了。[1] 不同的互动模式可以构成不同类型的虚拟社区,成员们可以交换意见、联络感情、分享价值、表达关切。虚拟社区不受时空限制,个体通过反复接触在网络空间中形成虚拟社会关系,最后组成的一个兴趣共同体。[2] 当社区被看作人们为了共同目标而聚集在一起的空间时,它就不仅具备地理或者物理上的属性,还具备文化和情感属性。

总结看来,在线虚拟社区是网络共同体的一种基本形式,以微信为例,在微信虚拟社区中,个体可以和群组中的任何一个人建立联系,并进一步展开人际交流。[3] 同时个体之间的联系具有稠密性,因此在互动、共享的虚拟社群里,共同体的线上型构有了可能。本文通过对宁夏回族自治区灵武市中北村微信群的观察,探究微信群在村庄治理和社区建构中所起到的作用,进一步了解中西部农村居民的线上公共参与情况和在线社区的形塑情况。与此同时,本文还将探索村民的生活在微信群的渗透和影响下发生了怎样的变化,了解村庄社区在人际关系、社会沟通与信息分享等方面有哪些突破。研究关注社区成员如何实现跨时空的"共同在场",并以此进一步判断中北村的线上社区质量,讨论乡村共同体在微信圈群化传播功能下如何增强凝聚力和社区黏性。

研究问题一:从时间维度看,微信群的建立、普及和维护如何促使中北村乡村社区发生转变?这给村民生活和村落事务管理带来了哪些根本的变化?

研究问题二:从空间维度看,相比于线下社区,基于微信群的线上虚拟社区在功能、互动模式和社群意识等方面有哪些不同?这些差异如何为线下社区的发展提供帮助?

---

① Rheingold H. , *The Virtual Community*: *Homesteading on the Electronic Frontier*, MIT Press, 2000, p. 79.
② Fernback, J. & Thompson, B., "Computer-mediated Communication and the American Collectivity: The Dimensions of Community within Cyberspace," International Communication Association, Albuquerque, New Mexico, USA, May, 1995.
③ 隋岩、陈斐:《网络语言对人类共同体的建构》,《今传媒》2017年第5期,第4页。

二 案例选择及研究方法

（一）作为研究案例的宁夏中北村

本研究聚焦的案例是宁夏回族自治区灵武市崇兴镇中北村。灵武位于宁夏中部地区，拥有两千多年的历史，是中国最早建制的 200 多个县之一。在拥有"塞上江南"美誉的宁夏，中北村地处黄河南岸，农产品物资相对丰富，全村辖 10 个村民小队，共计 980 户 3991 人。该村是西部闻名的小康村，村庄建设良好，配有小学、健身广场、清真寺、柏油路等基础设施。选择以宁夏中北村为观察和研究对象，主要有以下几个方面的原因。

首先，从本研究关注的问题来看，中北村具有较强的代表性。纵观中北村历史，由于退耕还林政策实施，中北村人均仅八分地，单纯靠种植带来的农业经济收入不足以弥补村民日益上升的日常开支。羊绒纺织业曾为中北村村民带来了额外的收入，并逐渐成为该村的支柱和招牌产业，然而随着城乡的连通，行业间竞争加剧，原有的中小型羊绒厂被合并到大企业，致使地区纺织业重新洗牌，并蚕食了中北村的优势。在本土经营受挫的情况下，我国综合交通网络初步形成，将城乡地区连通起来，外出交通成本大为降低，中北村青壮年劳动力多选择离开村落谋生。由此，村庄留守人群（以老人、小孩为主）的生活一方面由外出打工的家人予以补助，另一方面得益于一系列由国家颁布的扶持政策。农村上学比例提高，居家养老变得更加轻松，而随之而来的还有不可避免的村庄"空心化"格局形式。实地共同体衰退，村落活性减弱，交流变得更加稀疏，最终成为我国中西部地区村庄普遍面临"空心化"和"过疏化"问题的一个缩影。微信群的出现改变了这一状况，它的连接功能进一步增强了社区黏性，稳固了社交关系。以中北村为例，本研究可以进一步观察"空心化"组织的乡村共同体在线上虚拟社区中转型和重塑的过程。

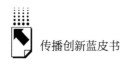

其次，结合虚拟社区规模考虑，中北村微信群适合作为本研究的观察对象。根据笔者的观察，中北村村民相比西部其他村村民具有更高的媒介技术素养，一般能够熟练地使用手机进行购物和聊天，多数老人会使用智能手机。另外，丰富的网络硬件资源也为中北村的在线虚拟社区建设提供了保障。相比于西部多数村落，中北村拥有更多的通信基站，村民家中基本都有无线网络，而且不限速套餐资费便宜，这些条件共同促进了作为虚拟社区的中北村微信群的发展。

再次，中北村是一个标准的回族村落，全村有三个清真寺，只有两户汉族家庭。由于民族信仰的原因，村民的饮食习惯和生活方式严格遵循清真规约。中北村很多村户世世代代居住在这里，受外来文化影响相对较小。在以"中北"命名之前，中北村是与中渠南侧村庄混合在一起的自然村，之后才被划分为灵武市的一个单独行政村。中北村社区环境相对单一，公共空间固定，社区成员构成相对简单，这为本研究的观察和调研提供了有利的条件。

最后，中北村离银川市区不太远，适合我们展开更加系统的调查，并得到研究助理的协助。我们与宁夏大学新闻与传播学院展开合作，合作单位的一名学生是中北村村民。有熟人的引领，研究者可以深入中北村社区组织，在遵循当地习俗和礼节的前提下与村民和村委会进行深度交流。通过一手资料的获取，本研究能进一步客观真实地分析村庄社区的现有情况，这也为本研究开展调查提供了诸多便利。

（二）数据采集与分析方法

本研究数据采集工作一共分为两个阶段。第一阶段，研究人员采用线上非参与式观察法。在正式开始调研之前，我们与宁夏大学新闻与传播学院学生 MJL 取得了联系，选定她为本研究的助理之一，并根据研究需要对她进行了相应的数据采集工作方法培训。因为 MJL 同学是中北村村民，其家人也在中北村微信群里，所以从客观上看 MJL 作为研究助理对于开展数据采集工作有很大帮助。2018 年 6 月至 2019 年 4 月，MJL 负责将中北村微信群的全部聊天记录导出，按日期存储至本地，并对每天的聊天内容进行截图，将其分类存入文件夹。同时 MJL 定期对微信群的聊天文本进行统计和分析，进一步协助我们做好前期调查工作。

通过对中北村微信群内容和聊天记录的分析，我们了解到中北村村民微信日常使用情况和群内互动情况，并在专家的指导下进一步确定了研究方向和访谈提纲。研究团队于 2019 年 6 月 15 日赴宁夏中北村开展实地调研，进行第二阶段的数据采集工作。在此阶段，我们组织了中北村村民焦点小组并对其进行访谈。访谈的目的主要是通过开放式讨论了解在线社区传播模式对增强西部乡村社区黏性以及加强村民关系的影响，进而更好地理解中北村微信群的功能和作用。由于访谈过程中涉及少数民族语言特有的表达方式，MJL 全程参与并及时做好相关沟通工作，这样本研究在深入熟悉中北村情况的基础上可以对语料有一个准确清晰的认知和判断。焦点小组访谈选择在中北村村委会办事处进行，这也是平时中北村村民参与公共事务、开展组织活动的主要地点之一。访谈以茶话会形式展开，以期营造一个相对宽松、随意和安静的环境，减轻村民的陌生感和拘束感，让其尽可能地畅所欲言。

通过反复熟悉语料，本文以句号（一句话）为单位，对录音文本进行逐句编码，每句话可以包含一个或多个编码。对于无关或干扰内容，如村民间的无意义闲聊，本研究在编码过程中自动忽略。随后，意义相近的编码将被归纳总结，以进一步增强编码的解释力和易懂性。在此阶段，开放编码之间逐渐建立了联系，所有与研究问题相关的初始编码都被纳入不同主题。每个主题都需要明确定义，并伴有详细的分析。对开放编码进行修改并重新分组可以相对精确清晰地归纳数据。为了确保每一个主题都能准确反映数据的内容以及主题的饱和性，本研究在编码过程中尽量扩展每个主题的维度。具体内容将在之后的"研究发现与讨论"部分详尽展开。与此同时，为保护村民隐私，在引用具体语料的过程中，我们以"姓 + 名（拼音第一个字母）"的形式（如"张三"为"张 S"）呈现被访者的信息。

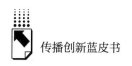
三 研究发现与讨论

随着社会经济的发展和生活条件的改善，城乡之间的联系更加紧密和频繁。中北村作为一个传统的农村社区正在慢慢流失社区凝聚力，成员们所创造的中北村社区共同记忆也渐失鲜活。然而，在线社交网络的出现正在扭转当前乡村共同体式微的情况。微信在中北村普及时间较长（约三年），但真正开始被村民广泛、频繁地使用是大约一年前。起初，中北村微信群的功能仅限于村委会向村民公示可领取补助的贫困户名单信息或者单向发布相关通知规定。在短短一年多的时间里，微信群在村民生活中所起到的作用悄然发生了变化。中北村的村庄共同体进行线上型构的过程与效果成为本研究关注的核心问题。

（一）实地公共空间的迁移：线上的"共同在场"

1. "共同在场"促进了高效的信息沟通

在微信群普及之前，中北村同其他传统村庄一样，信息交流和传播方式较为落后。中北村村委会一直都有村务公开的传统，原来村里通过高音喇叭和村口公告栏下发通知和公示，但是这样的方式因村内人员外出流失而低效，且公告留存性不高难以保存，传播效果并不显著。中北村村委会对面有一个健身广场，隔街便是中北清真大寺。由于宗教信仰原因，中北村每天都会有村民去做礼拜、祷告，清真寺和健身广场便成为村民们经常见面的场所，久而久之，他们也习惯于在此交流社区见闻以及留存社区记忆。村民们一直在这样一个公共空间里交流信息和表达意见，折射出共同体中的信息传播方式。

> 平时我参加拔河、打乒乓球活动，或者去清真寺做礼拜都会碰到大家。有个什么事我也能知道，或者把我知道的一些事情跟大家也说说。——村民王ZG 2019年6月

而微信群的出现为村民们交流和传播信息提供了一种新的选择。随着实地公共空间迁移到线上，共同体成员交流互动的场所突破了时空的限制，村民们不再依靠特定的仪式活动和受限的区域来进行沟通交流。中北村微信群把村民们拉入一个共同的虚拟社区，逐渐成为村内信息的集散地。不论是在外务工还是下田作业，身处不同时空的村民都因微信的圈群化传播重新联系起来，实现了虚拟空间的"共同在场"。

> 现在都用手机，都是网络。而且我们每个队都有一个群。有什么事情就会在队里群通知。平时关于扫黑除恶的通知、土地确权啥的还有喊我们去淌水灌渠的信息都发到里面。——队长杨 JG　2019 年 6 月
>
> 很多事情通过网络就办好了，队里开会也少了，通知发微信群里比开会快很多。我们这个群有 100 多人。每家至少有一个人在群里，我有什么事情通知，家家户户都有回应。——队长杨 JG　2019 年 6 月

中北村七队队长杨 JG 深刻体会到微信群的传播效率。微信群的使用促进了村干部与村民以及村民之间的沟通，避免了因通知传达不畅所引发的干群矛盾。

2. "共同在场"增强了社区黏性

微信群是一个具有脱域性质的关系网络，为分散在不同空间的村民提供了参与村务的便利途径。① 基于虚拟空间的"共同在场"在一定程度上还原了实地公共空间中常常出现的村务交流、议题讨论、民主投票等场景，在线的"共同在场"重现了社群的组织性。中北村微信群组里，干部们有一个专门的小群，每个生产队也有一个小群，队长是群主。各家各户提出的意见或建议不会在大群里随意讨论而是经由所在小群的负责人向上传达至大群的负责人，由此传达至村干部或村委会，由下至上的信息反馈是"代表制"的默契体现。

① 牛耀红:《在场与互训:微信群与乡村秩序维系——基于一个西部农村的考察》,《新闻界》2017 年第 8 期,第 6~13 页。

村里面有干部群，队长在群里。每个生产队有自己的小群。如果有事要通知全村人，一般都是先在队长群里发通知，然后队长到各自队里发。小队的事情不会往大群里发，但大群的事情会发到小群。——村书记杨 WJ　2019 年 6 月

大群里通知多一些，小群里聊天多一些。村民先将问题反映给小组队长，队长再反映给书记和干部，干部们决定之后，再通过队长发下来。——队长马 SB　2019 年 6 月

通过对规则的遵守，这种上行和下行的组织传播方式在一定程度上避免了"七嘴八舌"的无效讨论以及村民意见被遗漏或被忽视的情况发生，净化了微信群内部的言论环境。村民们在微信群里形成了虚拟合作网络，在线社交工具的便利性与高效性降低了村民参与公共事物的时间成本，提高了合作效率。微信群提供了一个"人人参与村务"的平台和人人都有发言权的空间，村民之间的联系被重新建立起来，虚拟空间中线上共同体的重构再次激发了中北村社区"熟人社会"的特征。村民们的社群意识不断提高，群成员"主人翁"的意识也进一步拉近了村民间的距离，提升了彼此间的身份认同。在村庄社会中，"共同在场"的关系对村庄社会整合起着极大作用。[①] 村民的"共同在场"增强了村庄社区成员的黏性，强化了他们的共同体意识，促进了乡土团结。

（二）私人事务的"公共性"分享：从个人到共同体

1. 私人事务的分享引发公共关注

因为有了线上"共同在场"的平台，中北村微信群为村民提供了一个社区议题讨论和公共事务传播的空间。村民会在群里发布哪里的水渠倒了，请村干部及时派人来修；或者谁家办喜事以及家里孩子考上了大学等消息。

---

① 陈新民、王旭升：《电视的普及与村落"饭市"的衰落——对古坡大坪村的田野调查》，《国际新闻界》2009 年第 4 期，第 63～67 页。

还有村民会通过微信群提供"搭便车"服务，为村民在城乡之间运送物资。并不是所有的中北村微信群都是由村干部组建的，类似于中北村健康群这样的微信群就是由村庄精英担任意见领袖。在中北村健康群里，村医兼群主马医生（马 YH）会及时在群里通知村民近期村内免费接种疫苗，发布医保政策以及发放传染病预防、慢病随访宣传手册等信息。

> 谁家有个枣子水果之类的也可以告诉村民们来买。还有谁家要做活，办酒席，需要一两百人招工做事，就在群里吆喝一声。如果是一个个打电话就太慢啦！——村民马 YZ　2019 年 6 月

此外，有关邻近社区信息的发布也加强了中北村与外界的联系。比如群昵称为"心愿"的村民将邻村郭碱滩村五队走失小孩以及本村走失老人的信息发布在中北村微信群里，请村民们帮着一起寻找线索，熟人关系网络通过邻村与邻里之间的互帮互助得到了进一步扩展。在中北村微信群里，私人事务的分享引发了众多村民的关注。而虚拟社区中的共同关注是社群成员成为兴趣共同体甚至最终成为情感共同体的必备条件。人们因共同的目标而聚集在同一个空间时，公共空间被赋予了文化和情感属性。一个强大的社区拥有能让社区成员紧密团结在一起的魔力，这样人们在满足自己需求的同时也能尽可能满足他人的需求，情感纽带是成员之间的承诺和信念以及他们共同的经历和生活的重要保障，这些都是社群意识的重要体现。宏观上看，村民分享的"小新闻"连接着政府与村民、权力与规则、管制与自治、村内与村外等"大问题"。[①]

2. 以共鸣强化社群意识

尽管这些社区新闻在外人看来是鸡毛蒜皮的事，微不足道，但正是这些有关村民自身的"私事"成为村民间更加有黏性的连接。社区见闻的即时

---

① 牛耀红：《建构乡村内生秩序的数字"社区公共领域"——一个西部乡村的移动互联网实践》，《新闻与传播研究》2018 年第 4 期，第 39~56 页。

分享和发布让村民之间联系更加紧密，村民对于社区的认同感也会进一步提高。因此，微信群慢慢出现了"晒"娃、"晒"自己、"晒"生活等各个方面的信息。在这种"拉家常"的"闲聊式"传播过程中，群成员的关系被进一步拉近。闲话涉及农民日常生活的方方面面，构成农民日常生活不可或缺的一部分，是理解农民生活的重要切入点。① 有村民分享了自己去周边游玩的照片，这时微信群里便开始有人询问："这个地方在哪里呀？贵不贵？要不要收门票？"还有在外打工的群成员提议："下次等我回来带着娃娃一起去。"以前村民们只有在新年以及伊斯兰节日时通过去清真寺做礼拜来祈福和庆祝，现在元旦、中秋甚至是圣诞节、感恩节时，群里会互发红包，很多村民通过发表情包来表达节日祝福，整个微信群的节日氛围非常浓烈。

在中北村微信群里，村民们不会禁止链接的转发，尤其是个人参加活动需要拉票的求助链接，因为他们认为在一来一往的相互帮衬与闲聊中，社区成员的感情会更加深厚。即便是没有微信的村民同样能通过与群成员进行线下交流来参与社区事务的讨论，这进一步增强了村组织的影响力和成员间关系的紧密性。

> 我今年70多了（73岁），我不会用手机，只会打电话。我不在群里，但我儿子在群里。如果有什么消息，我儿子会给我打电话。有个什么事，我儿子也会喊人来帮忙。——村民马ZJ 2019年6月

有学者认为，在市场与政治资本的介入以及城乡共谋在时空上完成后，乡村共同体将会终结。② 但本研究发现，线上社区的出现改变了共同体式微的现象。私人事务的公共性分享已经超越了信息传递的范围，村民在接收和转发信息的过程中不断构建社区认同方式。

---

① 李永萍：《隐秘的公共性：熟人社会中的闲话传播与秩序维系——基于对川西平原L村的调研》，《西南大学学报》（社会科学版）2016年第5期，第46~53页。

② 李容芳、李雪萍：《一致与偏离：仪式民俗与村落共同体的变迁——基于山地白族B村落的个案》，《中央民族大学学报》（哲学社会科学版）2017年第1期，第36~44页。

（三）从私人线下到公共多元："共同在场"的公共议题讨论

1. 从"社交媒体"到"公共空间"：功能的扩容

公共领域的概念被哈贝马斯定义为公众之间公开透明交流的民主空间。随着互联网的出现，在线社区为村民提供了一个微观的公共空间，村民可以发表言论、参与公共事务、交流信息等。线上公共空间因具有较大的覆盖面、较强的多样性和互动性等特征而形成不可忽视的优势。中北村利用微信群来重塑村庄的线上共同体，村民通过网络动员、组织大家共同参与乡村公共事务，促进"共同行动"。[①] 社交媒体传播是一种"半私密"的交流形式，用户可以与熟人进行"私密"的交流，也可以与匿名者进行交流。微信作为社交媒体是具有"过滤"效应的"个体"媒介平台，其提供的人际反馈、同伴接受以及群体规范强化等功能都有助于个人与群体身份的构建。[②]

在线下主流公共空间逐步迁移到线上的过程中，社交媒体提供了一个次级公共领域。[③] 不同于哈贝马斯所认为的以理性话语为特征的单一公共领域，社交媒体所扩容的线上公共空间具有更多的民主功能，并为少数群体和边缘群体提供了另一个平台，那就是挑战公共领域的主流话语。其中，中北村微信群作为一个虚拟社区兼顾了各类群体的利益。在社交媒体所扩容的线上公共领域中，信息、思想和辩论的流通在真正的对话和对公共问题的理性思考下少了很多约束。[④]

村民的参与和讨论能持续为共同体内部创建新的话题、引导新的目标，

---

① 方晓红、牛耀红：《网络公共空间与乡土公共性再生产》，《编辑之友》2017 年第 12 期，第 5~12 页。

② Sebastián Valenzuela, Arturo Arriagada, & Andrés Scherman, "The Social Media Basis of Youth Protest Behavior: The Case of Chile," *Journal of Communication* 62, 2 (2012): 299–314.

③ Nancy Fraser, "Rethinking the Public Sphere: A Contribution to the Critique of Actually Existing Democracy," *Social Text* 25, 26 (1990): 56–80.

④ Jennifer Brundidge, "Encountering 'Difference' in the Contemporary Public Sphere: The Contribution of the Internet to the Heterogeneity of Political Discussion Networks," *Journal of Communication* 60, 4 (2010): 680–700.

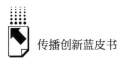

进一步促使社区各方主体进行有效对话，并能够形成一个微观"场域"。①
表1呈现出中北村微信群成员讨论的主要议题。

表1　中北村微信群议题内容

讨论主题	具体议题	代表性文本内容
村庄公共事务治理与发展	干部问责与村务治理	俺们老百姓的贫困补助找哪个负责？我们的补助还涨不涨
		水渠倒了有没有人来修啊？我们村啥时候统一整修
	基层农村保险	大家快带上身份证及时办理社保卡，不然就没有补贴了
	乡村品牌推广	大家都是灵武人，请支持自己的品牌"灵州雪"，参加中国十大羊绒品牌比赛投票，我给你们发红包
信息互通	招工信息	招工人稻田补苗；管吃住；谁干活呢？起鸡粪需要人
	农产品交换	杨JG宰的羊，要打肉的去西门打
		我家有多的玉米和鸡蛋，要买的来找我
	生活安全通知	村上停电检修；特大山洪预警通知
	顺风车信息	明天有没有人去灵武市，帮忙带个东西
		有拉砖的车没？从灵武东山坡拉到西渠
	红白喜事告知	我的结婚请帖，欢迎大家来吃酒啊
	儿童、老人走失认领	谁家娃娃丢了？郭碱滩村五队有个娃冻得说不出话了
文化分享	宗教规约	发布每日开斋、止斋时间
	礼仪与民间习俗分享	发布祝安辞讲述寓言故事和教义
		"二月二吃大豆"不是迷信
	道德鸡汤美文	亲们早上好，都是过路客，记得珍惜时间
	生活趣闻分享	"晒"娃，"晒"旅行，"晒"工作和城市生活
	节日祝福与娱乐活动	相互道祝福、发红包；组织庆祝活动
医疗卫生预防	医疗资源下基层	市医院提供免费体检以及市里医院医生在村坐诊通知
		灵武市卫建局为我们村妇女提供"两癌"筛查，请村民带上身份证或医保卡，相互转告
	疾病问询与求助	马医生那里有药丸没？我家娃娃咳嗽
	育儿、养生链接	"冬病夏治"三伏贴，孩子少生病

---

① 于淼：《推动城市社区参与的在线微观公共领域——一个业主微信群的实证研究》，《新闻与传播评论》2019年第3期，第29~42页。

2. 人人参与："共同在场"带来新的村庄治理模式

当村落趋于原子化时，个人利益将会大于公共利益，而弱势群体因其力量的弱小和资源的匮乏而被抛掷在权利的边缘，这样就形成了"中心 – 边缘"结构。① "中心 – 边缘"结构在一定程度上决定着资源分配的方式以及话语权的比重，而线上社区的建立引发了多元中心的出现，打破了单一中心的结构模式。

随着中北村青壮年劳动力不断流向城市，村中留守的妇女、儿童和老人成为中北村生活和生产的主要群体。由于老人和儿童对于新媒介的使用能力不足，妇女自然而然成为在线公共事务参与的主要力量。微信群的出现很大幅度地提升了中北村妇女的话语权。她们通过自我独特视角的主体性表达让整个微信群内容更加丰富多元，颇具特色。

除此之外，外出务工人员成为村庄原始公共空间的主力群体和社区精英，他们结合村庄外部的见闻和心得，对社区内部的公共议题提出建设性意见，与村庄在地精英一起出谋划策。尽管老年人是中北村社区的线下主体之一，但要保证基于微信群的线上民主协商和意见讨论决策的顺利进行，依然主要靠年轻精英。

> 我们提意见主要是通过村委会和村民代表大会，但也会在微信群讨论。村民代表也会在群里征求我们的意见，比如修渠、修路的事情。老百姓可以议论，发表意见，决策最后还是要开大会进行。但我们可以提意见，今年可以修渠，明年修路啥的。——村民周MG 2019 年 6 月

微信群正赋权给个体以使其成为表达者和行动者，多元主体不再是空洞的集群和抽象的存在。② 村民自主地参与公共事务，让意见表达更加充分、

---

① 王亚婷、孔繁斌：《用共同体理论重构社会治理话语体系》，《河南社会科学》2019 年第 3 期，第 36 ~ 42 页。

② 胡百精、杨奕：《公共传播研究的基本问题与传播学范式创新》，《国际新闻界》2016 年第 3 期，第 63 ~ 82 页。

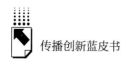

多元，群成员的社群意识也得到提升。村庄治理逐步出现"多元中心治理"新模式，这在一定程度上促进了村委会职能的改变。村委会和村民组织以及个体共同参与的多元中心治理模式，能更好地倾听民众的想法，促进政策有效传达，提高村庄治理效率，最终令多元主体都能获得理想和预期的收益。多元中心治理模式让乡村社会治理"去行政化"，可以进一步提升合作效率。媒介化合作网络可以将离散在不同时空的群体纳入协作中，成为流动性增强背景下整合农村社区的新形式。①

（四）公共空间的维护与共同体的型构

1. 群体空间的"公共性"规约

在线社区的"公共性"也会对村民产生一种潜在的规约。一方面，这种约束表现为自律性的约束，村民们在群里会自觉遵守相关纪律，只发布与群聊主题相关的内容，在讨论公共议题时尽量保持冷静和理性；另一方面，"公共性"还会对村民产生他律性的规约。

> 群里面会发生冲突，也会吵架。我们会在里面跟他们说，这里不能骂架的。还有一些瞎说的话，我们也不会让他们说。说那些不利于民族团结的话是会被批评的。——队长马 SB　2019 年 6 月
>
> 群里欢迎七种人：遵守群规的、有正能量的、懂得感恩的、愿意付出的、热爱学习的、创意无限的和乐于分享的。——队长马 FH　2019 年 3 月

村民如果因为个人利益或者私人恩怨而在群里吵架，村民们会立刻出来制止。除了劝架，大家还会对当事人表示强烈不满或对其进行谴责，甚至将当事人踢出群，因为微信群成员认为这种争吵会影响微信群的讨论环境和

---

① 牛耀红：《社区再造：微信群与乡村秩序建构——基于公共传播分析框架》，《新闻大学》2018 年第 5 期，第 84~93 页。

公众利益。线上社区的"公共性"让村民可以自由地参与讨论和发表对乡村管理或下行政策的意见，也能够从中获得参与公共事务决策的部分权利。相应的，村民若是违反村内相关规定或是出现扰乱公共秩序等不良行为，将会受到一定的惩罚，比如被剥夺参与公共议题讨论和社区事务的权利。因此，微信所提供的群聊功能为实地社区的线上迁移和重塑打下了稳固而又坚实的基础，也为线上公共秩序的维护以及成员权益的保护提供了更多的方式。

2. 线上传播触角的延伸：村民间的新连接

由于时代变迁和生存所需，村里的年轻劳动力开始逐步外迁，这直接导致留守人群年龄的两极化程度严重，传统乡村"熟人社会"中走街串巷、互帮互助的邻里日常交往机制也发生了变化。由于缺乏中坚力量的年轻人作为连通的桥梁，村内人际关系网络节点减少，日常交流情感变弱，乡村中的"熟人社会"逐步变为"无主体熟人社会"。所谓"无主体"主要是指大量乡村劳动力流失导致乡村主体人员的长期缺位，村落过疏化与空心化现象严重，"熟人社会"日常特征消失以及"主体继承者的缺失"，[1] 主要体现在主体性缺失、公共性缺失和归属感缺失三个方面。

然而，微信群的主导让中北村村民原本零散的心重新聚集起来，在线乡村共同体的重塑让村民有了认同感和归属感。在社群意识定义中，成员关系是个体在这个组织中找到归属感的主要途径，归属感包括个体融入群体并在其中占有一席之地的信念和期望以及愿意为群体做出牺牲的意愿。[2] 长期的线上交流和公共参与，让村民们无论身处何地都对社区成员的身份有一个清晰的认识。一些外出打工的村民遇到问题在群里寻求帮助时，群成员都会积极地给予相应的回复。他们通过线上的信息沟通和分享来强化成员身份，与此同时，村民对村庄社区的认同程度也会提高。这种互帮互助的交往机制逐

---

① 吴重庆：《无主体熟人社会》，《开放时代》2002 年第 1 期，第 121～122 页；吴重庆：《从熟人社会到"无主体熟人社会"》，《党政干部参考》2011 年第 2 期，第 19～25 页。

② Perrucci, R., "Social Distance Strategies and Intra-organizational Stratification: A Study of the Status System on a Psychiatric Ward," *American Sociological Review* 28 (1963): 951–962.

渐还原了"熟人社会"的日常生活状态。很多村民还会转发当地羊绒品牌"灵州雪"的投票链接,呼吁大家支持和宣传当地的羊绒产业,在大家互帮互助的过程中,群成员不论身处何处都感觉自身背靠数千同乡,同时还拥有了一个分享和娱乐平台。

> 大家现在都外出打工,家里面留的都是老人小孩。有一个群的话可以把自己的生活状况发到群里面,也可以让村干部了解中北村村民在外面的情况。——村民马ZF 2019年6月

除了信息的分享,作为一个有文化边界的村庄社区,中北村微信群还会通过相关文化分享来强化群成员的认同感。有村民会在群里引导村民学习寓言故事和教义,还有村民会在群里发布次日当地清真寺五次礼拜的具体时间。在具有宗教文化信仰的回族村落,村民们通过相互提醒来进一步增强社区归属感。

四 小结

随着农村社区发展步伐不断加快,村庄内部结构已经悄然改变,以宗族、血缘为纽带的关系发生了巨大变化。乡村共同体具有文化凝聚功能,而这正是乡村衰败背后需要特别关注的问题。在媒介技术发展的当下,乡村共同体实现了线上型构,村民的情感分享、群体认同与关系归属等个体社群意识得到了强化。线上社区为群成员提供了更多平等交流的机会,提升了村民的参与意识与积极性。

综合考虑中北村区位、文化、经济和社区发展实际,本研究以宁夏中北村为代表对乡村线上虚拟社区的建设提出相关对策与思路。首先,在线上社区的管理和组织方面,微信群可以实行由上至下的"守门人"规则,确保村干部利用微信群的管理功能各司其职,保证重要通知传达到位,让村民有充足的时间理解和应对。其次,在社区交流和讨论方面,微信群应坚持自由讨论的管理模式,充分发挥群聊功能的即时性、互动性等优势。各群负责人还应主动引导外

出打工的流动村民多与留守村民进行互动，充分交换信息，增进邻里间的"共同体"联系。最后，在文化方面，微信群要积极利用群通知、视频和图像传输等功能协调组织活动，合理规划日程，让村落线下公共空间的运转更有效率。微信群的工具性、社交性和组织性为这些文化活动的顺利开展提供了充分的保障，因此中北村线上社区模式对于西部其他村落也有很大的启示意义。

然而，由于互联网媒介对于使用者的技术能力有一定的要求，这在一定程度上限制了个体参与公共事务。比如，在村庄公共事务治理与发展过程中，村里阅历丰富的长者的意见和提议应引起足够的重视，但他们不太会使用智能手机，大多只能在家人的帮助下成为信息接收者，许多有价值的思想成果无法被传达或逐渐被忽略。与此同时，网络空间的参与使得成员不仅要具备一定的媒介素养，还要具备政治参与和判断能力。在互联网空间的大浪淘沙中，最终还是会有一些有较强公共参与意识的村民逐渐被边缘化。此外，在乡村熟人社会的交往机制下，面对面交流的缺乏以及公共环境下过度多元意见的发布对公共事务处理效率和公共交流质量的影响还有待评判。

尽管在线社区存在一定的局限性，但其确实为增强当下乡村共同体的凝聚力和村庄社区基层赋权与治理提供了新的方式和平台。在线社区实现了乡村多元主体的"共同在场"，构建了社区文化和记忆，增强了社区黏性和凝聚力，为村民提供了意见表达和参与讨论的平台。在高度媒介化社会中，微信的圈群化传播特质使使用者能够获得更多的参与机会，尽管是拟态的参与，但也部分消弭了时空阻隔，参与者之间有了情感交流，因而共同体的重构有了实现的可能。从该意义上说，微信的使用及人们在其中的互动，使微信可能成为一个得以勾连不同时空、个体、族群和多向度的新型空间。[1] 在村庄"空心化"和"离散化"格局形成的背景下，移动互联网为西部村庄在促进社区整合、采取公共行动和提升村民价值认同等方面开辟了新的方向。

---

[1] 孙信茹：《微信的"书写"与"勾连"——对一个普米族村民微信群的考察》，《新闻与传播研究》2016年第10期，第6～24页。

B.3
快手短视频 App 提升农村用户主观幸福感的调查研究

邓元兵　李慧*

摘　要：　以快手为代表的短视频 App 为农村用户提供了多元化的交流平台，探索农村用户的快手短视频 App 使用特征，研究快手使用与农村用户主观幸福感之间的关系具有重要意义。本文采用访谈和问卷调查法，通过对 400 名快手农村用户的调查发现：快手使用强度高会提升农村用户主观幸福感，获取线上社会资本会增强农村用户主观幸福感，进行上行社会比较会减弱农村用户主观幸福感；获取线上社会资本与进行上行社会比较均能够在使用强度与主观幸福感之间起到中介作用；未婚农村用户主观幸福感更强；高中文化程度的农村用户使用强度最高，最容易获得黏结型社会资本，更倾向于进行上行社会比较；家庭经济状况越好的用户获取的线上社会资本越多，主观幸福感越强；性别和年龄因素对用户使用强度、获取线上社会资本、进行上行社会比较以及主观幸福感的影响不大。

关键词：　农村用户　快手短视频　主观幸福感　社会资本　社会比较

---

* 邓元兵，媒介管理学博士，副教授，郑州大学新闻与传播学院教师，研究方向为网络与新媒体、应用传播（品牌传播、危机传播、地区形象）；李慧，郑州大学新闻与传播学院新闻与传播专业硕士研究生，研究方向为网络与新媒体、城市形象。

一 引言

联合国发布的《2019 年世界幸福报告》显示，当今我国居民幸福感水平居世界第 93 位。[①] 第 43 次《中国互联网络发展状况统计报告》显示，当前我国短视频应用迅速崛起，使用率高达 78.2%。[②] 快手短视频与中国社会科学院联合发布的《快手 2018 年度社会价值报告》显示，已经有 1600 万用户在快手上获得收入，其中约有 340 万人来自国家级贫困县，快手平台通过发起幸福乡村战略帮助农村用户提升幸福感。[③]

基于此，本研究以使用快手短视频 App 的农村用户为研究对象，关注他们使用快手短视频 App 的特点，探索他们在使用快手的过程中对自身主观幸福感如何产生影响。

二 农村用户的快手短视频 App 使用特征

问卷调查时间是 2019 年 12 月 6 日至 2019 年 12 月 26 日，本研究采取线上线下相结合的方式，以微信、QQ、快手贴吧和快手 App 为主要平台，通过发朋友圈、在线上社群发私信、街头拦截、入户调查、滚雪球抽样等方式获取被调查对象，以其户籍是否为农村户口为其中一条筛选标准，最终共收集到有效问卷 400 份。

---

① John F. Holliwell, Richard Layard and Jeffrey D. Sachs, "Word Happiness Report 2019," March 20, 2019, https://worldhappiness. report/ed/2019/#read, Accessed February 28, 2020.

② 《CNNIC 发布第 43 次〈中国互联网络发展状况统计报告〉》，中华人民共和国国家互联网信息办公室网站，2019 年 2 月 28 日，http://www.cac.gov.cn/2019 - 02/28/c_1124175686.htm，最后访问日期：2020 年 2 月 28 日。

③ 《快手成立"社会价值研究中心"发布〈快手 2018 年度社会价值报告〉》，百家号新华网，2019 年 4 月 18 日，https://baijiahao. baidu. com/s? id = 1631133799478035917&wfr = spider&for = pc，最后访问日期：2020 年 2 月 28 日。

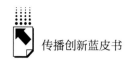
（一）被调查者的社会人口学特征

此次被调查者的性别、年龄、婚姻状况、文化程度、家庭经济状况等数据与《抖音＆快手用户研究报告》中快手用户的数据反映出的问题基本相同，[①] 说明样本数据比较具有代表性。

被调查者中男性占比 40.2％，女性占比 59.8％，女性占比略高于男性。其中，18～29 岁的用户所占比例最高，为 65.9％；其次是 30～49 岁的用户，占比为 21％；18 岁以下和 50 岁及以上的用户分别占 8.8％ 和 4.4％。18～49 岁用户超过八成。婚姻状况方面，未婚用户占 60.5％，已婚用户占 39.5％。文化程度方面，本科及以上用户最多，占 36.1％；其次为大专和高中，分别占 25.1％ 和 24.4％；初中及以下文化程度用户所占比例较低，为 14.4％。总体来说，用户文化程度涵盖各个层次，本科以下文化程度用户超过六成。家庭经济状况方面，认为家庭经济状况为平均水平的用户最多，占比为 58.3％。

（二）农村用户使用快手短视频 App 的行为数据分析

1. 使用强度基本情况

分析快手使用强度旨在挖掘用户在情感上与快手的联系程度以及快手融入他们日常生活的程度。本研究通过借鉴 Ellison 等设计的使用强度量表[②]从情感投入角度考察农村用户对快手的使用强度。

本研究采用李克特五级量表，1 = 完全同意；2 = 不太同意；3 = 一般；4 = 比较同意；5 = 完全同意，得分越高表示强度越高（下文如无特殊说明，均采用李克特五级量表）。在使用强度方面，使用强度的众数为 3.500，均

---

① 企鹅智酷：《亿级新用户红利探秘：抖音＆快手用户研究报告》，36Kr，2018 年 4 月 9 日，https：//36kr.com/p/5127967，最后访问日期：2020 年 2 月 28 日。

② Ellison, N. B., Steinfield C., and Lampe C., " The Benefits of Facebook 'Friends': Social Capital and College Students' Use of Online Social Network Sites," *Journal of Computer-Mediated Communication* 12, 4 (2007): 1143 – 1168.

值为3.549，说明使用强度总体处于中等偏上水平（M>3），快手在大多数用户心中有一定的分量。

（1）性别对使用强度的影响

为了解被调查者快手使用强度在性别方面的差异，本研究采用独立样本T检验的方式进行分析。结果显示，使用强度在性别方面不存在显著差异（p>0.05），即性别因素对用户快手使用强度影响不大。

（2）年龄对使用强度的影响

为了解被调查者快手使用强度在年龄方面的差异，本研究采用ANOVA单因素方差分析方法进行检验。结果显示，使用强度在年龄方面不存在显著差异（p>0.05），即年龄因素对用户快手使用强度影响不大。

（3）婚姻状况对使用强度的影响

为了解被调查者快手使用强度在婚姻状况方面的差异，本研究采用独立样本T检验的方式进行分析。结果显示，使用强度在婚姻状况方面不存在显著差异（p>0.05），即婚姻状况因素对用户快手使用强度影响不大。

（4）文化程度对使用强度的影响

为了解被调查者快手使用强度在文化程度方面的差异，本研究采用ANOVA单因素方差分析方法进行检验。结果显示，使用强度在文化程度方面存在显著差异（p<0.05，F=2.774）。其中，高中文化程度的农村用户对快手的使用强度最高（使用强度的平均值M=3.591，标准差SD=0.733），其次是大专文化程度的用户（使用强度的平均值M=3.559，标准差SD=0.766），快手使用强度最低的为初中文化程度的用户（使用强度的平均值M=3.27，标准差SD=0.672）。

（5）家庭经济状况对使用强度的影响

为了解被调查者快手使用强度在家庭经济状况方面的差异，本研究采用ANOVA单因素方差分析方法进行检验。结果显示，使用强度在家庭经济状况方面存在显著差异（p<0.05，F=2.496）。其中，家庭经济状况"远高于平均水平"的用户的使用强度最高，"远低于平均水平"的用户的使用强度最低。从"远低于平均水平"到"远高于平均水平"共有五类不同家庭

经济状况，其对应的用户群体使用强度的平均值分别为 3.268、3.336、3.490、3.492、4.250。

2. 获取线上社会资本基本情况

线上社会资本指个体在其基于互联网建立的社会网络中感知到的可获得或可接近的益处或者资源。[①] 其中桥接型社会资本通常嵌套在弱关系中，能使个体接触到超越原有视野的外界信息和资源；黏结型社会资本则通常属于强关系的范畴，能够基于人们情感和精神上的支持，分享有限和稀少的资源。

为了解被调查者获取线上社会资本基本情况，本研究采用 William 编制的互联网社会资本量表[②]进行检验。结果显示，被试获取桥接型社会资本的众数和均值分别为 4 和 3.7，获取黏结型社会资本的众数和均值分别是 3 和 3.088，即大部分被试快手用户认为自己在快手中能够获取线上社会资本，且获得的桥接型社会资本多于黏结型社会资本。快手是平台开放、用户多元的社交类短视频软件，用户能够在快手中接触到各种各样的信息，与各种类型的用户进行互动，因此快手能够帮助用户积累一定的桥接型社会资本，但是相较于微信、QQ 等较为封闭、隐私的社交圈子来说，快手构建和维系黏结型社会资本的能力不足。

（1）性别对获取线上社会资本的影响

为了解被调查者获取线上社会资本在性别方面的差异，本研究采用独立样本 T 检验的方式进行分析。结果显示，获取线上社会资本包括桥接型社会资本、黏结型社会资本在性别方面不存在显著差异（$p > 0.05$），即性别因素对被试用户获取线上社会资本的影响不大。

（2）年龄对获取线上社会资本的影响

为了解被调查者获取线上社会资本在年龄方面的差异，本研究采用

① Ellison, N. B., Steinfield C., and Lampe C., " The Benefits of Facebook ' Friends ': Social Capital and College Students' Use of Online Social Network Sites," *Journal of Computer-Mediated Communication* 12, 4（2007）: 1143 – 1168.

② William, D., "On and off the Net: Scales for Social Capital among Teenagers," *Computers in Human Behavior* 41（2006）: 228 – 235.

ANOVA 单因素方差分析方法进行检验。结果显示，获取线上社会资本在年龄方面不存在显著差异（$p > 0.05$），即年龄因素对被试用户获取线上社会资本的影响不大。

（3）婚姻状况对获取线上社会资本的影响

为了解被调查者获取线上社会资本在婚姻状况方面的差异，本研究采用独立样本 T 检验的方式进行分析。结果显示，获取桥接型社会资本在婚姻状况方面存在显著差异（$p < 0.05$，$t = 2.996$），获取黏结型社会资本及总体线上社会资本在婚姻状况方面不存在显著差异（$p > 0.05$）。其中，未婚用户获取桥接型社会资本显著多于已婚用户。这是因为，相较于已婚用户，未婚用户可能有更多的时间投入接触新事物、结交新朋友等活动中。

（4）文化程度对获取线上社会资本的影响

为了解被调查者获取线上社会资本在文化程度方面的差异，本研究采用 ANOVA 单因素方差分析方法进行检验。结果显示，获取黏结型社会资本在文化程度方面存在显著差异，获取桥接型社会资本及总体线上社会资本在文化程度方面不存在显著差异。高中文化程度的用户获取黏结型社会资本最多，其次是大专文化程度的用户，本科及以上文化程度的用户获取黏结型社会资本较少。快手平台的用户大多为三、四线城镇的青壮年人，这类用户的社交圈可能与高中、大专文化程度用户的社交圈相似，而本科及以上文化程度用户的社交圈与前两者有所不同，所以在快手中获取的黏结型社会资本较为有限。

（5）家庭经济状况对获取线上社会资本的影响

为了解被调查者获取线上社会资本在家庭经济状况方面的差异，本研究采用 ANOVA 单因素方差分析方法进行检验。结果显示，获取线上社会资本在家庭经济状况方面存在显著差异（$p < 0.05$）。其中，家庭经济状况"远高于平均水平"和"高于平均水平"的用户获取线上社会资本较多，"远低于平均水平"的用户获取线上社会资本较少。家庭经济状况较好的用户由于经济压力较小，能够花费更多的时间投入快手中，因此能够获取更多的社会资本。

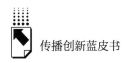

3. 进行上行社会比较基本情况

社会比较是指人们有评估自身能力和观点的需求或驱力，在缺乏自我评价的客观标准时便通过与他人进行比较来降低不确定感，从而实现自我评估。[①] 社会比较一般包括上行比较、平行比较、下行比较三类，其中上行比较是指与比自己优秀的人进行比较。

为了解被调查者进行上行社会比较基本情况，本研究采用 Gibbons 和 Buunk 编制的 INCOM（Iowa-Netherlands Comparison Orientation Measure）量表[②]进行检验。结果显示，被试进行上行社会比较的众数为 2.8，均值为 2.95，总体来说位于选项"比较不同意"和"一般"之间，即大多数用户在使用快手时存在进行上行社会比较的行为，但是进行上行社会比较的倾向并没有那么强烈（M < 3）。

（1）性别对进行上行社会比较的影响

为了解被调查者进行上行社会比较在性别方面的差异，本研究采用独立样本 T 检验的方式进行分析。结果显示，进行上行社会比较在性别方面不存在显著差异（p > 0.05），即性别因素对进行上行社会比较的影响不大。

（2）年龄对进行上行社会比较的影响

为了解被调查者进行上行社会比较在年龄方面的差异，本研究采用 ANOVA 单因素方差分析方法进行检验。结果显示，进行上行社会比较在年龄方面不存在显著差异（p > 0.05），即年龄因素对进行上行社会比较的影响不大。

（3）婚姻状况对进行上行社会比较的影响

为了解被调查者进行上行社会比较在婚姻状况方面的差异，本研究采用独立样本 T 检验的方式进行分析。结果显示，进行上行社会比较在婚姻状况方面的差异不显著（p > 0.05），即婚姻状况因素对用户进行上行社会比较的影响不大。

① Festinger L., "A Theory of Social Comparison Processes," *Human Relations* 7 (1954): 117 – 140.
② 刘毅：《微信使用对大学生主观幸福感影响的实证研究》，《现代传播》2018 年第 8 期。

（4）文化程度对进行上行社会比较的影响

为了解被调查者进行上行社会比较在文化程度方面的差异，本研究采用 ANOVA 单因素方差分析方法进行检验。结果显示，进行上行社会比较在文化程度方面的差异显著（$p < 0.05$，$F = 2.954$）。其中，高中文化程度的用户更倾向于进行上行社会比较，大专文化程度的用户进行上行社会比较的倾向较弱。

（5）家庭经济状况对进行上行社会比较的影响

为了解被调查者进行上行社会比较在家庭经济状况方面的差异，本研究采用 ANOVA 单因素方差分析方法进行检验。结果显示，进行上行社会比较在家庭经济状况方面不存在显著差异（$p > 0.05$），即家庭经济状况因素对用户进行上行社会比较的影响不大。

4. 主观幸福感基本情况

主观幸福感是个体对自身生活质量以及情绪状态的整体评估，包括生活满意度、正性情感和负性情感三个维度[1]，本研究采用 Suh 和 Koo 制定的简明主观幸福感量表[2]来测量。

在主观幸福感方面，被调查者生活满意度的众数和均值分别是 3.67 和 3.52，正向情感的众数和均值分别是 3.67 和 3.62，负向情感的众数和均值分别是 2.33 和 2.4，即大多数被调查者对生活状况比较满意，并且"快乐""积极"等正向情感较高（$M > 3$），负向情感相对较低（$M < 3$）。总体来说，被调查者的主观幸福感处于中等偏上水平（$M > 3$）。

（1）性别对主观幸福感的影响

为了解被调查者主观幸福感在性别方面的差异，本研究采用独立样本 T 检验的方式进行分析。结果显示，主观幸福感在性别方面不存在显著差异（$p > 0.05$），即性别因素对主观幸福感的影响不大。

---

[1] 苗元江：《心理学视野中的幸福——幸福感理论与测评研究》，博士学位论文，南京师范大学，2003。

[2] Suh, E. M. and Koo, J., "A Concise Measure of Subjective Well-being (COMOSWB)：Scale Development and Validation," *Korean Journal of Social and Personality Psychology* 25（2011）：96 – 114.

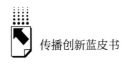

（2）年龄对主观幸福感的影响

为了解被调查者主观幸福感在年龄方面的差异，本研究采用 ANOVA 单因素方差分析方法进行检验。结果显示，主观幸福感在年龄方面不存在显著差异（$p > 0.05$），即年龄因素对主观幸福感的影响不大。

（3）婚姻状况对主观幸福感的影响

为了解被调查者主观幸福感在婚姻状况方面的差异，本研究采用独立样本 T 检验的方式进行分析。结果显示，正向情感与主观幸福感在婚姻状况方面存在显著差异（$p < 0.05$，$t = 3.068$），生活满意度与负向情感在婚姻状况方面不存在显著差异（$p > 0.05$）。其中，未婚用户生活满意度和主观幸福感显著高于已婚用户。已婚用户可能需要处理更多的经济问题、家庭人际关系问题以及子女问题等，因此主观幸福感较未婚用户低。

（4）文化程度对主观幸福感的影响

为了解被调查者主观幸福感在文化程度方面的差异，本研究采用 ANOVA 单因素方差分析方法进行检验。结果表明，主观幸福感在文化程度方面不存在显著差异（$p > 0.05$），即文化程度对被调查者主观幸福感的影响不大。

（5）家庭经济状况对主观幸福感的影响

为了解被调查者主观幸福感在家庭经济状况方面的差异，本研究采用 ANOVA 单因素方差分析方法进行检验。结果表明，生活满意度（$p < 0.05$，$F = 2.483$）及主观幸福感（$p < 0.05$，$F = 2.663$）在家庭经济状况方面存在显著差异，正向情感及负向情感在家庭经济状况方面不存在显著差异（$p > 0.05$）。其中，家庭经济状况较好的用户，其生活满意度及主观幸福感较高，表明良好的经济状况在提升人们生活满意度和主观幸福感方面具有一定的作用。

三　快手短视频 App 对农村用户主观幸福感的影响机制

（一）使用强度对主观幸福感的影响

本研究使用 Amos 22.0 软件，根据使用强度与主观幸福感的关系建立初始模型（见图 1）。初始模型具体拟合状况：$\chi^2 = 169.514$，$\chi^2/df = 2.734$，$RMSEA = 0.066$，$IFI = 0.906$，$TLI = 0.879$，$CFI = 0.904$。初始模型拟合度较好，可以进行下一步的路径分析。

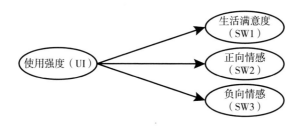

图 1　初始模型

在初始模型中共有三条路径，具体的路径检验结果如表 1 所示。由图 1 可知，使用强度对主观幸福感的三条路径——生活满意度、正向情感以及负向情感均呈现显著影响。其中，使用强度能够显著影响生活满意度，假设 H1a 成立；使用强度能够显著正向影响正向情感，假设 H1b 成立；使用强度显著负向影响用户负向情感，假设 H1c 成立。

表 1　初始模型路径检验结果

假设编号	路径	估计标准误（S. E.）	临界比值（C. R.）	p 值	标准化路径系数	假设是否成立
H1a	SW1←UI	0.084	7.071	***	0.699	是
H1b	SW2←UI	0.082	6.554	***	0.571	是
H1c	SW3←UI	0.087	−5.028	***	−0.372	是

注：*** 表示在 0.001 的水平上显著。

（二）线上社会资本与上行社会比较的中介作用检验

为了能够更清晰地检验两个中介变量在使用强度与主观幸福感之间的效果，中介模型分别从线上社会资本的中介和上行社会比较的中介两个方面来构建，并分别命名为"中介模型 1"和"中介模型 2"。在中介效应的检验方法

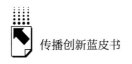

上，该部分采用传统的 sobel 检验方法[①]。

1. 线上社会资本的中介作用检验

中介模型 1 在初始模型的基础上引入线上社会资本的两个维度——桥接型社会资本和黏结型社会资本（见图 2）。对模型拟合进行验证，模型拟合方法和验证指标与初始模型相同。模型各项拟合指标良好：$\chi^2 = 430.888$，$\chi^2/df = 1.968$，$RMSEA = 0.049$，$IFI = 0.921$，$TLI = 0.907$，$CFI = 0.92$。中介模型 1 适合进行路径分析。

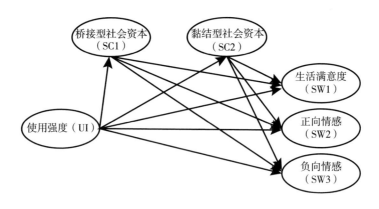

图 2　中介模型 1

通过路径分析检验得出，使用强度（UI）对生活满意度（SW1）、正向情感（SW2）、负向情感（SW3）的直接作用不显著（$p > 0.05$），说明线上桥接型社会资本（SC1）在使用强度（UI）和主观幸福感（SWB）及各维度之间起完全中介作用，假设 H2a、H2b、H2c 成立；线上黏结型社会资本在使用强度（UI）与生活满意度（SW1）之间起中介作用，假设 H3a 成立。而线上黏结型社会资本在使用强度（UI）与正向情感（SW2）及负向情感（SW3）之间的中介作用不显著，假设 H3b、H3c 不成立（见表 2）。因此，需要对 H3b、H3c 进行 sobel 检验，结果显示，假设 H3b、H3c 路径依旧不显著（$p > 0.05$）（见表 3），所以可以判定黏结型社会资本在使用强度与正向情感及负向情感之间的中介作用均不显著。

---

① 温忠麟、张雷、侯杰泰等：《中介效应检验程序及其应用》，《心理学报》2004 年第 5 期。

表2 中介模型1路径检验结果

假设编号	路径	估计标准误（S. E.）	临界比值（C. R.）	p 值	标准化路径系数	假设是否成立
H2a	SC1←UI	0.074	8.090	***	0.736	是
	SW1←SC1	0.127	5.786	***	0.748	
	SW1←UI(C')	0.101	-0.625	0.532	-0.079	
H2b	SC1←UI	0.074	8.090	***	0.736	是
	SW2←SC1	0.152	5.974	***	0.858	
	SW2←UI(C')	0.121	-1.019	0.308	-0.143	
H2c	SC1←UI	0.074	8.090	***	0.736	是
	SW3←SC1	0.168	-4.395	***	-0.564	
	SW3←UI(C')	0.153	0.659	0.510	0.095	
H3a	SC2←UI	0.086	8.103	***	0.613	是
	SW1←SC2	0.055	3.016	0.003	0.236	
	SW1←UI(C')	0.101	-0.625	0.532	-0.079	
H3b	SC2←UI	0.086	8.103	***	0.613	否
	SW2←SC2	0.063	-0.675	0.500	-0.056	
	SW2←UI(C')	0.121	-1.019	0.308	-0.143	
H3c	SC2←UI	0.086	8.103	***	0.613	否
	SW3←SC2	0.083	1.017	0.309	0.090	
	SW3←UI(C')	0.153	0.659	0.510	0.095	

注：*** 表示在0.001的水平上显著。

表3 中介模型1 sobel 检验结果

路径	系数 a	系数 b	系数 a 的标准误	系数 b 的标准误	z 值	p 值	是否显著
H3b	0.613	-0.056	0.086	0.063	-0.882	0.378	否
H3c	0.613	0.090	0.086	0.083	1.072	0.284	否

2. 上行社会比较的中介作用检验

中介模型2在初始模型的基础上引入中介变量上行社会比较（见图3）。对模型拟合进行验证，模型拟合方法和验证指标与初始模型相同。模型各项拟合指标良好：$\chi^2 = 285.681$，$\chi^2/df = 2.232$，$RMSEA = 0.056$，$IFI = 0.909$，$TLI = 0.889$，$CFI = 0.907$。中介模型2适合进行路径分析。

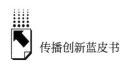

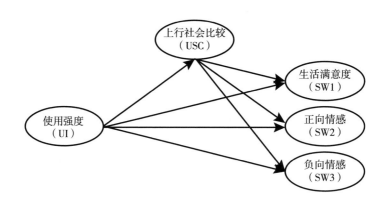

图 3　中介模型 2

通过路径分析检验得出，使用强度（UI）对生活满意度（SW1）、正向情感（SW2）、负向情感（SW3）的直接作用显著，说明上行社会比较在使用强度与生活满意度之间起部分中介作用，即 H4a 成立；上行社会比较在使用强度与正向情感之间起部分中介作用，即 H4b 成立；上行社会比较在使用强度与负向情感之间起部分中介作用，即 H4c 成立（见表 4和表 5）。

表 4　中介模型 2 路径检验结果

假设编号	路径	估计标准误（S. E.）	临界比值（C. R.）	p 值	标准化路径系数
H4a	USC←UI	0.067	2.528	0.011	0.172
	SW1←USC	0.052	-2.702	0.007	-0.171
	SW1←UI（C`）	0.082	7.204	***	0.721
H4b	USC←UI	0.067	2.528	0.011	0.172
	SW2←USC	0.063	-3.752	***	-0.259
	SW2←UI（C`）	0.080	6.843	***	0.606
H4c	USC←UI	0.067	2.528	0.011	0.172
	SW3←USC	0.081	5.820	***	0.429
	SW3←UI（C`）	0.082	-5.565	***	-0.418

注：***表示在 0.001 的水平上显著。

表5　上行社会比较的中介作用检验结果

编号	假设	假设是否成立
H4a	上行社会比较在使用强度与生活满意度之间起中介作用	是（部分）
H4b	上行社会比较在使用强度与正向情感之间起中介作用	是（部分）
H4c	上行社会比较在使用强度与负向情感之间起中介作用	是（部分）

四　研究发现

以往研究多是以乡村文化、创作者在短视频中的农村形象为对象，本研究以快手短视频 App 的农村用户为对象开展调查，考察他们使用快手短视频App 的特征及其对农村用户主观幸福感的影响机制，并运用社会心理学相关理论来解读传播学、媒介发展等问题，实现跨学科交流。随着短视频、VR、AR等的普及和应用，研究新媒体、新技术对用户群体的情感及内心的影响十分必要，尤其是在我国高度重视"三农"问题的背景下，研究媒介发展对农村用户的影响更加具有现实意义。概括而言，本文有以下发现。

（一）快手使用强度高会提升农村用户的主观幸福感

从调查研究结果来看，农村用户的快手使用强度对其主观幸福感的提升具有正向预测作用，即快手的使用强度越高，用户对快手的情感体验越强，也越能够在快手中获得较高的幸福感。从相关文献分析以及访谈来看，使用快手提升农村用户幸福感的途径，具体有技术赋权、内容呈现、营利以及社交等。[1]

在技术赋权方面，快手作为一个开放性的内容平台，能够为各类人群提供一个展示自我的平台，新媒体技术为用户赋权。农村用户在新媒体平台中话语权相对较低，容易被忽视，对他们而言，在信息化背景下找到适合自身的媒介表达方式非常重要。当前许多媒体机构用户主体来自一、二线城市，

---

[1]　《央视〈焦点访谈〉：〈快手正成为扶贫攻坚新力量〉》，《电视指南》2019 年第 12 期。

而快手平台吸引了大量的农村用户以及三、四线城市的居民，成为这个群体中的现象级产品。快手采用多种算法组合推荐内容，去中心化，让平台所有视频内容都有机会被用户看见，而不是只关心核心流量用户。

在内容呈现方面，快手满足了农村用户的多元化信息需求。快手的用户群体涵盖各行各业，十分多元，用户能够通过观看视频了解他人的生活，获取自己想要的内容以及丰富自己的生活等。从采访结果来看，搞笑、学习、美食是农村用户比较喜欢的几类视频。有用户表示，喜欢看快手中搞笑的内容，有时候刷视频会忘记时间，沉浸在娱乐氛围中；如果不开心的话会使用快手，这样可以转移自己的注意力，获得短暂的慰藉；有用户表示，能够从快手中学习一些生活技巧和知识，比如穿搭、美妆、做饭、舞蹈等，通过刷快手还可以了解很多自己感兴趣的内容。也有用户表示，农村的夜生活匮乏，吃过晚饭到八九点钟，大多数人会早早地睡觉。此时，快手用户会打开快手，戴上耳机，和"老铁们"谈笑风生，观看眼前的一个个短视频，夜生活才刚刚开始。经济条件好一些的家庭会选择安装互联网智能电视，但是也有很多农村用户反映智能电视操作麻烦、网速慢、消费成本高。

在营利方面，用户能够通过拍摄作品以及直播等方式赚取额外收入。当前不少乡村乃至偏远地区的居民通过使用快手获得收入，改善了生活，这对于提升用户的主观幸福感也能够起到一定作用。[①] 调查中，有个用户表示，他是卡车司机，平时开车累了，就会通过在快手上看视频来缓解疲劳。冬季货运生意不好，他赋闲在家，这时他就找个朋友学习制作原浆酒，在快手平台上传酿酒的设备和制作过程，兴致来的时候还会在直播间做促销活动。像他这样通过快手做电商业务的还有一些用户，有的在快手平台上进行广告宣传，引流吸引其他用户购买自家的苹果、桃子等水果和大蒜等农副产品。对于生活在农村地区的用户来说，快手成为他们与外界沟通的新渠道。经

---

① 刘星铄、吴靖:《从"快手"短视频社交软件中分析城乡文化认同》,《现代信息科技》2017 年第 3 期。

营电商对于受教育水平偏低、技术操作相对不娴熟的多数农村用户来说难度较大，他们更愿意采取直播的方式赚取打赏金。比如，有一个大叔擅长拉弦子唱戏，原来只是在家自娱自乐。后来，家里年轻人帮他注册了快手账号，在直播间给观众表演，足不出户，每个月就能赚取过百元甚至上千元的收入。

在社交方面，由于快手的用户以农村用户和三、四线城市居民为主，视频内容较为草根化、接地气，因此为农村用户提供了一个交友平台。用户通过快手记录生活的点滴，每获得一个点赞、一条评论或者增加一个粉丝，都能感觉到快乐、满足、被关注和被认同[1]，同时，用户也能够通过观看视频、给他人点赞、评论等方式结识到自己感兴趣的朋友，丰富自己的社交生活。在传统的农村社会中，农村居民的交际圈非常有限，多数是周边的邻居。以快手平台为代表的短视频社交媒体在农村用户群体中广为流行，改变了农村居民传统的人际交往观念，对新生代农村用户群体的改变更多，使较为内卷化、封闭式的社会关系更加开放。访谈中，有一个擅长唱歌的用户说，她每天在快手平台直播 1 小时，现在关注她的粉丝数量已经过万人，有的时候直播间同时在线上千人，这是她以前从来没意料到的事情。

（二）获取线上社会资本增强了农村用户的主观幸福感

快手所代表的社交网站的使用能够促进线上社会资本的获得，这一结论与许多学者的研究结论一致[2]。快手平台通过人工智能、算法推荐等方式给

① 刘涛：《短视频、乡村空间生产与艰难的阶层流动》，《教育传媒研究》2018 年第 6 期；刘楠、周小普：《自我、异化与行动者网络：农民自媒体视觉生产的文化主体性》，《现代传播（中国传媒大学学报）》2019 年第 7 期；孙杰：《快手中农村人群的传播形象研究》，硕士学位论文，中央民族大学，2019。

② 冯雅萌：《移动社交媒介使用行为对大学生生活满意度的影响：线上和线下社会资本的中介作用》，《第二十届全国心理学学术会议——心理学与国民心理健康摘要集》，2017；闫景蕾、武俐、孙萌：《社等交网站使用对抑郁的影响：线上社会资本的中介作用》，《中国临床心理学杂志》2016 年第 2 期；何丹、连帅磊：《社交网站自我呈现对青少年主观幸福感的影响：线上社会资本的作用》，《校园心理》2017 年第 5 期。

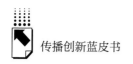

用户推送可能感兴趣的内容，为用户了解他人的生活、认识外面的世界以及结交新朋友等提供渠道。因此，快手能够通过这些信息的传递，间接为用户带来大量的桥接型社会资本。① 尤其是对于农村用户来说，快手平台既为他们提供了一个良好的展示自我的平台，也为他们开拓了与他人交流的渠道，帮助他们获得更多的社会关注。

结合访谈结果来看，农村用户从快手中获得的线上社会资本包括桥接型社会资本与黏结型社会资本。其中，桥接型社会资本的作用主要表现为能够为用户带来快乐，使用户开阔眼界、增长知识等。部分访谈用户称自己在使用快手时会对视频中人物的生活方式感到好奇，希望了解其他人的生活，同时搞笑、轻松的视频能够为自己带来快乐，当生活中遇到烦心事的时候会选择打开快手以舒缓不愉快的情绪。也有用户表示，快手中的正能量视频能够为自己带来快乐和积极的情绪。而黏结型社会资本主要表现为与快手中比较熟悉的人进行交流互动，包括点赞、评论、聊天等。当前，大多数受访者表示自己在快手平台中获得的黏结型社会资本所占比例较小，因此其发挥的作用要小于桥接型社会资本。

另外，用户从线上获取的信息并非仅停留在线上，有部分用户表示，他们在快手中获取的信息会成为日常生活中与他人的谈资，包括新闻、时尚、趣闻等内容，这表明线上的内容对于线下社会资本的积累也有促进的作用。因此，使用快手不仅能够提升用户的幸福感，而且能够增加用户的线上社会资本，让用户生活在一个可沟通的网络中，而线上社会资本的增加对于提升用户主观幸福感也有促进作用。

（三）上行社会比较会减弱农村用户的主观幸福感

分析结果显示，使用快手会增强用户进行上行社会比较的行为倾向，而用户进行上行社会比较会显著正向影响用户的负向情感，削弱用户的主观幸

① 彭兰：《短视频：视频生产力的"转基因"与再培育》，《新闻界》2019 年第 1 期；田斌：《移动短视频应用的内容生产及传播模式研究》，硕士学位论文，河北经贸大学，2018。

福感（包括生活满意度、正向情感）。

　　社会比较是一种比较普遍的心理和行为。快手是一个社交类短视频 App，用户观看他人发布的内容以及发布自制内容是快手的一个重要功能，人们通过在快手上发布视频等方式来表达自己，从而使其好奇心和信息需求得到满足。人们普遍具有展示自身良好形象的愿望，在发布视频的时候会倾向于美化自身形象，使视频的观看者认为他人的生活状态比较好，他人的生活过得比自己丰富精彩等，从而在接触快手的时候更倾向于进行上行社会比较。因此，用户使用快手强度越高，越倾向于频繁地观看他人上传的视频，与他人进行比较的倾向也就越强，从而使其不同层次的心理需求得到满足。

　　从深度访谈来看，女性用户会倾向于与善于化妆、穿衣搭配的人（如朵一）以及生活状态是自己向往的人（如李子柒）进行比较，而男性用户则会倾向于与能力比较强的人进行比较，这些上行社会比较行为会促使观看者产生羡慕、失落等心理。多数用户表示，面对一些方面优于自己的人，或者当自己比较在意的目标无法实现时，他们会有一些失落，或者反思自己是不是不够努力。视频中呈现的理想化的生活状态与用户现实生活形成反差，会导致用户的负向情感提升，生活满意度以及正向情感下降，从而使主观幸福感减弱。

　　但是，也应该注意到，进行上行社会比较对用户主观幸福感的影响作用非常有限，并不会影响用户在使用快手时的总体情绪。有采访对象表示，自己知道视频的内容并非完全真实，尽管观看的时候会产生羡慕的情绪，但是看完后会尽快调整好心态，回归现实。因此，如果能够清楚视频内容与现实世界的差距，保持良好的心态，更多从视频中学习到乐观的精神，有可能会使用户从快手使用中获得更多的幸福感。

B.4
手机在农村留守儿童家教中的
作用研究

——基于武陵山片区的调查

于凤静　王文权*

摘　要： 课题组通过深度访谈与问卷调查发现，手机普及时代武陵山片区农村留守儿童家教缺失现状主要表现为：缺失与父母面对面的交流，手机成为留守儿童与父母最主要的交流工具；缺失父母陪伴，手机成为留守儿童最主要的心理慰藉；缺少与代理监护人的沟通，交友和娱乐成为留守儿童使用手机的主要目的；家教内容单一，手机成为家教内容最重要的补充渠道；家长缺失家教的时间和空间，对学校教育依赖较大。数据显示：留守儿童家长通过手机进行家教的意识淡薄，家教方式较为单一；家长对留守儿童家教的内容较为基础和单调；家长家教的主动性与留守儿童主动接受家教的意愿均较弱；学校及老师在家教工作中缺位。因此在手机普及时代，要创新农村留守儿童家教的思维观念；家长要主动学习家教新内容、掌握家教新技巧；学校及老师应提升自身在家教中的地位；政府和社会力量要对家长进行系统培训；加强留守儿童的基本媒介素养教育。

关键词： 手机普及时代　武陵山片区　农村留守儿童　家教缺失

---

* 于凤静，博士，教授，长江师范学院民族文化传播研究中心主任，研究方向为民族文化传播、媒介与社会发展、跨文化传播；王文权，副教授，长江师范学院传媒学院教师，研究方向为民族文化传播研究、海洋文化研究。

一 引言

良好的家风是社会美德的重要表现形式之一。家风的形成主要依托家教，家教是一个社会最基础、最直接、最有效的教育方式，是个体社会化非常重要的途径。对农村留守儿童开展良好的家教，是留守儿童健康成长的重要保障，更关涉社会的发展与国家的未来。如今，手机已成为留守儿童与家长沟通的主要渠道。我们必须看到手机对留守儿童和留守家庭的作用与影响，并对此有切实的把握，进而利用手机对留守儿童开展有针对性的家教，解决留守儿童家教缺失的问题，帮助留守儿童健康成长。因此，从家教渠道、沟通方式、家教主体和家教意识倾向等多方面开展利用手机对留守儿童进行家教的对策和措施研究，已是当务之急。

二 研究设计与实施

本研究通过问卷调查和深度访谈（包括手机访谈等）对手机普及时代武陵山片区农村留守儿童（简称"留守儿童"）家教缺失状况进行分析，找出存在的问题及成因，寻求依托手机开展家教的策略。

2019 年 3～11 月，课题组对武陵山片区的重庆市西阳土家族苗族自治县 XX 小学、XL 初级中学、西阳 DS 中学（完中），湖南省永顺县的 YS 二中（完中），湖北省恩施土家族苗族自治州利川市的 YL 小学、建始县 GP 初级中学、恩施 YC 实验学校（拥有小学、初中和高中部），贵州省遵义市正安县 FY 中心小学、YX 初级中学 9 所小学、初中和高中进行了线下、线上的问卷调查和深度访谈。

这些学校所在的地区均距离城区较远，以农林资源为主，是典型的农业乡镇。据统计，这 9 所中小学共有学生 15000 余名，留守儿童共有 10200 余名，占比 68.0%。其中，XX 小学共有学生 78 名，留守儿童有 71 名，留守

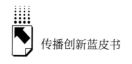

儿童占比 91.0%。①

　　课题组深度访谈的对象主要是这些学校的留守儿童、代理监护人、短暂在家的留守儿童父母、老师、校长和教委、区关工委等相关工作人员。课题组对外出务工的父母采取了电话访谈的方式，对上述人员共深度访谈 150人次。

　　问卷调查采取线上和线下同时进行，调查的对象是上述学校的留守儿童。调查问卷分为 5 部分：基本信息、媒介接触、与父母等亲人的关系、父母与自己沟通的话题、社会化效果。根据武陵山片区农村的实际情况，问卷选择了家庭经济、学校环境、家教话题、媒体使用等影响因子共 96 个感知变量，根据李克特量表进行 1～5 级评分。1 分代表"很不赞同或很低的程度"，2 分代表"较不赞同或较低的程度"，3 分代表"一般"，4 分代表"较赞同或较高的程度"，5 分代表"很赞同或很高的程度"。样本数据使用SPSS 22.0 软件从样本人口特征、手机使用的特点、接受家教的内容与形式等进行统计分析。

　　课题组通过线上和线下收集了上述 9 所学校留守儿童问卷 1220 份，剔除无效问卷 10 份，得到有效问卷 1210 份，问卷有效率 99.2%。课题组通过随机抽样确定受访对象，覆盖了不同年龄、性别、年级、家庭状况、媒体使用状况等影响因素，能够比较全面地反映武陵山片区农村留守儿童使用手机情况和家教情况。

三　武陵山片区农村留守儿童家教缺失现状

（一）缺失与父母面对面的交流，手机成为最主要的交流工具

　　表 1 显示，武陵山片区农村留守儿童的手机拥有率为 93.9%。随着年龄和年级的升高，其手机拥有率逐渐升高。小学阶段的留守儿童一般使用的是

---

　　①　文中数据除有标注以外，其他均为本次调查所得。

代理监护人如祖父母、外祖父母的手机,初中阶段留守儿童的手机拥有率达到99.6%,高中阶段留守儿童的手机拥有率达到100%,人手一部。

表1 样本人口的主要特征

人口变量		样本量	占比
性别	男	580 人	47.9%
	女	630 人	52.1%
年龄和年级	10~11 岁 小学五、六年级	413 人	34.1%
	12~14 岁 初中一、二、三年级	546 人	45.2%
	15~16 岁 高中一年级	251 人	20.7%
手机拥有量	小学	341 部	82.6%(占小学)
	初中	544 部	99.6%(占初中)
	高中	251 部	100%(占高中)
	合计	1136 部	93.9%
父母双方外出务工	小学	343 人	83.1%(占小学)
	初中	314 人	57.5%(占初中)
	高中	121 人	48.2%(占高中)
	合计	778 人	64.3%
由祖父母或外祖父母照顾	小学	308 人	74.6%(占小学)
	初中	314 人	57.5%(占初中)
	高中	121 人	48.2%(占高中)
	合计	743 人	61.4%

与2010年以前留守儿童通过学校电脑、游戏厅电脑固定触网不同,如今手机已成为留守儿童上网最主要的设备。调查数据显示,每天通过手机上网2小时以上的占比58.4%;1~2小时的占比44.2%。而通过电脑上网2小时以上的占比仅为9.9%。尤其值得一提的是,留守儿童通过手机上网的地点选择在家里的占比61.6%。留守儿童主要通过手机的社交平台与在外打工的父母联系。

(二)缺失父母陪伴,手机成为留守儿童最主要的心理慰藉

调查数据显示,"同学"是留守儿童最重要的倾诉对象,"父母"居其次,"手机"与作为代理监护人的"祖父母或外祖父母"居再次,而"老

师"连"一般"的中值也没有达到。深度访谈显示，留守儿童对同学的倾诉也多是通过手机进行的。此项分析说明，在缺失父母陪伴和交流的情况下，手机的使用已成为留守儿童最主要的心理慰藉。

（三）缺少与代理监护人的沟通，交友和娱乐成为留守儿童使用手机的主要目的

研究发现，家庭代理监护人作为留守儿童最主要的交流对象之一，其沟通作用竟然排在第三位。尽管留守儿童与代理监护人是亲人或亲戚关系，但是共同语言较少，深度交流和沟通困难。

数据显示，留守儿童使用手机上网的目的主要是聊天交友、休闲娱乐、满足学习需要，他们热衷于聊微信、聊 QQ、看视频、玩游戏等。

（四）家教内容单一，手机成为家教内容最重要的补充渠道

调查问卷中，留守儿童关于"亲人对自己最关心的话题"从高到低的排列顺序是：身体健康（4.52 分）＞人身安全（4.51 分）＞学习成绩（3.89 分）＞与异性同学、老师的相处（3.52 分）＞思想和情感（3.21 分）。调查数据显示，"父母与自己沟通的话题"在"非常多"的选项中，"身体健康"占比 38.5%，"人身安全"占比 33.3%，"学习成绩"占比 35.4%，"诚实善良"占比 30.6%。可见，家长与留守儿童的交流内容多集中在身体健康、人身安全等方面，对儿童的思想动态、情感活动等情况掌握得较少。

对于"使用社交媒体的原因"，65.1% 的留守儿童选择"日常生活的需要（获取信息、方便与朋友联系等)"和"学习需要"等，可见，手机已成为家教内容最重要的补充渠道。

（五）家长缺失家教的时间和空间，对学校教育依赖较大

研究显示，留守儿童父母双方外出打工的占比为 64.3%（见表1），以父母为主导的家庭教育模式不再是主流。大多数初中和高中实行寄宿制，学生每周五回家，周日下午返校，在学校的时间远远多于在家的时间。而回到

家里，他们还要承担做饭、洗衣甚至是照顾老人的家务，能自主支配的时间较少。调查显示，能够独立支配 3 小时以上的留守儿童占比不足四成（36.5%）。

无论是外出打工的父母、在家看护留守儿童的代理监护人还是留守儿童本人，都认为学校不仅是知识教育的主角，还是留守儿童成长教育的主要场所，因此对学校的教育依赖性很大，无形中把家庭教育的责任推给了学校。

在家长与留守儿童长期分离的情况下，留守儿童的家教已非传统意义上的家教。尽管武陵山部分地区针对留守儿童的家教工作进行了多方探索并取得了较好的成效，但下述问题仍不可忽视。

第一，武陵山片区针对农村留守儿童的家教工作依然重视亲身体验式的传帮带教育，对手机在家教工作中的特殊功能与作用认识不足，更缺少对利用手机教育留守儿童的探索。

第二，在武陵山片区针对农村留守儿童的社会化教育中，在外地打工的家长处于家教的次要地位，基本上无法起到家庭教育的主导作用。

第三，必须强调，家庭教育与亲情体验不可分割，而社会化家教模式过于强调德育教育与知识教育，缺乏亲情的沟通和体验，因此，该教育模式难免流于浅表化。

在手机普及时代，面对留守儿童成长及家教工作的现状，我们必须认识到手机对家教的重要影响及由此带来的家教模式的改变，因此在强调留守儿童家教离不开父母、学校和社会的同时，必须充分认识到留守儿童的家教也离不开手机。

四　手机普及时代留守儿童家教存在的问题及成因

（一）家长通过手机进行家教的意识淡薄，家教方式较为单一

1. 家长通过手机进行家教的意识淡薄

对留守儿童在外务工的父母访谈、调研显示，把手机作为通信工具的家

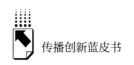

长占比89%，作为娱乐工具的家长占比85%，作为交友工具的家长占比75%，作为教育工具的家长仅占12%。大多数家长对手机能作为教育工具这一观点表示不理解。YX初中一位留守儿童的家长——在长沙市打工的张姓父亲表示，"手机是用来通话、聊天的，有时也用它打游戏、听音乐，把手机用来教育孩子，从来没想过"。

2. 家教方式单一

前文提到，留守儿童与在外打工父母联系的主要方式就是手机。值得注意的是，即使是使用微信交流，家长也多使用微信视频功能，其占比为72.3%；使用实时视频功能的占比更高，为89.2%。但是，家长也表示，因为时间紧张，有时网络信号不好，每次与孩子交流都很肤浅，时间也较短，交流3~5分钟的占比为74%，超过10分钟的占比不足12%。一位在浙江打工的留守儿童妈妈说，自己与儿子通过微信视频聊天，"教育不教育的，没想到，就是有些想儿子。开视频聊天，即使很短，但是看到儿子，也就足够了"。

★问题的成因：其一，留守儿童的家长对手机环境中家教的认识还停留在陪伴、身教的家庭现场面授层面，对沟通式、移动式的教育方式没有清晰的认识。调查数据显示，64%的留守儿童家长认为，现在的家教方式需要改变；仅有31%的家长认为用手机开展家教"可能"，52%的家长认为"不可能"。

其二，由于知识结构的欠缺和闲暇时间的严重不足，家长在与留守儿童交流的过程中一般不会主动使用微信的音乐播放、新闻推送、资料查找（如搜题）等功能。

（二）家长对留守儿童家教的内容较为基础和单调

调查显示，外出打工的父母对留守儿童家教的内容较为基础，大多停留在培养孩子的生存意识层面上而忽略了培养其成长意识。一些外出打工的父母对留守儿童的关爱主要表现生活方面，在对留守儿童嘘寒问暖的同时会过度满足他们的物质需求，对其情感需要不知如何应对。一些父母把留守儿童的健康与安全看得非常重，认为无病无灾是孩子最大的福分。有的父母对孩子的学习情况比较关注，如考试分数有没有提高、作业能否完成、在学校有没有挨批评等。调查显示，88%的留守儿童父母表示，孩子的学习和思想品德教育由学校负责，自己没有时间也没有条件教育孩子。79%的留守儿童父母表示，身体健康和人身安全是他们与留守儿童沟通的主要话题。

"家长对学生在校话题变量描述"的调查统计数据表明，"学习成绩"均值为3.92分，关心程度最高、话题较多。而中值偏下、接近"一般"的话题是"学习态度""升学问题""目标和理想"等，这说明思想和道德问题并不是留守儿童家长最关心的问题，未引起家长的足够重视。

★**问题的成因**：留守儿童家长家教信息资源严重匮乏，对孩子的教育过分依赖学校。一位在成都务工的家长说："我和打工同事平时议论的都是打工的工资和工作的好坏，有时也议论对孩子的教育问题。但他们和我一样，也都不太懂如何教育孩子。现在对孩子的教育，只能依靠学校了。"

（三）留守儿童家长家教的主动性较弱

家长与留守儿童通过手机沟通和联系主要出于想念和情感的慰藉的目的，出于主动教育目的较少。

1. 家长缺乏主动家教的意愿

调查数据显示，与父母经常保持联系的留守儿童占比68.1%，但是主动联系对方的，家长和留守儿童所占比例几乎一半对一半。家长直言不讳，自己出于教育目的主动联系留守儿童的情况较少，占比仅为13.6%。

2. 家长在家教过程中缺乏有针对性的准备

绝大多数家长就留守儿童的学龄、学校生活等相关话题与孩子沟通，如刚上小学二年级"有没有受别人欺负"，上小学六年级"作业多不多"，上初二"班级是男女同桌，还是同性同桌"等。但是，对留守儿童心理成长的阶段和特点等相关情况家长往往掌握不多，导致与留守儿童交流的针对性和效能性降低。

3. 家长较少尝试用手机进行家教

手机的功能很多，如视频聊天、语音通话、发送短信、拍照、播放音乐、推送新闻、查找资料（如搜题）、购物乃至游戏等，但是家长一般只会

使用视频聊天，不愿开发和使用其他功能。在留守儿童成长过程中的重要转折点，如升学、过生日、受到嘉奖，留守儿童的家长一般不会主动与其见面，多是在微信中交流，给孩子发放红包，并说一些鼓励的话。

★问题的成因：部分家长不了解留守儿童的思想动态，也不知道其兴趣爱好，过于依赖学校教育，还有一些家长过于依赖代理监护人。如 XL 初级中学一名留守儿童的爸爸（陈某某，43 岁，在成都务工）说："我把孩子交给家里的爸爸妈妈，就是孩子的爷爷奶奶，他们 60 岁左右，有能力对孩子进行家教。所以我们做父母的不用总是叮嘱这个、叮嘱那个，想孩子就和孩子聊聊天。"

（四）留守儿童主动接受家教的意愿较弱

数据显示，留守儿童使用手机上网的目的占前三位的是聊天交友、休闲娱乐、满足学习需要，很少有留守儿童愿意通过手机接受别人包括自己父母的教育，当然，如果教育能做到寓教于乐，真正解答孩子在学习中遇到的问题，一定会大受欢迎，但这正是留守儿童家长力不能及的。

留守儿童感兴趣的信息居第一位的是"朋友/同学的信息"（占比58.5%）；"家人信息"排第二（占比 39.0%）；"考试、教育信息"（占比36.6%）和"游戏"（占比 34.2%）分别排第三和第四。这说明尽管留守儿童时常思念自己的父母，但是父母所传达的信息难以引起留守儿童的兴趣和关注。

★问题的成因：家长家教话题老套，导致留守儿童不愿接受，除此之外，还有一个较为重要的原因，那就是留守儿童自我评价的错位。"对学校的感觉话题变量描述"的调查统计数据显示，留守儿童对自己在学校的生活较为满意（4.90 分），对学校给自己的影响评价较为正面。但是，"对家庭的感觉话题变量描述"的调查统计数据显示，他们对自己与父母的关系评价较低（3.22 分）。这说明，在家长较重视孩子的学校生活、学习成绩的情况下，留守儿童会用在学校的感觉和成绩评价自己的社会化效果，因而可能觉得家教没有太大必要。

（五）学校及老师在家教工作中缺位

从课题组的入校调研得知，所有班级都建立了 QQ 群和微信群，老师已把手机当成与留守儿童家长沟通最重要的渠道。93.6% 的老师认为，通过微信群或 QQ 群联系家长、学生很方便，信息的传递与沟通也很快捷。但我们不可回避如下问题：其一，班级群大都只有通知的功能，基本没有家教的功能；其二，教师在班级群中最关注的是学生的人身安全问题，而非综合性的教育问题。

课题组对老师的访谈显示，运用手机每天或每周对留守儿童、家长、代理监护人进行安全提醒，已成为他们使用手机最主要的目的。

★问题的成因：其一，老师对手机环境中家教主体的认识有偏差，认为家教是家庭和父母的事情。调查显示，89.4% 的老师认为，家教还得依靠家长、代理监护人在家里进行。其二，老师对手机的家教功能及作用认识不足。调查显示，76% 的老师认为，通过手机进行家教"不可能"。

五　多维度探寻手机普及时代农村留守儿童家教的对策

父母外出务工造成留守儿童群体性家教缺失，这一严重的社会问题若要得到真正解决尚需要我们认识到手机作为一种传播工具、传播渠道、传播方式，其强大的沟通功能给人们带来较大的影响与改变，因而要从思维观念、留守儿童家长、学校及老师、政府与社会力量多个维度寻求解决对策。

（一）要创新留守儿童家教的思维观念

1. 留守儿童的家教要由陪伴式教育转向沟通式教育

外出务工的父母通过手机与留守儿童保持联系和进行沟通，从而传达信息、施加自己的影响，已成为大多数留守家庭的常态，这种沟通式教育基本

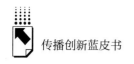

取代了原来的陪伴式教育，成为家教的新态势。因此必须对传统媒体环境下的陪伴式教育所形成的家教理念、渠道、内容、方法进行调整。

2. 留守儿童家教主体要由家长向家长与老师结合转变

留守儿童的父母进城务工后，其与孩子相处的时间骤减，加之很多农村学校实行寄宿制，留守儿童在校时间远远多于在家时间，以父母为主导的家庭教育模式已不复存在。面对留守儿童这一特殊群体，在时间和空间上占有绝对优势的学校老师，必然要承担起家教施教者的角色。换句话说，学校老师成为家教中不可或缺的角色，已是社会现实和家教新态势的必然要求。而家长与老师的双重组合式家教因手机的智能化而成为可能。

3. 留守儿童的家教要由封闭式转向开放式

提到家教，有人会认为，家教就是一个家庭内部的事情，是封闭式的教育。自媒体的特性是互动与共享，它将个人空间并入公共空间。原来封闭式的家教已无法承担对留守儿童教育的重任，家长与老师必须依托电脑网络和手机自媒体对其进行开放式的家教。

在关于"哪些人对留守儿童的思想影响较大"的调查中，我们列出了"父母""学校老师""影视歌星""网红""同学""网络好友"等多个选项，结果是"学校老师"排在第一位，占比83%；排在第二位的是"网络好友"和"网红"，各占比36%；第四位是"父母"，占比28%。这说明在手机普及的今天，影响留守儿童思想的因素多种多样，家长可以通过手机以多种方式对孩子进行家教。

（二）家长要主动学习家教新内容、掌握家教新技巧

1. 家教内容要从培养孩子生存意识向培养孩子成长意识转变

外出打工的父母对留守儿童进行家教的内容更多的是培养其生存意识而忽略了培养其成长意识，即对留守儿童在校园中的其他问题如情感问题、协作能力问题和品行问题等关心甚少，没有考虑留守儿童在家教新态势和更开放的社会背景下如何健康成长。

数据显示，武陵山片区的留守儿童在集体意识、家人关系、目标与理想、关心与信任等选项中得分偏低，这说明留守儿童在社会化方面依然存在严重的问题，也说明这是留守儿童家教工作亟待解决的难题及攻关方向。对留守儿童家教的内容要从培养其生存意识向培养其成长意识转变，而成长意识中的关心与信任、目标与理想和集体意识是家教中最为重要的内容，留守儿童家长必须对此有明确的理解和把握。

2. 家长要充分运用手机的互动功能，探索家教的新技巧

随着科技的发展，手机的功能越来越多。家长要及时掌握并运用手机的新功能实施家教，提升家教效果。

第一，充分利用手机的互动功能开发家教技巧。

增强家庭教育的互动性是家教最佳的方法，也是提升家教效果的途径。父母外出务工导致留守儿童与父母的亲身互动成为一种奢望。手机媒体的最大特点就是它能提供众多互动功能。

具体如短视频中的合拍、音乐功能中的对唱、新闻功能中的讨论、消息功能中的评论、搜题功能中的互选、购物功能中的商讨以及游戏的携手组团等，外出务工父母可以运用上述功能与留守儿童进行互动，此举可以帮助父母了解留守儿童学习、生活、思想情况，并增进双方感情，以此对留守儿童实施潜移默化的教育和影响，进而凸显家教润物细无声的作用和效果。因此，家长充分运用手机的互动功能，理性而又多方面地开发互动技巧，可以大大增加与留守儿童接触与交流的机会，进而达到家教的目的。

第二，互动中要注意培养留守儿童的主动性和独立性。

因为亲情陪伴的缺失，留守儿童对家长产生了较强的依赖性。家长在与留守儿童通过手机沟通的过程中，要注意培养留守儿童的主动性和独立性。比如，讨论新闻时，父母最好是推出话题，解释因由，引导留守儿童自己去理解和判断。在和孩子打游戏时，父母最好充当副手，尽可能地让留守儿童发挥主观能动性，提升他们发现问题和解决问题的能力。

第三，在手游互动中巧妙地进行家教。

调查显示，留守儿童热衷的手游包括《王者荣耀》《英雄联盟》《穿越

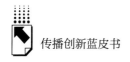
火线：枪战王者》《火影》《刺激战场》等。留守儿童的家长年龄在 30~40 岁的占比 76.3%，63.5% 的家长热衷的手游与留守儿童喜欢的手游基本重合。这给家长与留守儿童之间的互动带来了契机。但是，数据显示，93.9% 的家长反对留守儿童玩手游，只有 8.4% 的家长同留守儿童一起玩过简单的手游。其实，把握住留守儿童家教中运用自媒体的三个准则（针对性、互动性、独立性），再注意选择游戏的价值标准，手游不但不是"洪水猛兽"，反而是另辟蹊径的家教方式。[①] 父母与留守儿童一起玩手游，可以增进双方感情、加强互动与协作，并给予留守儿童价值观的引导等，益处多多。

（三）学校及老师应提升自身在家教中的地位

调查显示，学校每个班级都建立了与留守儿童家长联系的微信群或 QQ 群，老师可以通过学校微信号和班级的自媒体平台及时与外出务工的家长沟通，一起开展家教。在互联网与智能手机普及时代，学校、家庭成为留守儿童家教中不可或缺的重要角色。在家庭与学校共享的自媒体平台上进行开放式的家庭教育，既可以充分发挥新媒体共享与互动的传播优势，又能满足自媒体时代留守儿童的兴趣爱好与发展需求，从而极大地提升对留守儿童的家教效果。

1. 建立家长、老师和留守儿童微信群或 QQ 群，营造方便的沟通环境

微信和 QQ 最重要的功能是可以互动沟通，提供免费聊天场景，如实时留言、消息推送等，最适合在外地忙碌的家长随时随地与老师交流，解决留守儿童的学习、心理等各种问题。通过微信，双方可建立起一对一的联系，大大方便家校之间的沟通。[②]

2. 打造留守儿童与家长一对一的沟通平台

建立留守儿童的家校互动微信群或 QQ 群，一方面，学校可以向家长展

① 《写给家长的游戏指南：如何让孩子玩得既开心又安心?》，搜狐网，2018 年 1 月 7 日，http://www.sohu.com/a/215159867_220024，最后访问日期：2020 年 1 月 4 日。
② 李大江、杨少华：《浅析微信对解决留守儿童教育问题的运用》，《江苏科技报》2017 年 5 月 9 日，第 B7 版。

示留守儿童的成长经历，让家长及时了解孩子、关注孩子、帮助孩子；另一方面，家长可以向留守儿童展示家长的工作环境，让他们了解父母在外地工作的情况。亲情互动是解决留守儿童心理问题最有效的方法，多种形式的亲情互动能让留守儿童感受到父母的爱，感受到家庭的温暖。2015年，联合国儿童基金会携手公益机构通过"微信在线学习平台"帮助进城务工的父母建立与留守儿童一对一的沟通平台，取得了较好的效果。[①]

3. 共享家庭教育资源

家长可以在微信朋友圈或家校互动微信群发布家庭教育的方法，转发相关的教育资源，分享自己的教育心得，探讨孩子的培养问题，也可以在微信群发送链接，以便大家随时阅读、反馈、互动。老师也可以在群里分享一些国内外成功的育儿经验、推荐亲子阅读书目等。

建立微信群可以促进留守儿童的家校互动，为家长们打造一个畅所欲言和充满亲情的平台，提升家庭教育资源、社会教育资源与学校教育资源的融合水平，促进留守儿童的健康发展和家教质量的提高。

（四）政府和社会力量要对留守儿童家长进行系统培训

即便在手机普及时代，留守儿童家教的核心仍然是家长。因此，政府和社会力量首先要对留守儿童家长进行系统培训，提升其对留守儿童家教的能力。

1. 对留守儿童家长进行家教技巧培训

留守儿童家长的文化水平普遍不高，有的家长本身就缺失家教，因此大多数家长对如何进行家教比较茫然，加之与孩子长期分离，相互之间容易产生陌生感与隔膜，家长缺乏与孩子的沟通技巧，无法很好地承担家教的责任。所以对留守儿童家长进行家教技巧培训是当务之急。

[①] 郝卫江：《"微信在线学习平台"让留守儿童的家庭教育不再犯难》，《中国妇女报》2016年6月30日，http://paper.cnwomen.com.cn/content/2016-06/30/029145.html，最后访问日期：2020年1月3日。

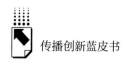
2. 对留守儿童家长进行手机使用培训

绝大多数留守儿童家长对手机的使用能力有限，对他们来说，手机主要是用来消遣的，即使用来对孩子进行家教也就是语音聊天、发图片和视频，他们尚未掌握运用手机进行家教的更多功能和技巧，政府和社会力量必须对其进行有针对性的培训。

（五）加强留守儿童的基本媒介素养教育

智能手机是留守儿童接触最多的电子设备。在自媒体已成为人们认识世界、了解社会的重要工具时，我们必须对这些生活在偏远乡村、缺少亲情的留守儿童进行基本的媒介素养教育，目的不仅在于使他们学会操作媒介的技术和自觉抵制媒介不良信息的影响，更在于使他们正确理解媒介内容与高效接收资讯，培养他们正确地利用媒介获取生活和学习必需的信息的能力，并学会理性地对待和评价媒介信息，提高其自媒体识别和运用能力，从而进一步主动参与到媒介活动中去，成长为信息化社会的合格公民。

1. 尝试在农村中小学开设媒介素养基础教育课程

在媒介化社会，当媒介已经成为儿童成长的"第二课堂"时，让媒介素养教育走进课堂、将其纳入正规教育课程不失为明智之举。有研究者指出，目前美国所有的州都将媒介素养教育课程以不同的形式融入 1~9 年级的课程之中。[1]

媒介素养教育课程可以独立设置，亦可以作为通识教育的一部分出现在相关学科中。

2. 通过政府动员和媒体宣传，吸纳社会力量参与对留守儿童的媒介素养教育

可通过政府动员和媒体宣传，号召新闻传播专业和教育学专业实力较强的高校的教师编写针对中小学生媒介素养教育的普及读物，由教育部门补贴一定的经费，免费发放给农村中小学学生。另外，可以号召和动员大学生及

---

[1] 陈晓慧、袁磊：《美国中小学媒介素养教育的现状及启示》，《中国电化教育》2010 年第 9 期。

热衷公益事业的人士组成志愿者组织或社会实践团体，利用课余时间或寒暑假对留守儿童开展媒介使用基础知识的讲座或培训。

3. 针对留守儿童不同年龄特点制定差异化的媒介素养教育目标及教育方式

不同年龄段的留守儿童对媒介的需求不同。12 岁以下的留守儿童多处在小学阶段，其接触媒介的主要目的是满足自身娱乐消遣的需要，他们会因自制能力差而花较长的时间在手机上和浪费精力，所以对其进行媒介接触教育主要是引导其选择正确的平台和栏目，提高其对节目内容的辨识能力。

12 ~ 14 岁的留守儿童一般处在初中阶段，其接触媒介的目的是满足更高的娱乐需求，他们普遍有自己喜爱和崇拜的偶像，也有自己相对偏爱的网络平台，尤其是网络游戏平台。所以对这一年龄段留守儿童的教育重点是培养其对互联网的控制能力和选择能力。

15 ~ 16 岁的高中留守儿童渴望通过网络媒体进行发声以及社会交往，所以对该年龄段的留守儿童主要是培养其网络参与能力和对网络内容的鉴别能力。

结　语

对武陵山片区农村留守儿童家教情况的调查显示，当下农村留守儿童在成长过程中严重缺失父母亲情与教育。代理监护人、社会各界的"代理家长"等均无法真正代替父母在留守儿童家教中的角色，社会各界探索与推行的各种教育方法与措施也都未能从根本上解决父母在留守儿童家教中角色缺失的问题及由此给留守儿童带来的心理及人格缺陷等严峻的现实问题。手机为在外务工父母与农村留守儿童之间搭建了沟通、交流的通道，为父母对孩子实施家教创造了条件。

经济传播篇

Economic Communication

B.5

2019年中国媒介与居民生活形态变迁

徐立军 姚 林 刘海宇 褚晓坤*

摘 要： 本文以 CTR 中国城市居民调查（China National Resident Survey，CNRS）为主要数据来源，对 2019 年中国媒体发展态势进行梳理，并对网络、电视、广播、户外、报纸、杂志等各类媒体的新趋势进行了分析和解读，同时通过数据对比，对 2019 年中国城市居民生活形态变迁进行了深入分析。本文发现，互联网流量红利的终结导致传播领域和消费领域呈现新特征。第一，互联网媒体增幅减缓，趋于饱和，下沉市场成为互联网竞争的蓝海市场，互联网市场持续向中高龄

* 徐立军，CTR 执行董事、总经理，CTR 媒体融合研究院执行院长，高级记者；姚林，CTR 资深研究顾问，媒体经营及整合营销传播研究专家，经济学硕士，教授；刘海宇，CTR 媒介与消费行为研究部研究经理，植物保护学硕士；褚晓坤，CTR 媒介与消费行为研究部研究员，金融学硕士。

人群渗透。第二，随着短视频在全体网民中渗透率的提升，短视频行业迎来爆发式增长，成为近两年互联网媒体发展最为显著的特点。在传统媒体方面，电视的日到达率下降趋势放缓，在权威性方面依然高于其他媒体，仍是居民高度认可的媒体；广播媒体逆势而行，稳定发展，且随着网络音频的迅速发展，"耳朵经济"崛起。第三，交通出行类户外媒体发展势头强劲，且进入数字化转型的快车道。第四，平面媒体正在经历凤凰涅槃，向移动化、数字化、智能化转型升级。居民生活形态变迁同样深受互联网发展态势影响，流量饱和、红利渐失带来品质消费、线上线下结合的新消费特征，促使消费更加细分化，"Z世代"消费、银发消费、"她"经济、母婴消费成为新的市场亮点或增长点。认清中国媒介变迁和消费者生活形态变迁的最新动态，是进行媒介营销和消费者营销的重要前提。

关键词： 中国城市居民调查 媒体融合 媒介变迁 短视频 生活形态

一 2019年中国媒体受众市场发展趋势

（一）互联网媒体增速放缓

1. 互联网媒体增幅减缓，趋于饱和

随着人口红利消减，互联网进入存量竞争时代，用户规模增速明显放缓，人口红利带来的互联网流量的增长已经趋于饱和。CNRS-TGI数据显示，2015～2019年，互联网的日到达率和日均接触时长先是快速增长，后来增速逐渐放缓。预计2019年末，互联网日到达率为81.1%，较

2018 年提升 0.6 个百分点，互联网日均接触时长保持在 190.4 分钟（见图 1）。①

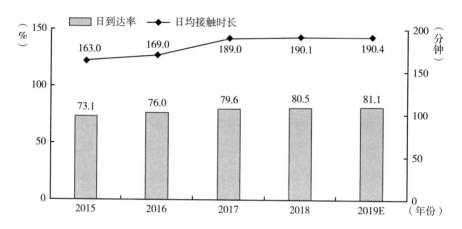

图 1　2015～2019 年互联网在城市居民中的日到达率及日均接触时长

资料来源：CNRS-TGI 中国城市居民调查 2015～2019 年 60 个城市。

2. 下沉市场成为互联网的蓝海市场

CNRS-TGI 数据显示，自 2018 年起，四线城市互联网日到达率已经赶超一、二线城市，三线城市互联网日到达率也在快速提升，一、二线城市互联网市场日趋饱和。预计 2019 年末，三线城市互联网日到达率为 78.9%，较 2018 年提升 1.1 个百分点，四线城市互联网日到达率为 83.1%，较 2018 年提升 0.8 个百分点，同时三、四线城市下沉市场互联网日到达率增幅远超一、二线城市（见图 2）。

当前，下沉市场已成为各大 App 争夺的热点，趣头条、拼多多、快手

---

① 本文主要数据来自 CTR - 中国城市居民调查（China National Resident Survey，CNRS）的数据。中国城市居民调查项目由央视市场研究股份有限公司于 1999 年自主建立，是中国规模最大的媒介与消费行为连续性同源研究项目，覆盖中国 60 个主要城市，年样本量近 10 万个。项目使用 PPS 概率与规模成比例的抽样方法，采用入户面访与留置问卷相结合的调查方法，每个城市均采用 4 个版本问卷进行轮换访问（基于随机原则处理避免受访者回答媒体相关问题时受位置效应影响）；调查范围共涵盖全国一至四线 60 个城市，主要基于全国 338 个地级以上城市，根据地理特点、居民人均生活水平、城市 GDP、人口规模、市场影响力等综合因素筛选得出最具代表性的城市。

等抓住下沉市场熟人社会属性较强、对价格敏感等特点取得了成功，各大头部电商平台也纷纷加速渗透下沉市场，如淘宝打通聚划算、淘抢购、天天特卖三大平台，京东推出京东拼购等，通过低价和熟人裂变的方式，获得了下沉市场用户的增长。

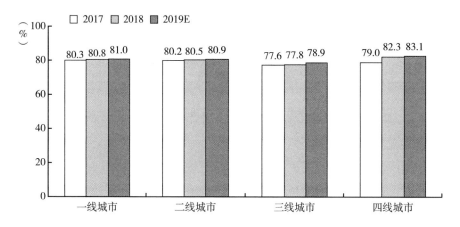

图2 2017～2019年互联网在不同级别城市居民中的日到达率

资料来源：CNRS-TGI中国城市居民调查2017～2019年60个城市。

3. 互联网市场持续向中高龄人群渗透

随着人口年龄结构的变化，"新红利人群"显现，互联网持续向中高龄人群渗透，中老年市场仍有巨大红利空间。根据CNRS-TGI数据，2017～2019年，互联网的日到达率在25～34岁人群中呈下降趋势，而在45岁及以上的中高龄人群中呈上升趋势，预计2019年末，45～54岁人群的互联网日到达率为79.1%，较2018年上升1.9个百分点，55岁及以上的老年群体互联网日到达率为47.3%，同比上升1.1个百分点（见图3）。

4. 短视频成为移动互联网流量新高地

2019年是短视频及直播行业快速发展的一年，由于互联网用户的注意力变得更为分散，短视频凭借4G网络和高清手机摄像头的普及成为增长最为迅速的线上娱乐细分领域。根据CNRS-TGI数据，短视频行业格局已形成由抖音和快手领跑的双头垄断市场（见图4）。

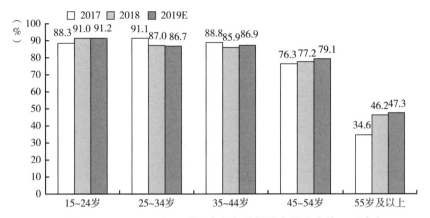

图3　2017～2019年互联网在各年龄段城市居民中的日到达率

资料来源：CNRS-TGI中国城市居民调查2017～2019年60个城市。

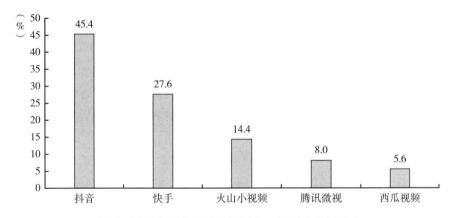

图4　2019年城市居民短视频App日到达率TOP5

资料来源：CNRS-TGI中国城市居民调查2019年60个城市。

（二）视频媒体平台竞争激烈

1. 电视媒体下滑趋势减缓

根据CNRS-TGI数据，2015～2019年，电视媒体的日到达率呈逐年下降的趋势，到2019年下降趋势放缓。预计2019年末，电视日到达率为62.3%，较2018年下降1.2个百分点，电视日均接触时长为90分钟，与2018年持平（见图5）。

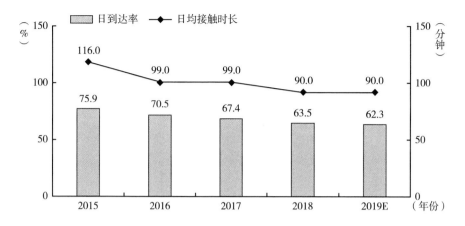

图5　2015～2019年电视在城市居民中的日到达率及日均接触时长

资料来源：CNRS-TGI中国城市居民调查2015～2019年60个城市。

从电视受众各年龄段来看，电视新增用户主要来自25～44岁的中青年群体。2019年25～34岁人群电视日到率为59.3%，较2018年提升0.7个百分点；35～44岁人群电视日到达率为61.4%，较2018年提升1.5个百分点；而45岁及以上的高龄人群电视日到达率仍在下降（见图6），电视的受众结构已发生改变。

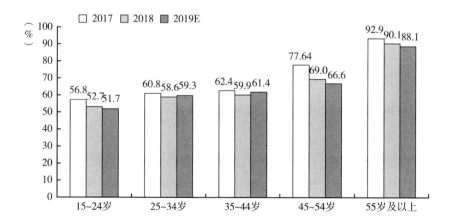

图6　2017～2019年电视在各年龄段城市居民中的日到达率

资料来源：CNRS-TGI中国城市居民调查2017～2019年60个城市。

2. 电视媒体仍然是最具权威性、高认可度的媒体

相较于其他媒体，城市居民对电视媒体的信息关注度与信任度较高，对电视广告的印象较好，购买意愿相对较强。27.7%的城市居民认为电视媒体的信息是非常可信的；27.6%的城市居民认为在电视上打广告的品牌，会给其留下比较好的印象（见图7）。

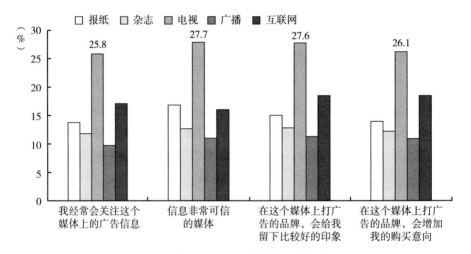

图7　2019年城市居民对各类媒体评价的同意程度

资料来源：CNRS-TGI中国城市居民调查2019年60个城市。

3. 智能电视大屏拉动年轻用户回归

OTT、IPTV挤占有线市场份额，催生大屏端增量市场。2019年电视受众家中电视信号的接收方式仍以数字电视为主，占比为47.2%，其次为OTT（智能电视/网络机顶盒），占比为27.9%，已成为电视信号第二大接收方式（见图8）。

智能电视已经走进千家万户，具有较高的普及度，CNRS-TGI数据显示，预计2019年末，有半数的家庭将拥有智能电视，且未来有购买打算的人群占比近三成（见图9）。

4. 跨屏行为将重新分配电视用户注意力

目前，人们收看电视的习惯已经发生改变，电视用户的跨屏行为已经较为普遍。48.7%的用户在看电视时会使用其他终端设备上网，其中38.9%

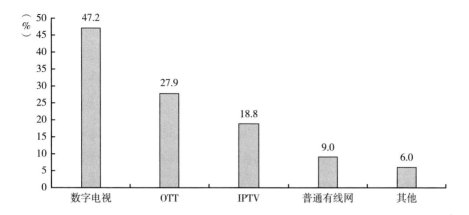

图8 2019年城市居民家中电视信号的接收方式

资料来源：CNRS-TGI中国城市居民调查2019年60个城市。

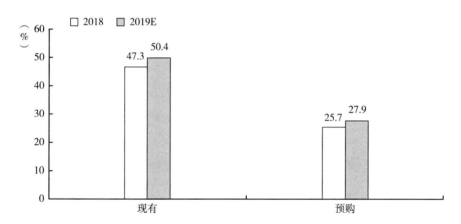

图9 2018～2019年城市居民家庭拥有智能电视以及预购智能电视的比例

资料来源：CNRS-TGI中国城市居民调查2018～2019年60个城市。

的用户在看电视时会使用手机作为电视的跨屏搭配，10.3%的用户看电视时会使用平板电脑访问互联网，另有9.9%的用户会使用笔记本/台式机访问互联网（见图10）。

5. 台网共生、联动模式升级

近几年，随着综艺节目和电视剧网台同播、先网后台等形式纷纷出现，视频平台的主导力持续加强，网台之间不再是对用户时间的争夺，而是以内

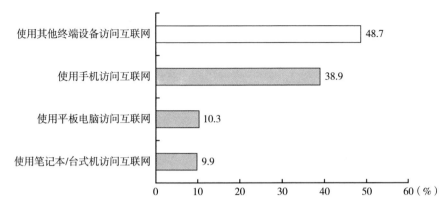

图 10 2019 年电视用户的跨屏行为

资料来源：CNRS-TGI 中国城市居民调查 2019 年 60 个城市。

容为核心，各自发挥渠道优势从而形成差异化的用户价值。电视台和视频网站合作共生、联动升级，典型案例是以深圳卫视为代表的具有互联网思维的电视媒体，2019 年，深圳卫视"TV＋"战略全面升级，与 BAT 等互联网头部企业建立了深度合作，在内容和营销等方面进行了多维联动。

随着人们观看网络视频习惯的加深，网络视频收看终端设备更加多样化，手机屏最为普及，电视屏增长潜力巨大，未来电视与网络视频间的界限将越发模糊。预计 2019 年末，通过手机端观看网络视频的用户占比为27.9%，较 2018 年提升 2.0 个百分点，通过 OTT 端观看网络视频的用户占比为 11.8%，超过 PC 端（见图 11）。电视剧、电影和综艺娱乐仍然是用户观看的网络视频主要节目类型（见图 12）。

（三）音频媒体发展势头良好

1. 广播媒体在传统媒体中逆势而行，相对稳定

广播媒体对于传播环境变化具有最强的适应力，根据 CNRS-TGI 数据，2015～2019 年，广播的日到达率基本维持在 12%～14%。预计 2019 年末，广播日到达率为 13.0%，与 2018 年基本持平，广播日均接触时长将继续维持在 7 分钟（见图 13）。

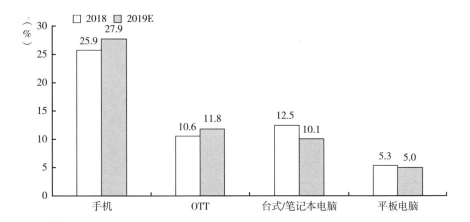

图 11 2018～2019 年用户观看网络视频使用的终端设备

资料来源：CNRS-TGI 中国城市居民调查 2018～2019 年 60 个城市。

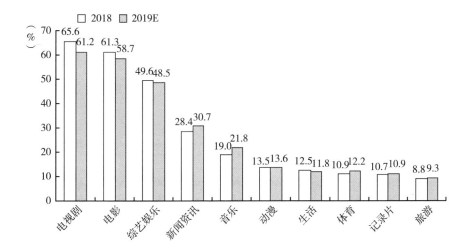

图 12 2018～2019 年用户通常观看的网络视频节目类型

资料来源：CNRS-TGI 中国城市居民调查 2018～2019 年 60 个城市。

2. 受众向年轻群体延伸，头部节目偏好稳定

广播媒体基于移动互联网的传播渠道，吸引了很多年轻用户回流，根据
CNRS-TGI 数据，2017～2019 年，25～44 岁人群是广播受众的中坚力量，其广

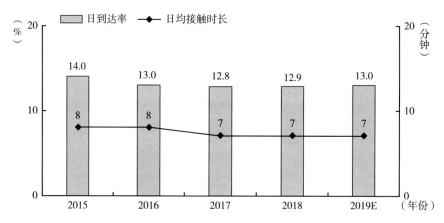

图13　2015～2019年广播在城市居民中的日到达率及日均接触时长

资料来源：CNRS-TGI中国城市居民调查2015～2019年60个城市。

播日到达率略呈下降趋势，而15～24岁年轻人群的广播日到达率则连年提升，55岁及以上高龄受众广播日到达率持续下降（见图14）。2019年，音乐类、新闻类和交通类节目依然是受众最为喜爱的广播节目，音乐类节目是广播媒体最大的增长点（见图15）。

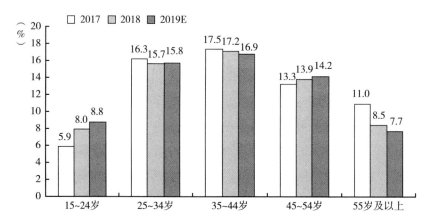

图14　2017～2019年广播在各年龄段城市居民中的日到达率

资料来源：CNRS-TGI中国城市居民调查2017～2019年60个城市。

3. 网络音频迅速发展，带来"耳朵经济"的崛起

移动互联网爆发后，网络音频市场快速发展，伴随智能手机、智能音箱

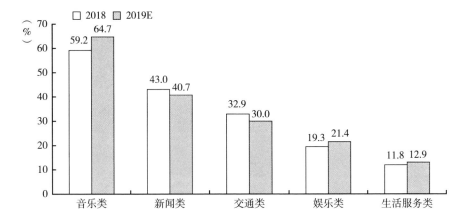

图15　2018～2019年受众经常收听的广播节目类型TOP5

资料来源：CNRS-TGI中国城市居民调查2018～2019年60个城市。

等音频终端产品的普及，有声读物、在线音乐、移动广播等音频产品和服务广受欢迎。在国内，喜马拉雅、荔枝、蜻蜓FM等音频应用发展迅猛，逐渐衍生出有声读物、财经、历史等知识付费和脱口秀内容。由于音频媒体具有场景和行为伴随性，用户可以在各种场景中充分利用碎片化时间，以听的形式来实现信息的获取，不需要诉诸视觉和触觉等感官，"耳朵经济"正悄然兴起。CNRS-TGI数据显示，广播收听渠道向互联网广播渗透（见图16）。

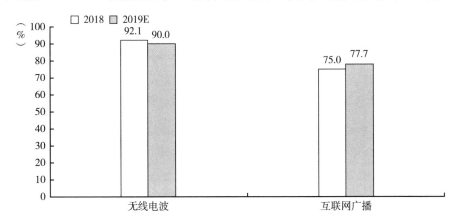

图16　2018～2019年受众通常收听广播的渠道

资料来源：CNRS-TGI中国城市居民调查2018～2019年60个城市。

4. 移动化和场景化收听为广播带来新的增长点

近年来，面对媒体市场的变化，广播通过"车载移动收听"的方式撬动了听众新的增长点，2019年此趋势延续，在私家车、出租车以及公共汽车上收听广播的比例继续攀升（见图17）。受众收听互联网广播的终端多样化，随着移动互联网的持续发展，手机成为收听互联网广播的主要终端设备，且呈增长态势（见图18）。移动化和场景化收听满足了听众填补碎片化时间的需求，未来发展势头持续向好。

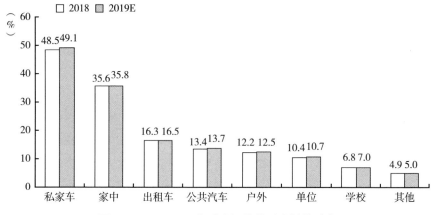

图17 2018～2019年受众通常收听广播的地点

资料来源：CNRS-TGI中国城市居民调查2018～2019年60个城市。

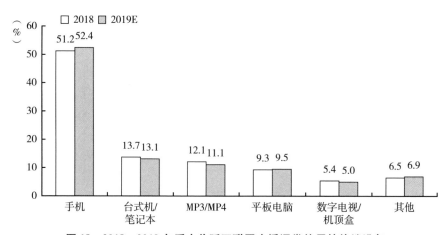

图18 2018～2019年受众收听互联网广播通常使用的终端设备

资料来源：CNRS-TGI中国城市居民调查2018～2019年60个城市。

（四）户外媒体稳中向好

1. 户外媒体趋势维稳

根据 CNRS-TGI 数据，2015～2019 年，户外媒体日到达率呈略微增长趋势，预计 2019 年末，户外媒体日到达率将为 86.0%，较 2018 年提升 0.8 个百分点（见图 19），基本稳定。

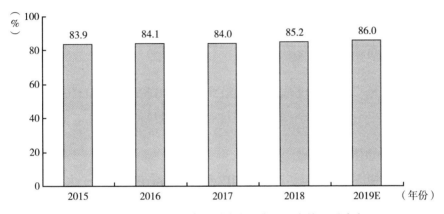

图 19　2015～2019 年户外媒体在城市居民中的日到达率

资料来源：CNRS-TGI 中国城市居民调查 2015～2019 年 60 个城市。

2. 交通出行类户外媒体发展势头强劲

随着机场、铁路、公路和城市轨道等交通网络的不断完善以及人们出行需求的增多，户外媒体快速发展，稳步增长。CNRS-TGI 数据显示，2017～2019 年，公共汽车媒体日到达率呈下降趋势，但在交通出行类户外媒体中仍居首位，而地铁/轻轨、飞机和火车类户外媒体呈逐年上升态势，且增速较快（见图 20）。

3. 户外媒体数字化转型进入快车道

数字化在户外媒体市场日渐渗透，为用户提供更多融入感和沉浸感体验，因此再度吸引多方资本先后入局。与此同时，互联网公司向线下布局的战略正在加速，BAT 等互联网巨头纷纷投资户外媒体，带头搭建数字化户外广告平台，AR、AI 等技术的赋能以及户外场景的不断延展和丰富，带动

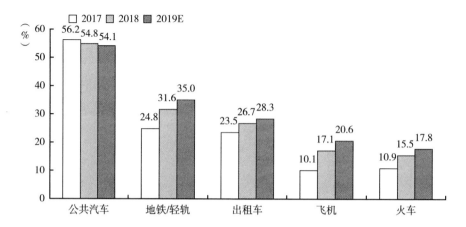

图20 2017~2019年交通出行类户外媒体在城市居民中的日到达率

资料来源：CNRS-TGI 中国城市居民调查 2017~2019 年 60 个城市。

数字化户外媒体蓬勃发展。

根据 CNRS-TGI 数据，2017~2019 年，液晶电视类和电子大屏类户外广告的日到达率呈逐年上升趋势，2019 年液晶电视类户外广告日到达率为 61.3%，较 2018 年增长 2.3 个百分点，电子大屏类户外广告日到达率为 54.8%，较 2018 年提升 0.4 个百分点（见图21）。

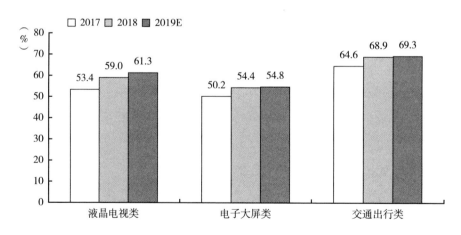

图21 2017~2019年户外广告在城市居民中的日到达率

资料来源：CNRS-TGI 中国城市居民调查 2017~2019 年 60 个城市。

4. 数字化户外媒体与新零售融合发展

物联网技术的发展及成熟，为新零售和户外媒体的融通提供了多种可能性。数字化媒体具有天然贴近受众的属性，可以在多场景完成对消费者的高触达，能够有效地实时激发消费者的主动性，助力新零售实现随时随地、所见即所得的效果，成为新零售线上线下融合的重要媒介。

（五）平面媒体转型升级

1. 报纸媒体下滑减缓，杂志媒体趋势回暖

2015～2019年，报纸日到达率和日均接触时长均呈下滑趋势，预计2019年末，报纸日到达率将为24.2%，日接触时长基本稳定在17分钟（见图22）。

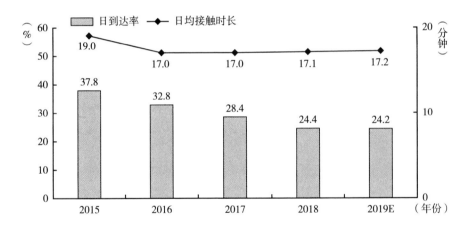

图22　2015～2019年报纸在城市居民中的日到达率及日均接触时长

资料来源：CNRS-TGI中国城市居民调查2015～2019年60个城市。

自2018年起，杂志周到达率和周接触时长稳中有升，预计2019年，杂志周到达率将回升至14.9%，较2018年略微提升，周接触时长基本稳定在18分钟（见图23）。从各年龄段来看，15～34岁的年轻人群带动了杂志周到达率回升（见图24）。

2. 平面媒体向移动化、数字化、智能化转型升级

由于移动互联网快速发展，人们的阅读习惯发生了改变，平面媒体

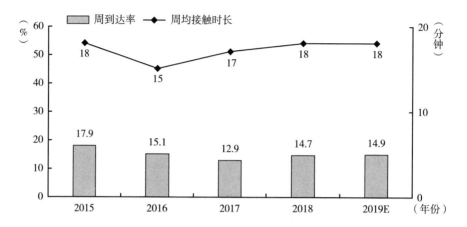

图23 2015～2019年杂志在城市居民中的周到达率及周均接触时长

资料来源：CNRS-TGI 中国城市居民调查 2015～2019 年 60 个城市。

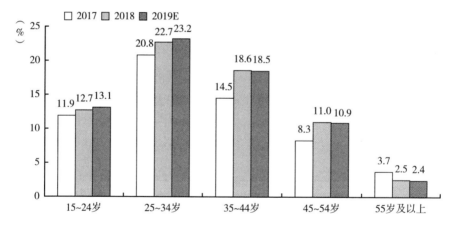

图24 2017～2019年杂志在各年龄段城市居民中的周到达率

资料来源：CNRS-TGI 中国城市居民调查 2017～2019 年 60 个城市。

迎来前所未有的挑战。为了对抗移动互联网带来的冲击，平面媒体将数字化转型作为一个契机。大型报业集团已开始向数字化、智能化深度转型，人民日报新媒体推出了应用人工智能技术的创作大脑，人民日报客户端已在使用；光明日报社将与科大讯飞合作打造智能化有声报纸，实现从"看报"到"听报"的转变。

CNRS-TGI 数据显示，2017～2019 年，手机端阅读电子报纸和电子杂志的比例逐年上升。预计 2019 年末，手机端阅读电子报纸的日到达率将为 33.0%，较 2018 年上升 3.2 个百分点，手机端阅读电子杂志的周到达率将为 25.5%，较 2018 年上升 2.7 个百分点（见图 25）。

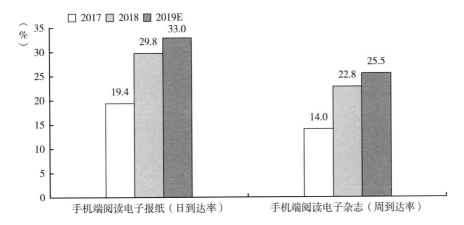

图 25 2017～2019 年手机端阅读电子平面媒体在城市居民中的到达率

资料来源：CNRS-TGI 中国城市居民调查 2017～2019 年 60 个城市。

3. 平面媒体走向媒体融合发展之路

面对互联网带来的挑战，平面媒体正积极进行融合转型发展的探索。通过开通网站、聚合新闻客户端、入驻微信平台以及注册短视频账号等方式，许多媒体走出了各具特色的融合之路。

二 技术及媒介进化背景下的居民生活形态的变迁

（一）新红利人群显现

目前，我国人口年龄结构金字塔图的类型正在从成年型向老年型过渡。根据国家统计局数据，截至 2018 年底，我国 65 岁及以上人口占比达到

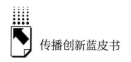

11.9%，老年人口占比上升。随着人口年龄结构的变化，我国工作年龄人口比例逐渐下降，传统意义上的人口红利正在消减。然而新红利人群显现，中老年市场、低幼市场以及低线、农村市场（"一老一小一低"）仍有巨大红利空间，成为流量继续增长的源泉。

CNNIC 数据显示，2018 年我国互联网用户同比增长 7.4%，年度新增互联网用户约 5700 万人。2019 年上半年，我国互联网用户规模进一步增长至 8.54 亿人，互联网普及率提高至 61.2%（见图 26），互联网核心用户（"00 后""90 后""80 后"）占互联网总用户的 65.1%。其中"00 后"人群互联网普及率近 95%，"90 后"人群互联网普及率100%，"80 后"人群互联网普及率约 94%。互联网核心用户层已充分渗透、面临饱和压力，而以"70 后"为代表的中老年人群市场增长空间较大。

截至 2019 年上半年，中老年人群（40 岁及以上）贡献了超过90%的新增互联网用户，成为新增用户的主要来源，未来其互联网普及率有望继续提高。2018～2019 年中国互联网用户年龄结构见图 27。

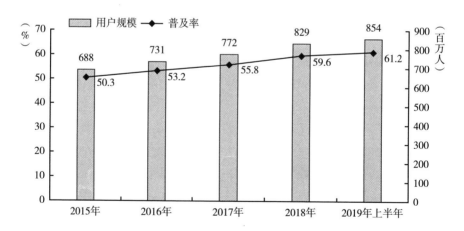

图 26 2015～2019 年上半年中国互联网用户规模及普及率

资料来源：中国互联网络信息中心网站，http：//www.cnnic.net.cn/。

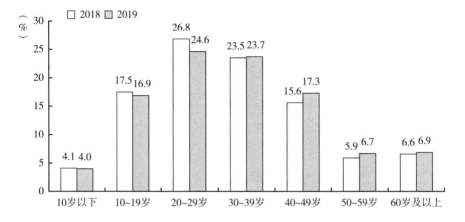

图27 2018～2019年中国互联网用户年龄结构

资料来源：中国互联网络信息中心网站，http://www.cnnic.net.cn/。

（二）互联网黏性继续增强，网络依赖程度加深

根据CNRS-TGI的数据，相比于2018年，预计2019年城市居民互联网周上网频率将微增至43次（见图28），其中每天上网2～5次、10次及以上占比均超过25%。互联网接触时长及上网频率的增加表明互联网对用户的黏性增强。另外，有70.5%的居民花费更多的时间在网络上，认为网络越来越成为生活中不可缺失的一部分；84.9%的居民表示在需要信息的时候，他们首先想到的是从网络上获取（见图29）。

随着智能手机、移动支付、精准定位技术的快速发展，O2O市场逐渐得到规模化发展。预计2019年末，在移动O2O服务中，餐饮周到达率依旧遥遥领先，零售和教育发展势头较好，增速最快（见图30）。

（三）5G时代，数字经济迎来变革

从互联网细分领域来看，社交通信、视频娱乐、网络购物的使用率最高。2019年，我国城市居民总体使用互联网功能TOP5分别为微信聊天（占比62.1%）、浏览网站新闻（占比59.3%）、使用搜索引擎（占比57.9%）、观看网络视频（占比55.9%）、进行网络购物（占比53.3%）（见图31）。

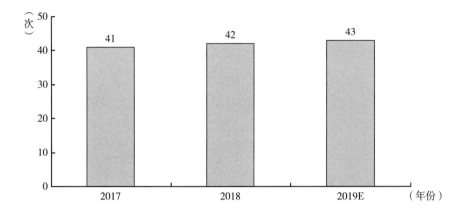

图28 2017~2019年中国城市居民周上网频率

资料来源：CNRS-TGI中国城市居民调查2017~2019年60个城市。

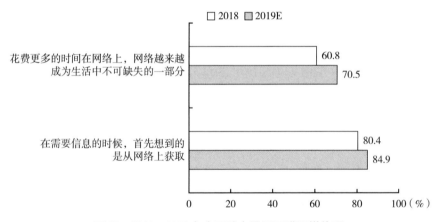

图29 2018~2019年中国城市居民互联网媒体观

资料来源：CNRS-TGI中国城市居民调查2018~2019年60个城市。

不同年龄段居民的互联网使用习惯差异明显，不同成长背景下的用户在互联网服务尤其是视频娱乐服务方面分化出不同的需求，因此，提供差异化、多元化的互联网服务成为新机会。

随着5G时代的到来，数字经济将迎来新一轮变革。由于5G拥有超高速、超低延时、大容量等特性，互联网应用将迎来新的发展机遇，比如云游戏、超高清视频等。同时在硬件条件成熟的基础之上，新形式的

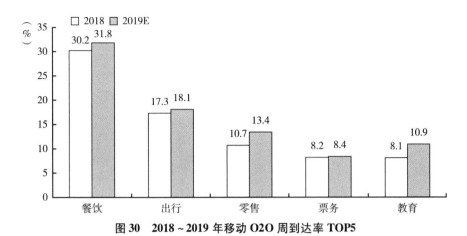

图30 2018~2019年移动O2O周到达率TOP5

资料来源：CNRS-TGI中国城市居民调查2018~2019年60个城市。

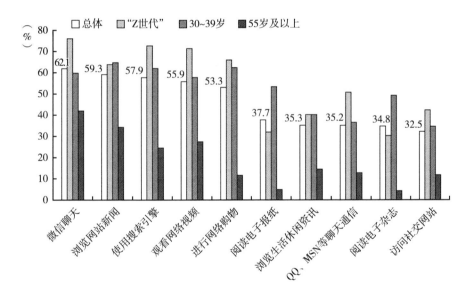

图31 2019年城市居民使用互联网功能TOP10

资料来源：CNRS-TGI中国城市居民调查2019年60个城市。

内容需求应运而生，拓展了新的传媒互联网空间。预计未来，以"技数"驱动，用数据支持决策开展精准营销、建立科学监测体系的品牌将占领先机。

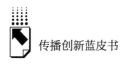

（四）移动支付全面普及，支付行业开启精细化竞争

2019 年是支付行业的规范年，随着支付牌照收紧、支付监管加强，支付行业开启精细化竞争，整体交易规模保持稳定增长。移动支付的快速普及离不开手机网民的快速增长以及年轻一代逐渐成为社会消费主力。年轻用户作为移动支付的主力军，他们对于新兴的支付方式接受速度更快，积极拥抱指纹支付、刷脸支付等变革。根据 CNRS-TGI 数据，2019 年，96.1% 的网民使用过在线支付，在线支付已全面普及。整个移动支付市场由支付宝、微信支付两大行业巨头领跑，其中支付宝是使用最多的线上支付方式，2019 年，使用过支付宝的网民比例达到 77.3%，其次为微信支付，占比为 71.2%（见图 32）。

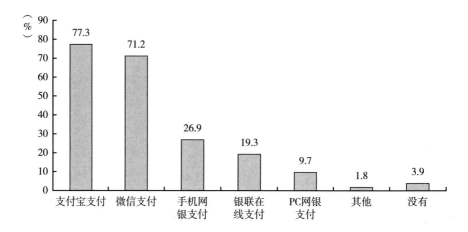

图 32　2019 年网民在线支付普及率

资料来源：CNRS-TGI 中国城市居民调查 2019 年 60 个城市。

（五）泛娱乐消费显著提升，未来内容红利依然可期

在泛娱乐消费方面，"80 后""90 后"作为第一批内容付费用户，推动了音乐付费、视频付费、知识付费等行为从"0"到"1"的转化。2019 年，直播、短视频迅速蹿红，尤其是以小镇青年为代表的用户在短视频、游

戏、直播等泛娱乐领域的消费显著增加，进一步证实了下沉人群的消费升级。2019年，城市居民对"我会考虑付费购买在我手机上使用的内容，比如音乐和视频"的认同比例达67.9%，相比于2018年提高20.8个百分点（见图33）。预计未来，整体付费用户规模将持续增长。未来10年，互联网音乐、互联网视频行业将处于内容红利期。

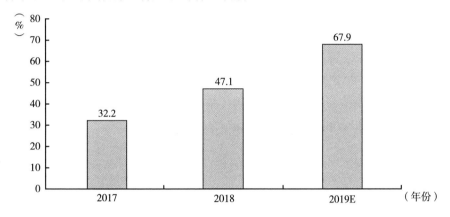

图33 2017～2019年城市居民对移动端内容付费的认同比例

资料来源：CNRS-TGI中国城市居民调查2017～2019年60个城市。

根据CNRS-TGI数据，2019年，72%的城市居民认为"不断学习新的东西很重要"。其中，未来1年有计划参加教育培训的居民中，35.0%计划参加职业技能培训，29.9%计划参加外语培训，26.7%计划参加学历教育培训（见图34）。如今人们的时间更加碎片化，如何快速地学习知识、掌握技能，成为亟须解决的问题。知识付费满足了人们碎片化的学习需求，其中不仅包括专业资讯领域（比如喜马拉雅、知乎等），还包括在线教育领域（比如网易云课堂、腾讯课堂等）。

三 结语

当我们回顾2019年中国媒介市场时，可以看到，在互联网时代，影响媒介趋势的关键因素与互联网环境的变化密不可分。自2018年开始显现互

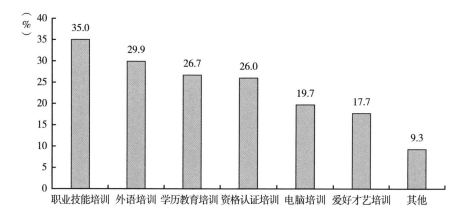

图34 2019年城市居民未来1年计划参加教育培训的类别

资料来源：CNRS-TGI中国城市居民调查2019年60个城市。

联网流量红利终结，流量就成为互联网竞争的焦点，互联网竞争一方面表现为竞相在下线城镇开拓新增流量，另一方面表现为开始从流量增量竞争转变为流量存量竞争。2019年，这种流量竞争变化对媒介和消费的影响开始显现。我们看到，一些新特征出现：互联网媒体增幅减缓，趋于饱和，下沉市场成为互联网竞争的蓝海市场，数据显示，四线城市居民和老年群体互联网日达到率的增长明显快于一、二线城市居民和中青年群体。2020年，随着全面脱贫和全面建成小康社会目标的实现，下线城镇还将继续是互联网流量稳定增长的蓝海。而随着中国人口老龄化的逼近，未来几年老年网民的增加同样是互联网流量稳定增长的蓝海；此外，流量饱和、红利渐失带来品质消费、线上线下相结合的新消费特征，促使消费更加细分化，"Z世代"消费、银发消费、"她"经济、母婴消费成为新的市场亮点或增长点。

流量红利增长带来的是外延式扩张，而流量红利终结必定促使发展模式从外延式发展向内涵式发展转变。在互联网时代，这种转变不仅是互联网领域、传播领域的转变，更是消费领域和消费方式的转变。当发展模式转变逐步深化的时候，我们一定会感受到用户、受众、消费者的属性本质上都归结为"人"，对媒介营销和消费者营销来讲，这既是起点也是终点。

B.6
2019：5G智能技术背景下的
中国品牌传播创新

姚曦 姚俊 郭晓譞 袁俊*

摘　要： 5G、物联网、区块链和人工智能等技术的结合，正将人类置于一个智能、可互动的网络空间中，彻底改变了人类的决策方式和社会交往方式。在此背景下，中国品牌正面临新一轮的传播变革和营销创新。研究小组在文献分析的基础上，深度采访了11位中国颇有影响力的品牌服务商代表，从传播运作模式及传播过程层面对2019年中国品牌传播创新进行探讨。从品牌传播运作模式的创新来看，其体现出"智能决策"的中心导向，在技术驱动下，品牌传播趋于精准化、自动化与智能化；内容运作不断实现批量化、个性化与场景化发展；品牌服务呈现纵深化与整合化的趋势。从品牌传播过程的创新来看，首先，机器作为内容生产的主体，其所占比重增加；其次，品牌传播内容创意与表现形式呈现原生化与沉浸化特色；最后，品牌传播方式创新表现在传播载体的边界得到拓展，以及基于感官实现交互传播。

关键词： 5G　智能技术　品牌传播创新　传播运作模式　传播过程

---

* 姚曦，教授，博士生导师，研究方向为品牌传播、广告与媒介经济、公共关系；姚俊，武汉大学2018级广告与媒介经济博士生，胜加集团副总裁、生米组成始人，研究方向为品牌传播、广告与媒介经济；郭晓譞，武汉大学2019级广告与媒介经济博士生，研究方向为品牌传播、广告与媒介经济；袁俊，荷兰商学院工商管理学博士，虎啸传媒/虎啸数字商学院CEO、中国商务广告协会数字营销委员会常务副秘书长，研究方向为数字品牌传播、社交媒体营销、战略创新管理。

一 引言

作为模拟人类智慧和超越人类智慧的新型智慧形态合集,"智能技术的核心是数据、算法、算力"。[①] 5G 移动通信技术使信息传达速度提升,延迟降低,伴随着超大的网络容量与高并发量,成为驱动人工智能技术发展的新动力。首先,万物皆可数据化的"物联网"形态成为可能,数据呈现爆发性增长趋势。其次,本地计算硬件的参数职能在高速率的网络环境下,大部分或全部被远程计算(云端)所取代,计算效率与质量提升。最后,在 5G 高并发、低延迟、实时决策的基础上,算法自动化奇点或将来临。基于此,智能技术的增长空间进一步扩大,不断改变人类的决策与交往方式。机器作为主体成分的参与比重持续增加,决策方式从依靠主观经验决策逐渐转变为"人机协同"的智能决策。同时,智能技术在人与人之间的交往中起到中介作用,"人机交互"作为新的存在形式改变着人类社会的交往方式。在这一背景下,技术前所未有地渗透到品牌传播中,在人机协同与人机交互的作用下,传播行为发生了质的飞跃。5G 驱动下人工智能三大核心要素的升级见图 1。

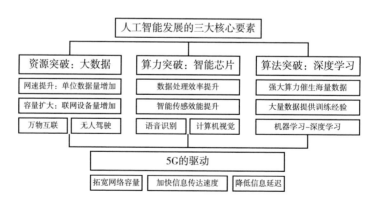

图 1 5G 驱动下人工智能三大核心要素的升级

---

① 王山:《智能技术对政府管理的影响研究》,博士学位论文,中国农业大学,2018。

（一）研究问题：以"共生共创"为价值导向的智能技术与品牌传播创新

品牌不仅是信息传播的载体，更是连接关系的平台，品牌传播的本质在于努力搭建品牌本身与贯穿传播活动的一切利益相关者的关系，并在此基础上实现价值共创。在"大平台"和"大数据"的支撑下，智能技术驱动"数据闭环"传播机制形成，各利益相关主体相互连接，形成不可分离的共生关系，由此重构或平衡各主体间的基本价值比重。换言之，"共生共创"成为品牌传播的本质与理想，智能技术正是实现这一目标的绝对力量。在这一视角下，重新审视品牌传播的现实情况，我们可以发现，智能技术虽在一定程度上开发了用户的数据生产价值，平衡了品牌主与消费者之间的价值比重，但是，区别于具体的产品营销，品牌营销受制于周期性要素，搭建品牌主与用户之间的"强连接"是个需要长时间培育的过程，顾客的忠诚度与产品溢价的最大化并非一蹴而就，难以实现真正意义上的品效合一，因此，以"共生共创"为目标导向，以智能技术为背景，研究品牌传播的创新路径，成为发现与解决品牌传播核心问题的重要方向。

根据熊彼特创新理论的核心内涵，在"新要素与新组合"的框架下，品牌传播创新可以看作技术性要素介入下传播要素的重新组合，具体体现在品牌传播运作模式及品牌传播过程的优化中。其中，品牌传播运作模式的创新是基础，决定着品牌传播过程，主要表现为品牌主或品牌传播服务商在"智能决策"驱动下所进行的业务模式创新，具体体现在业务内容与业务流程的变革之中。从业务内容层面来看，机器参与决策的比例不断提升，基于精准的消费者智能洞察，实现品牌创意内容的个性生产、智能投放和效果评估的指标化。在业务流程层面，由单线性的逐层逻辑式流程转向多线并发的动态迭变式流程，实现从用户洞察、内容生产与分发到效果监测与反馈的全链路"数据闭环"，帮助品牌主做出科学决策。品牌传播过程的创新以用户价值为中心导向，改变着品牌的生产方式、内容创意与表现以及传播的方式。机器创意生产可以帮助品牌传播内容的自动化、个性化与批量化生产；

品牌传播内容创意与表现形式为创意与艺术和科技的交融，设计者需要以科技化的手段对场景进行艺术化处理；传播方式逐渐趋于具身化发展，人的身体成为信息传播网络中的关键节点，全方位实现传播与接受场景间的对接和渗透，同时，基于传感器的生理信息反馈成为新的反馈机制。在此基础上，精准化的品牌传播过程使产品效率最大化、推荐效率最大化与渠道效率最大化成为可能。品牌传播创新研究的分析框架见图2。

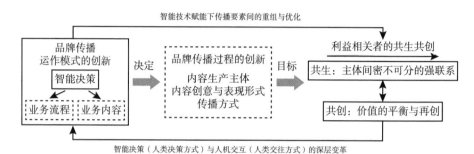

图2　品牌传播创新研究的分析框架

（二）研究方法与步骤

在前期工作的基础上，研究小组采用深度访谈法对中国品牌的传播创新案例进行分析。在充分考虑覆盖面、代表性、受访对象的经历与认知的基础上，本次访谈对象均为从一线做起的在业界具有影响力的品牌传播服务商（广告公司及媒体）的创始人或高管，从业经验在13年及以上，涉及10家不同类型的代理机构和媒体平台。研究小组主要通过半结构化访谈的方式获取关于品牌传播运作模式及过程的一手资料，进而发现品牌传播创新的主要方式与价值。

此次访谈地点集中于北京和上海，自2019年12月24日至2020年1月5日，共有6名来自武汉大学新闻与传播学院的研究生与11位访谈对象进行了面对面访谈。研究组成员向被访谈者进行自我介绍，解释研究目的，保证机密性，并获得对方同意。平均访谈时长约为2小时，研究人员通过电子移动设备进行录音，在访谈结束后将音频转换成12万多字的访谈资料，保留相应记录（包括文本、音频和图片）以供分析。受访者具体资料如表1所示。

表1 11位受访者的相关资料

编号	职务	所处公司	所处地区	从业经验（年）
1	大客户销售总经理	百度	北京	20
2	互联网商业部副总经理	小米	北京	18
3	全国营销中心总经理	小米	北京	17
4	市场总监	360	北京	15
5	副总裁	TalkingData	北京	20
6	创始人	酷云互动	北京	23
7	品牌市场副总裁	猎豹移动	北京	26
8	总裁	创略中国	上海	16
9	总裁	利欧数字	上海	21
10	广告经理	Video＋＋极链科技	上海	13
11	首席执行官	Marketin戈关科技	上海	20

二 智能技术背景下品牌传播运作模式的创新

通过大量的理论文献研究，并结合访谈资料，研究小组发现，2019年品牌传播运作驱动类型分为技术驱动型、内容驱动型与服务驱动型。其中，技术驱动占主导地位，全方位重塑着企业的品牌传播行为；内容驱动作用于内容生产与表现，呈现内容的智能化和场景化趋势；服务驱动在技术和内容的双重驱动下开启了与消费者互动的新模式和场景，呈现更加落地化、精准化的特征。同时，随着机器参与业务模式各个环节的比重不断增加，品牌传播运作模式的创新体现出"智能决策"的中心导向。

（一）技术驱动型的品牌运作模式创新

1. 万物互联与传感技术驱动下用户洞察场景的立体式延展与洞察结构的全方位升级

万物互联驱动着人与人、人与物、人与场景时刻在线、互联互通。[1] 在

---

[1] 喻国明、杨雅：《5G时代：未来传播中"人—机"关系的模式重构》，《社会科学文摘》2020年第2期，第112～114页。

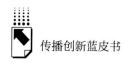

这一环境下，计算主义的作用将发挥到极致。5G 时代的用户洞察既要考虑空间性改变，也要考虑结构性革新，结合计算场景与内容，其改变主要体现为洞察场景的立体式延展与洞察结构的全方位升级。

其一，洞察场景的立体式延展。大容量网络空间使一切实体都可在线，从量的维度看，媒介技术对场景的渗透前所未有，用户的生活空间成为搭建在媒介技术之上的数位化次元，从而构建了基于罗网化媒介接触点的立体式用户洞察格局。以小米为例，该企业正在开发自带麦克风模组的电饭煲，期望实现消费者与日常使用工具的信息交互，进而形成以用户为中心的智能设备网格链。小米的相关负责人指出："小米的用户画像远不限于手机画像或电视画像，而是用户全画像，在此基础上，跨屏协作将会越发自然，多元化设备的数据在计算之后形成用户立体画像，最终，小爱同学在云端反馈后形成具体响应机制，为用户提供智能助理与推介服务。"①

其二，洞察结构的全方位升级。低能耗网络空间使各种反映人与物状态属性的传感器无时不有、无处不在。从质的维度看，媒介技术对人进行全方位渗透，品牌方开始实现与用户的物理性连接、心理性连接甚至情绪性连接，以此构建诉诸多种感觉器官组合的全方位用户洞察结构，使灵魂的数字化与心灵的机械化成为可能。以分众传媒为例，AI 赋能改变了传统意义上户外广告的运作模式，从电梯场景的数据获取方式来看，分众研发了瞳孔识别技术，通过传感器分辨用户观看广告时瞳孔大小的变化程度，结合神经网络原理开发算法分析技术，判断用户对广告的接受程度。

机器前所未有地在立体式传播场景中全方位地记录用户，根据信仰、观念、情感读懂用户，甚至比用户本身更了解自己。在这一过程中，极为精准的用户画像作用于品牌传播的"智能决策"，内容分发系统模型升级，在降低试错成本的同时，实现了品牌信息推荐效益与渠道效益的最大化。

2. 算法与程序驱动下品牌信息实现精准投放自动化

品牌传播中的程序化购买是人工智能最为直接的落地，即通过设计投放

---

① 访谈内容源于 3 号访谈对象（小米全国营销中心总经理）的陈述。

"程序"，对品牌信息的传播渠道进行"智能决策"，随着算法与程序科学性和成熟度的提升，机器参与决策的比重持续增加，信息精准投放与用户购买实现了真正的自动化。

程序化购买在计算核心客户群的基础上，实现了毫秒级别的自动化信息投放，用户的点击率与购买行为转化为数据子集回流至品牌主端，品牌传播模式实现全链路闭环，无须耗费大量的人力与财力，即可实现自动、实时精准投放与用户购买。程序化购买自运行至今，经过十年的发展，在智能技术驱动下实现了质的转变，程序的设计不再完全依赖人为经验，机器通过自主学习不断优化程序逻辑，可以更好地实现智能分析与决策。2019年，中国程序化广告支出将增长33%以上，达到2085.5亿元人民币（308.6亿美元）。百度、阿里巴巴和腾讯控制着中国约80%的程序化广告支出，[①] 但随着短视频App的兴起以及短视频广告支出增加，BAT三大巨头的主导地位将会下降——如抖音App的拥有者字节跳动等公司通过开拓业务提高了市场份额。与此同时，区块链技术在营销数据协作、反作弊方面都有了实实在在的落地项目，比如小米基于区块链的营销数据协作平台、MMA中国GIVT List工作组主导的分布式无效流量过滤系统等。

3. 智能监测与实时评估不断优化品牌营销的决策与提升效果

品牌主构建的全方位智能检测与实时评估系统连接着用户在媒介生态体系中的各个接触点，在此过程中，数据记录贯穿于消费者的生命周期。在此基础上，记录这一周期内的某个评估指标来源于用户接触点集合，指标间的多点归因模型用于解释消费者的行为逻辑。在此过程中，智能技术作为品牌与消费者的交互界面，强化了双方关系并加深了彼此的理解。换言之，对智能技术应用水平的高低决定了品牌传播能否科学地挖掘用户消费行为的痛点及消费行为之间的内在联系。创略中国（简称"创略"）正是围绕这一智能检测逻辑提升品牌信息的营销转化率的典型代表。在关于春秋航空的营销案

---

① 《eMarketer：2019年中国广告程序化购买支出将超过308亿美元》，199IT，2019年1月2日，http：//www. 199it. com/archives/813094. html。

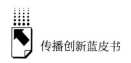

例中，创略在过去三年里实时记录了春秋航空的订单数据，例如，对客户的飞行行为进行 24 小时监测，基于这些数据，预测某客户未来 7 年去哪个城市的概率最大，由此对其进行相关城市的机票信息推介，评估指标显示，这一预测准确率高达 99%。在关于玛莎拉蒂的营销案例中，创略通过对 10 万名车主的实时智能监测，分析用户特征，由此预测玛莎拉蒂的潜在客户，评估谁更有购车的意向，当营销人员进行外呼预约试驾时，不再需要盲目地挨个打电话，而是根据评估后的营销积分排序，选取那些具有强烈购买意愿的潜在用户，这一预测准确率已经持续优化到 97% 以上，使玛莎拉蒂的预约试驾成功率提升了 1 倍以上。①

此外，技术性要素之间也将产生作用，相互监督、相互制约，共同促进传播生态系统的可持续发展。正如 TalkingData 副总裁所说："效果作假手段与检验手段相互促进，有效矫正了流量出价中的不良行为。"②

（二）内容驱动型的品牌运作模式创新

1.智能创意内容的批量化、自动化与个性化生成

人工智能以新型智慧形态的参与方式，不断地激励着创意大脑的动能，以适应网络空间中无穷的创意需求，开发与生产智能创意内容。此时，创意内容不再完全依赖于人脑的经验性开发，而是在既有经验基础上结合用户洞察、数据植入与算法学习开发创意新形态，并借助技术自身处理速度快的优势，自动生成符合信息空间特点的批量化、个性化的创意内容。智能创意虽然将内容生产流程复杂化，但大幅降低了人工成本且提升了受众体验。

TalkingData 与创略正是以量为目标，通过智能化手段批量生产个性化创意内容的典型代表。TalkingData 的副总裁指出："自动化技术从量与质的结合中解决不同人群的创意需求，AI 首先能做的就是批量写稿，而纯粹批量化内容生产模式难以匹配精准传播的营销逻辑。随着智能技术的不断变革，

---

① 访谈内容来源于 8 号访谈对象（创略中国总裁）的陈述。
② 访谈内容来源于 5 号访谈对象（TalkingData 副总裁）的陈述。

在数据与算法的驱动下，一键即可自动生成千人千面的无穷创意得以实现。"① 创略的创新尝试表现为，"在上传大量广告元素的基础上，通过人工智能的深度学习，将元素进行自动化的重组与调配，无须进行人为美工就可生产出成千上万个广告素材"。② 百度则是通过对散布在各个平台上的用户需求进行聚合，在最大交叉空间中生产出精准化内容。百度大客户销售总经理指出："通过智能技术，首条页面结果就能够满足用户百分之六七十的需求，因为第一条结果源于人工智能技术对内容进行的编译整合，由此形成信息结构化的组合形式。"③ 同样，智能技术也被尝试应用于视频脚本和游戏脚本的生产。Video ++ 极链科技在爱奇艺、优酷、人人视频等多个平台上，以人工智能的算法为手段，对部分视频中的场景、人物、物体等进行多维度辨识，将辨识结果标签化，以此为依据拟定品牌传播的投放策略、互动机制、脚本等，并通过去中心化计算在云端完成创意内容的素材获取、加工、制作与整合。

智能技术虽贯穿于生产全过程，但始终未能取代人脑，均是以洞察、分析、复制等方式优化既有经验，其核心在于：以"智能生产"为出发点，利用数字化手段决定创意内容的场景与形式，在此基础上，内容创意人员可从烦琐的基础性工作中解放出来，将精力放在提升创意的质量上。

2. 算法型内容分发驱动品牌信息的传播目标从用户升级至场景

随着算法与内容产业的相互作用，品牌内容分发呈现出场景式传播态势。场景传播的关键在于用户、时空、内容三要素的深层次融合，即基于网络节点的实时状态，结合特定空间、用户行为与心理环境，进行一对一式的个性化内容分发，实现用户与品牌间的沉浸式沟通。5G 的发展将掀起线下革命，数字品牌的内容分发目标不仅是线上消费者，还是在特定时间内现实场景的特定用户。

5G 驱动下，屏幕数量将呈现爆发式增长，现在的电梯屏、未来的超市

---

① 访谈内容来源于 5 号访谈对象（TalkingData 副总裁）的陈述。
② 访谈内容来源于 8 号访谈对象（创略中国总裁）的陈述。
③ 访谈内容来源于 1 号访谈对象（百度大客户销售总经理）的陈述。

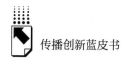

屏，甚至车联网屏都会成为品牌信息展示的主战场。算法推荐技术将在万物皆媒的场景传播下大幅升级，内容分发逻辑将由"用户中心"理念转变为"用户与时空的共生"理念，适配场景的中心地位开始凸显。在 MMA IMPACT 中国无线营销论坛上，秒针系统的于勇毅谈道："现在广告主对于消费者的洞察是基于消费者个体的画像，而在 5G 时代，受制于数据合规等因素，数字广告的目标将是场景。例如，通过描述电梯厢中的消费者画像，广告主可以在适合的时间点对目标受众聚集的电梯厢进行广告投放。"①

（三）服务驱动型的品牌运作模式创新

1. 个性化、人性化服务促进服务职能的纵深化发展

数字媒介的流量红利即将消失，品牌主必须从购买流量转向深耕流量细分市场，通过探索服务职能的纵深空间形成行业竞争优势，以稳固自身的私域流量。在此过程中，品牌主采取的常见应对模式为：拓展服务范围，从数字流量售卖拓展到提供个性化与人性化的服务。360 提出家庭安全大脑概念，即通过智能硬件的数字化处理，提供人性化服务，诸如"安装家庭摄像头或智能门铃，能有效对独居老人进行看护与预警"。② 360 从"保障 PC 安全服务"延伸至"现实安全服务"，在智能技术的加持下，依旧以"安全"为主题，结合线上与线下空间，进一步拓展了服务范围。

2. 服务主体的功能由环节型服务向整合型服务转变

在智能技术的介入下，广告产业的主体、结构与边界发生了颠覆性的改变，集中于传统品牌传播链中的某个环节的单一式服务已不再适应品牌主的多元化需求，代理机构需提升服务能力，形成具有竞争力的服务集合，才可实现可持续发展。

纵观营销服务的发展脉络，品牌营销服务从图文创意生成自动化升级到视频内容生成自动化，随后又扩充至媒介平台的对接服务、数据管理服务

---

① 《5G 时代广告营销变革 6 大关键词》，活动盒子，2019 年 11 月 8 日，http：//www.huodonghezi.com/news - 2586.html。

② 访谈内容来源于 4 号访谈对象（360 公司市场总监）的陈述。

等，最终形成融多元业务为一体的营销服务集合。推动这一模式形成背后的逻辑在于数据价值的提升使得以数据为中心导向的营销格局形成，从而实现融定位、生产、传播、反馈为一体的全链式服务闭环，品牌主与用户共生共创的营销理念得以构建。利欧数字总裁如此表述智能技术带来的服务进化："智能技术推进数字营销全生态链服务变革，而智能技术重心不断变化：从DSP、DMP走向图文生成自动化，进而走向后端数据管理。"[①] 利欧数字在技术创新领域的持续尝试表明，智能技术正在实现对全链纵深价值的挖掘，品牌营销服务的职能也将被重新定义。

三　智能技术背景下品牌传播过程的创新

（一）品牌传播内容生产主体的创新

在数据与算法的驱动下，机器生产超越了人类大脑的生产逻辑，品牌传播内容生产方式的创新在一定程度上表现为从经验性、限量化生产向精准化、批量式生产的变革，智能技术的介入使得内容生产出现质与量的飞跃。

在社交媒体逐渐成熟的当下，PGC + UGC + PUGC 三驾马车并行的内容生成模式形成。然而，UGC 存在内容与价值导向的不可控性，而 PUGC 又存在生产数量与生产质量无法规模化的问题。随着创意数据的指数级增长以及机器学习的不断进步，新的内容生产方式——MGC（机器生产内容）的可行性不断提升。此现象表明：第一，品牌传播内容的生产工艺在人类智慧与人类制作组合的基础上，出现了机器智慧与机器制作，生产模式具备"人机协同"的特点；第二，MGC 模式具备个性化与规模化的产出能力，智能化的数据分析技术在人力的补充和校正中，提升了品牌传播内容的数量与质量。360 提出了"智算子"的概念，即"过往内容产生需要选素材、写文

---

①　访谈内容来源于9号访谈对象（利欧数字总裁）的陈述。

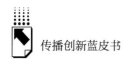

案、制作等十几道工序，在智能技术的驱动下，系统只需几个关键词就能够提供匹配度较高的创意素材以及符合需求的图文素材式样，经过两三道拼接工序，可生成精美的视频创意或者图片创意"。① 筷子科技作为国内领先的人工智能创意平台，通过对广告创意进行元素级拆解，将创意生成的过程自动化、数据化、智能化。所谓"创意元素"，可以被理解为 PS 中的每一个图层，不同的创意就是不同图层的排列组合方式，这个过程可以抽象出数据模型，通过投放回流的效果数据再进行分析调整，不断优化营销效果。图 3 是筷子科技自动为客户生成的效果广告案例，拖动右下角的点可以改变图片尺寸，为广告主生成不同场景的图片广告。

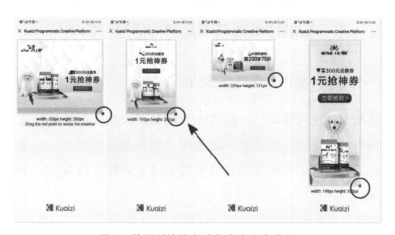

图 3　筷子科技的自动化内容生产案例

资料来源：《对营销创意进行"元素级"管理，「筷子科技」如何为企业省钱又赚钱?》，36 氪网站，2019 年 8 月 5 日，https://36kr.com/p/5232064。

（二）品牌传播内容创意与表现形式的创新

1. 虚实结合的沉浸式生产

5G 带来的去中心化的渲染技术不断应用于品牌内容呈现的环境之中，将 CG 渲染处理时间缩短到分钟、秒钟甚至实现实时处理，以模拟现实为目

---

① 访谈内容来源于 4 号访谈对象（360 公司市场总监）的陈述。

标，突破时空环境的局限，通过虚实结合的方式创新品牌信息环境的表现形式。其逻辑在于以用户为中心，在 VR、MR、AR 设备的辅助下，重塑内容与用户的关系，通过营造感官类的品牌信息氛围，给受众带来交互式与沉浸式体验。

Marketin 高管人员指出："混合现实和增强现实的逻辑线使内容形式变得多元，即从二维的信息到三维的信息，进而覆盖时间流，形成创新性体验的视频。"[1] 百度大客户销售总经理指出，"智能技术背景下，因 5G 的出现，视频或者直播只需要低成本便可转化为一种实时在线互动，通过语音技术或者 AR 等技术整合品牌内容与受众之间的关系，形成沉浸式生产"[2]。小米全国营销总经理则从品牌形象建构的角度指出："消费者的各种感官体验，如触觉、嗅觉、味觉均是品牌标识的重要组成部分，若品牌信息通过技术进行传播，品牌标识的一部分就不再受空间限制，可以在消费者中心化的传播媒介上创立系列标识，未来沉浸式技术在品牌传播业务内将得到更大频度的应用。目前，沉浸式技术在载体层面尚不成熟，只有 AR 等少数硬件载体。未来，一些更为便捷的沉浸式硬件将对内容产业的发展产生巨大的促进作用。"[3] 创略则注重 5G 技术加持下的沉浸技术使用场景问题，认为 5G 会让沉浸式技术进一步成熟，例如在零售场景下，实体门店的沉浸式体验技术类型会逐渐多元。

2. 用户、场景与可视化内容的"原生"匹配

品牌信息表现形式的创新在于对原生广告的场景化升级，即通过监测用户界面行为，对原生页面中的内容特征进行标签化设定，在不影响用户体验感的情况下，植入适配于标签属性、界面特点与用户特征的实时、动态、和谐的信息，实现用户、时空、原生界面、原生内容标签与品牌信息的深度交融。与此同时，在智能技术的加持下，适配信息不仅符合可视化内容的原生特点，还能在对用户个性化洞察的基础上进行"千人千面"的

---

[1]　访谈内容来源于 11 号访谈对象（Marketin 戈关科技首席执行官）的陈述。
[2]　访谈内容来源于 1 号访谈对象（百度大客户销售总经理）的陈述。
[3]　访谈内容来源于 3 号访谈对象（小米全国营销中心总经理）的陈述。

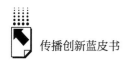

实时分发。

原生品牌信息场景化升级的最大价值在于，通过原生匹配构建共通的意义空间，在原生内容的氛围中，品牌主自然地向用户传达品牌的温度与个性，由此激发用户的品牌价值认同或主动购买行为。例如，A、B、C三位用户通过某App（原生环境）观看综艺节目，在出现会议场景时（原生内容），页面的边缘部位弹出某英语教育机构的品牌信息，基于后台对三位观看者建构的用户画像，A接收到的是此品牌的商务英语教学内容，B接收到的是雅思英语培训内容，C接收到的是关于中学英语的课外辅导内容。然而，所有信息均围绕品牌主题，体现出"英语将实现你的梦想"这一价值理念，这与高层管理者的会议场景存在某种程度的关联，此时，用户、品牌、综艺节目处于同一时空中，极易激发用户的情感共鸣，继而实现品牌主的营销目的。如今，智能技术更新迭代，用户甚至可以不用跳转至第三方平台，就能在同一界面中开启购买行为。以处于原生科技产业发展前端的Video＋＋极链科技为例，多年来该公司为爱奇艺、腾讯视频等中国领先的数字视频媒体提供智能识别与个性化匹配的底层技术支撑，其广告经理指出："在服务诸多数字视频媒体的技术架构过程中我们发现，智能技术正是通过原生形态匹配受众个性化需求来开启视频'创可贴'的新兴业态的。"①

（三）品牌传播方式的创新

1.品牌传播渠道的创新：媒介边界的拓展

传播载体从传统载体向数字载体进化，在智能技术的作用下，越来越多的硬件设备进入数字化渠道的序列，智能技术帮助设备从物理硬件转化为智能硬件。值得注意的是，智能技术导向的智能硬件具备根据受众特征进行识别以及提供个性化服务的强智能属性。在品牌传播方式的创新性与效能性层面，这些个性化服务形成数字媒介边界扩展效应，品牌主将这些媒介接触点连接起来，相互组合，形成跨屏同源的全媒体大数据。

---

① 访谈内容来源于10号访谈对象（Video＋＋极链科技广告经理）的陈述。

猎豹移动在将智能技术应用于多种用途的机器人业务方面进行了多元化探索。猎豹移动将推出一系列机器人产品如会务机器人、翻译棒、儿童陪伴机器人等服务于消费者；将提供智能化的解决方案服务于企业。创略同样将智能设备应用到零售行业，例如导购机器人，或是在商店中自由行走的机器人，这些机器人安装了摄像头、声音采集等设备，能捕捉更多消费者的数据。在消费者与机器人对话的过程中，机器人成为一个连接消费者获取数据的触点，存储了相关数据。

酷云互动和小米对智能载体的应用倾向于与屏的互动层面，酷云互动创始人表示："屏是一个硬件，智能大屏提供大尺寸屏幕，而智能手机提供小尺寸屏幕，我们将公屏和私屏的 ID 进行实时匹配，主要目的在于将尚未数字化的媒体数字化，将数字化的数据跟互联网数据对接，形成跨屏同源的全媒体大数据。"① 小米与凉茶品牌王老吉的合作方式为：当洞察到用户对着智能电磁炉吃火锅时，电磁炉的智能小屏会提示用户选择王老吉作为佐餐饮料，这就是智能硬件根据具象化的火锅场景进行品牌传播的应用。同时，小米负责人也指出实现跨屏传播的关键在于多屏协同，否则消费者中心化硬件场景的交集会相应减少。

2. 品牌传播互动方式的创新：基于感官的交互传播

在智能技术的驱动下，品牌传播内容表现形式逐渐向交互类迁移。具体体现为基于用户的使用习惯与交互场景，突出感官性空间氛围，促使人机交互模式向"拟人化"升级。以智能语音为代表，其形成逻辑在于：机器作为交流主体的前提是模拟现实，即最大限度地给用户带来"人机交互"时的真实感与体验感。

百度大客户销售总经理指出："就人与手机的交互而言，短期内单纯依赖语音交互很难，因为手机交互尚未按语音交互进行设计，人机交互体验仍存在不足，而智能音箱有所不同，原厂语音交互设计使得其具备交互功能，

① 访谈内容来源于 6 号访谈对象（酷云互动创始人）的陈述。

并将普及于家庭场景和车载场景。"① 百度一直致力于语音交互技术的应用，配合以阿波罗汽车平台，随着5G时代的来临，语音交互与汽车平台业务将为百度带来可观的收益。同时，在家庭场景中，百度研发的同时具备屏幕和语音交互功能的智能机器人"小度"更容易获得用户的认可，解放用户的双手。

与百度不同，猎豹移动更注重线下交互传播在零售场景中的应用，其在商场中布置的服务机器人主动招揽主意，与顾客互动，通过智能技术对消费者进行多维度辨识，实现广告投放精准化。

品牌主采用交互传播的方式可以大幅度降低产业基建投入，利用智能技术撬动服务边际效应，且带来标准化与规范化成本的极大节约，更重要的是智能技术主导的交互类品牌传播为受众带来更为友善、全方位、精细化、人性化的服务体验。

四　品牌传播创新的总结、反思与展望

本文从运作模式和传播过程两个维度出发，对智能化背景下品牌传播创新的表现进行了系统化的梳理和阐述，并与2018年的品牌传播创新结果进行比较后发现，5G加速了智能技术的升级，丰富了智能技术在传播领域中的应用，具体表现为智能技术贯穿于从执行到决策的全过程，人机协同成为新的品牌传播运作机制。机器在消费者与品牌之间起到中介传播的作用，并嵌入二者关系的形成中，人机交互正在成为新的传播方式。诚然，5G技术应用尚处于硬件普及的初级阶段，大数据的应用壁垒依然是智能技术赋能品牌传播的进程中未能有效解决的关键性问题，机器生产创意对内容生态造成的负面影响值得关注，而由技术使用中工具理性和价值理性之争引发的有关品牌长期价值与短期声量有机结合的问题也不容忽视。毋庸置疑，未来品牌传播各个环节中的智能化程度将会不断提升，智能技术的价值也

---

① 访谈内容来源于1号访谈对象（百度大客户销售总经理）的陈述。

会不断得到凸显，消费者与品牌以及利益相关者等的连接也将以新的形式出现。

（一）品牌传播创新总结

1. 从数据精准到机器参与

2018 年技术驱动的品牌传播模式的创新表现为精准到情感的洞察、基于大数据实现内容生产和传播的个性规模化以及大数据技术打通上下游形成数据回流，从而实现品效合一。显然，大数据技术为企业多维度、广范围地接近和了解消费者提供了更加科学的依据，数据作为一种重要的战略资源，成为企业发现和满足消费者需求、实现经济效益和品牌效益的关键组成部分。2019 年，在数据应用的基础上，智能机器在品牌传播运作模式中的价值和作用开始显现，表现为消费者与品牌互动模式的升级、自动化与智能化的广告投放与购买、实现实时评估与智能监测。通过对比发现，技术因素在品牌传播运作中的作用从简单的数据应用层面逐步转变为深入的执行乃至决策层面，以参与的方式介入品牌传播并正扮演人类的部分角色，在不知不觉间已经成为企业的重要延伸者和辅助者。

2. 创意的智能化生产与场景化表达

2018 年内容驱动的品牌传播模式的创新表现为内容生产方式创新、内容聚合与分发方式创新以及内容创意表现创新。2019 年表现为智能创意的生成与分发——创意内容的批量化、自动化与个性化生成，彰显用户与时空共生关系的场景式算法型内容分发。根据访谈内容和案例可以发现，2018年内容驱动是基于消费者的线上虚拟社交网络关系，充分实现创意的生成和分发与消费者的密切关联。2019 年内容驱动的创新依然表现为内容创意的生成和分发的优化，不同之处在于智能技术以及其表现形式（智能设备和传感设备）已经成为创意生产和分发中不可或缺的因素。一方面，创意内容的批量化生产使得创意门槛降低，在数据、算法和算力的作用力下，创意生产效率得到提高，自动实现创意内容与消费者的关联，兼顾大众和小众的需求；另一方面，创意内容的分发从追求品牌信息的精准化转变为追求传播

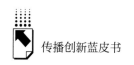

场景的精准化，从信息到场景的转变意味着品牌融入消费者的日常生活，在提升消费者对品牌好感度的同时，将传播场景应用到满足消费者的实际需求和解决问题之中，促成消费者的情感价值认同，从而达成二者之间的强连接。

3. 品牌传播服务环节的纵深与整合发展

2018年服务驱动的品牌传播模式的创新表现为重视服务对象的长尾效应、服务类型创新与多元化以及职能专业化、行业市场服务模式的论坛化与评奖化。2019年则表现为个性化、人性化服务促进服务职能的纵深化发展以及服务主体的功能由环节型服务向整合型服务转变。服务是彰显品牌传播专业价值和附加价值的重要手段，通过分析可以看出，2018年与2019年品牌传播服务呈现出明显的策略差异，即从追求空白市场、拓展服务模式转变为优化服务结构。以往的品牌服务更关注传统服务领域，如服务对象的定位、针对性更强的细分服务类型等。2019年品牌传播聚焦于优化服务体验，通过向泛传播领域扩展的方式实现服务场景的纵深发展。除此之外，精准化品牌传播对于一体化数据的依赖正在改变传统的品牌业务内容分割服务模式，品牌服务商将实现传播的前端、中端和后端全链打通，从而满足品牌主的多元化需求。

4. 机器介入内容生产成为常态

2018年品牌传播内容创意的创新表现为社交机制创新激励用户参与内容生产与传播、内容创意以实现消费者价值为导向。2019年，用户中心化的理念和用户参与生产依然是内容表现形式的组成部分，不过，最明显的趋势是机器在营销人员的指导下，成为内容生产的主体。自广告出现伊始，人就是品牌内容生产的主体，智能技术的人性化趋势使得机器在既定的编程内对程式化的内容进行生产成为可能。内容的智能化生产一方面表现为机器独立完成品牌信息生产的水平不断提高，因为其能对各种信息如同类信息、多种媒体信息进行智能组合和自动整合；另一方面表现为机器的介入为从业人员提供启发，这是因为智能技术处理大数据的能力和复杂程度远高于人类，如此从业人员便可以从看似杂乱无章的数据中发现被忽视的数据之间的关联。目前，机器生产的内容在表现张力和审美价值等方面与专业营销人员仍存在一定的差距。

5. 消费者体验升级：虚拟、实时与动态

2018年品牌传播内容表现形式的创新表现为多感官体验的交互设计，虚实跨界的场景化营销及社交创意的内容、机制与场景创新。2019年则表现为体验的虚实结合及用户、场景、可视化内容三者之间的"原生"匹配。对2018年与2019年品牌传播研究结果进行对比分析发现，首先，智能技术带来的消费者体验的升级，体现在虚拟现实技术将内容与消费者以交互的方式融为一体。同时，在品牌传播内容呈现的界面上，5G赋能的技术将从承载信息内容传播的功能，转变为承载为品牌受众提供响应式交互服务的功能，内容与载体的变化带来消费者意识与知觉的双重沉浸。其次，2018年和2019年品牌传播的相同之处是体验升级都是建立在将抽象化和单一化品牌信息互动还原成消费者现实需求场景的基础之上，不同之处在于2018年品牌传播实践注重对社交场景的开发和应用，借助社交网络完成品牌传播影响力的提升；2019年则表现为对消费者标签的动态化管理，即通过对用户界面行为进行实时监测，实现用户、时空、原生界面、原生内容标签、品牌信息的深度交融。

6. 消费者的身体嵌入引发品牌传播方式创新

2018年品牌传播方式的创新表现为基于数据、场景与自有流量池的精准触达，渠道泛化，刚性社交指标与超传播层面的效果评估指标出现。2019年表现为媒介渠道边界的拓展导致新的传播渠道出现以及感官的交互传播。对比发现，无论是2018年还是2019年，渠道边界的拓展所引发的传播行为的变迁都是品牌传播创新的重要一环，不同之处在于2018年的渠道泛化是指部分原本未被用于品牌传播的渠道，正在逐渐被纳入常态化的品牌传播矩阵中。生活中常见的物体如瓶子、胶带、地标性建筑等都可在创意和技术的支持下成为品牌传播的载体。2019年渠道边界的拓展不仅指常见物品成为品牌信息传播的载体，更多的是强调在智能技术的帮助下，物品从冷冰冰的物理实体转变为可以互动的智能硬件。其中2018年的文章中提及超传播层

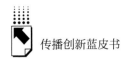

面的效果评估指标问题，不过并没有具体描述是什么类型的指标。随着万物皆智媒趋势的出现和发展，消费者被包裹到各种智能化设备中，其自身也成为技术化的人肉终端。在此背景下，超传播层面的效果评估指标逐渐清晰，如过去被认为是不可量化的精神层面的反应（如情绪与心理状态等），也可以因对研究对象加装一些传感器包括可穿戴设备而被量化。无论是传播渠道的泛化还是感官交互的传播方式出现，其运作原理都是将消费者的身体数据化，如此便可以转换成机器可以识别的语言，从而引发传播方式的变革。

（二）品牌传播创新反思

1. 大数据的应用壁垒依然存在

外界看到的大数据应用，较多是由拥有足够多数据的头部平台推出并倡导的，因而能够实现头部平台内部生态数据的自循环使用。而要打通品牌主与品牌主之间、泛媒介平台与泛媒介平台之间、泛数据服务商与泛数据服务商之间的数据困难重重，换言之，大数据的应用壁垒依然存在，且一旦被打通，在安全防范意识不足的使用环境中仍然存在用户隐私被泄露的风险。

2. 品牌内容生态破坏的隐忧

课题小组通过访谈以及研究发现，品牌传播领域从业者对智能技术生产创意持警惕态度，此现象源于：其一，批量化生产的广告创意容易粗制滥造，致使劣币驱逐良币；其二，唯数据论，即审美意义上的精良让位于对吸引力素材的考量，因此难免出现单纯结果导向的不可持续现象。从行业整体出发，若智能技术无法走出逐利困局，优质的品牌传播创意会越来越少。未来，人机协同将成为内容生成的重要模式，彼时，从业人员的专业知识和经验是保证内容生态不被劣质创意侵蚀的关键。

3. 品牌长期价值 vs 短期声量

品牌传播是与受众建立情感连接的过程，品牌的价值需要不断积累，无法依赖短时博取眼球的传播声量，即需兼顾长期利益（发展/认可）与短期利益（销量/利润），把握两者之间的平衡点，才能符合品牌主可持续发展的中长远商业利益。不可否认的是，智能化传播方式借助传播平台的资源优势，可以较好地帮助品牌主实现短期声量，但客观上也容易造成视觉和听觉上的污染，破坏消费者与品牌之间的情感联系。如何在实现短期声量的同时，保持从业者的匠心精神，聚焦品牌长期价值的构建，平衡工具理性和价值理性的关系，是技术赋能品牌传播必须反复思考与持续关注的问题。

（三）品牌传播创新展望

1. "人机协同"成为品牌传播创新能力的新增长点

尽管智能技术在5G背景下快速发展，但品牌传播创新实现全面智能技术化仍然是一个较为漫长的过程。其间"人机协同"依旧将是品牌传播创新的重点工作机制。品牌企业需要从渐进的智能技术角度建立理性认知，循序部署智能技术在品牌传播创新中的应用，在此期间，"人"的力量与"智能技术"的力量如何达到效能最大化，将成为几乎所有企业面临的挑战，同时，"人机协同"的效能探索与能力打造成功与否，将成为衡量不同品牌传播创新能力强弱的重要且关键的要素。

2. 从"泛消费者心智中心化"到"粉尘化消费者心智去中心化"

5G时代智能技术将逐步形成远超当代算力的庞大计算效能，以"消费者心智"为中心打造品牌传播创新的理念，这一过程也将进一步细颗粒化乃至粉尘化，即任一消费者均有机会因受益于智能技术而得到属于自己的品牌感知体验。可以预见的是，此前景将大幅度将"消费者心智中心化"理念推向深水区，从"泛消费者心智中心化"的传播理念进化至"粉尘化消费者心智去中心化"理念，而此理念与5G时代智能技术去中心化计算的信息效能特质高度匹配。

3. 品牌传播的创新价值纵深与商业创新价值纵深高度趋同

正如数字科技最大特征"连接"所显示的，越来越多的商业要素基于数字科技形成信息共通且由于效能提升，其被广泛应用于商业价值各个环

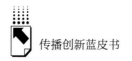

节。数据、算法、算力三大技术的发展使得数字科技不仅可以连接各个商业要素，而且可以实现商业要素连接后的价值纵深。品牌传播将不再是品牌的一种触达与告知的"业务"，而是将更多地与品牌的商业价值功能以及服务深度连接，品牌传播与品牌其他业务之间的边界将进一步模糊且空前一体化，从而为消费者带来流畅体验。

（本研究中，2017 级博士研究生李娜、2019 级博士研究生赵宇、2017 级硕士研究生任文姣、2018 级硕士研究生翁祺、2019 级硕士研究生刘姿园、2016 级本科生赵冀帆参与了论文资料的收集、访谈和案例资料的整理与分析工作。）

政治传播篇

Political Communication

"新闻＋游戏"的跨界融合创新研究

——以新华社《飞跃看变化》为例

李 斌 乌梦达 樊 攀[*]

摘 要： 本报告研讨了新华通讯社在新中国成立70周年之际推出的新
闻游戏《飞跃看变化》，复盘并探索了主流媒体如何在主题
报道中做好跨界融合。报告提出，面临以青年为主体的移动
互联网用户群体的转变和万物皆媒的多元化挑战，主流媒体
通过与游戏跨界融合，将家国情怀的新闻元素解码为赛道设
计和彩蛋嵌入等，从而实现爱国主义教育的破壁传播，给目
标受众带来沉浸式体验，成为移动互联网时代提升传播有效
性的有益尝试。未来，主流媒体的跨界融合要从受众角度出

---

* 李斌，高级记者，新华社北京分社总编辑；乌梦达，主任记者，新华社北京分社编委；樊攀，
记者，新华社北京分社记者。

发，做好主流媒体与商业平台的融合。

关键词： 新闻游戏　媒介融合　主题报道　新中国成立70周年

　　主题报道是媒体聚焦特定议题对目标受众进行成规模、建制化的传播活动，一直是重大政治和新闻议题的报道载体。[①] 如何做好重大题材主题报道是主流媒体长期探索的重要议题。在媒介融合发展不断深化的背景下，主流媒体如何借助新媒体创新报道，是主流媒体在每一个重大主题报道的时间节点都要思考的问题。

　　新中国成立70周年报道是2019年主流媒体新闻报道的主线。这是一次爱国主义的集中教育，是世界关注的媒介事件，同时也是各新闻媒体在重大主题报道竞技场上的一次较量。在5G、4K、AI等新媒体技术不断发展的背景下，如何利用新的媒介技术创新主题报道，积极开展爱国主义教育创新实践，也成为各媒体深入探索的议题。

　　2019年9月，新华社全媒编辑中心、新华社北京分社联合腾讯《QQ飞车手游》推出《飞跃看变化》游戏。创作团队在腾讯《QQ飞车手游》中开通了一条为庆祝新中国成立70周年专门设计的赛道——"飞跃神州"，赛道融合了中国大美风光、城市标志景观、科技创新项目等元素，玩家可以"驾驶"赛车在这条赛道上欣赏景观，在游戏体验中不知不觉接受爱国主义教育。

　　本文将结合这一项目，对主题报道跨界融合的背景、方式等进行梳理，以期给未来开展媒介融合创新实践带来一定的思考与启示。

一　探索"新闻＋游戏"创新形式的原因

（一）主题报道与游戏的创新原因

　　近年来，舆论环境、媒体格局、传播方式正发生着深刻变化，特别是移

---

　　① 张涛甫：《记录新时代，主题报道当有新作为》，《新闻战线》2018年第5期。

动互联网媒体崛起后，价值高地与渠道洼地并存、内容强势与技术弱势并行成为很多主流媒体的现实写照。

1. 游戏逐渐成为主题报道新"战场"

截至 2019 年 6 月，我国网络游戏用户规模达 4.94 亿人，手机网络游戏用户规模达 4.68 亿人，较 2018 年底增加 877 万人，占手机网民的 55.2%。① 从文字表达的创新到在动画、短视频、Vlog 等领域的深度试水，再到开展一系列线下互动活动，中央主流新闻媒体在主题报道中采用了诸多形式，不断实现主流价值观传递，提升了受众和用户对新媒体产品的期待。

事实上，新华社并非第一家与游戏平台合作的中央主流新闻媒体，此前《人民日报》等新闻媒体也与游戏平台开展过合作。梳理发现，合作方式主要是通过一些游戏营销活动实现将游戏用户向新闻媒体导流的目的，但在游戏内容层面展开合作的并不多。所以，此次"飞跃神州"主题赛道的构建，是新闻和游戏深度融合的一次有益尝试。

2. 商业平台的用户积累为尝试提供可能

腾讯《QQ 飞车手游》是我国第一个自主设计、独立完成的游戏产品，目前这个 IP 已经投入运营了 12 年，在快速迭代的游戏行业是一棵少有的"常青树"。目前，该游戏下载量已超过 1 亿，日活用户约 2000 万。根据其用户画像数据，游戏用户主要为一、二线城市 20～30 岁学历本科以上的青年群体。对这样的特定群体展开精准、参与式、沉浸式的传播，成为设计游戏的初衷。

因此，在新中国成立 70 周年的报道中，《飞跃看变化》游戏承载的一个重要使命是，精准定位网络用户和青年群体，立足于让用户"沉浸式"看变化，尝试将报道直接融入虚拟世界。

（二）互动产品获得较好传播效果

在《飞跃看变化》游戏推出之前，业界尚没有一家新闻媒体深度参与

---

① 中国互联网络信息中心：第 44 次《中国互联网络发展状况统计报告》，2019 年 8 月 30 日，http://cnnic.cn/gywm/xwzx/rdxw/20172017_7056/201908/P020190829682860695686.pdf。

到现有游戏产品的内容开发过程中。从一个点子的提出到形成方案，再到最后落实，这项工程共耗用了半年多的时间。这种将真实的新闻与虚拟的游戏相融合的形式，真正唤起了游戏体验过程中用户的爱国热情。

从 2019 年 9 月 27 日赛道上线至 2019 年 12 月中旬，《飞跃看变化》游戏累计参与人次已超过 7 亿，用户体验总时长超过 16 亿分钟。目前该项目参与量仍以每天 700 万人次的速度持续增加，成为主流媒体庆祝新中国成立 70 周年融合报道的"爆款"产品，实现了国庆报道"余音袅袅自然延续"，也证明新闻媒体在媒介融合过程中对各类资源的整合能力不断增强。

二 "新闻 + 游戏"的创新传播方式解析

（一）将主题报道元素嵌入游戏中

随着网络技术的不断发展，让用户处于技术所产生的三维虚拟环境中，而感受不到其真正所处的外部物理环境，成为沉浸式传播所希望达到的目的。图片和第一视角运动场景等视觉内容能提供比文字更加丰富的认知信息和更多情景化的细节，形成包括听觉、视觉、触觉等感官的多重体验，从而能更好地激发和调动使用者的情绪。

对主流媒体而言，传递主流价值观始终是创新过程中需要坚守的核心内容。庆祝新中国成立 70 周年是一个能够充分激发广大群众爱国热情的重要契机，在"90 后""00 后"等青年人群参与游戏的过程中，激发其爱国情怀，是新华社设计游戏的目的。

移动互联网的崛起使得目标和路径同等重要，但缺少"有意思"的路径，就难以有效地向受众传递"意义"。新华社团队选择与腾讯《QQ 飞车手游》团队合作，其中一个原因就是飞车的意象与新中国成立 70 周年的意象具有共通之处——竞速和飞跃能够展现 70 年来新中国的飞速发展。新中国成立 70 年来，"中国速度"让世界惊叹，而这对于当下年轻人而言，还是一个相对笼统的概念。在"飞跃神州"主题赛道里，他们可以穿越时间和空间，在 3D 场景中亲身感受到中国的发展速度。这样就能将抽象虚拟的主题变得具象化，让用户可感可知。

（二）新中国成立70周年标志性元素的游戏化呈现

70 年来，新中国的政治、经济、文化、社会、生态等方方面面都发生了翻天覆地的变化，想要在几分钟内全面呈现这些变化和成就，同时还要符合游戏原本的风格、定位与用户需求，实现内容与形式并存，创研团队最终确定将赛道分为三个组成模块——"大美中国"、"光辉历程"和"创新未来"。

在"大美中国"部分，游戏以生态保护、绿色发展为主题，精心选择壮美的自然景观和人文景观展现祖国大好河山，同时反映新中国成立 70 年来生态保护、绿色发展方面取得的历史性成就，让用户尽快融入赛道的氛围。在该部分中，游戏呈现的远景为人民币 20 元背面的风景——桂林山水甲天下的标志性场景漓江，并通过竹林、蓝天、远山等展现祖国的大好河山及"绿水青山就是金山银山"等绿色发展理念。赛道旁景色以金黄色的麦田为主视觉，加入收割机元素，呈现一派喜气洋洋的丰收景象，而无人收割机则代表人工智能技术的引入使我国农业水平不断提升。此外，在这一部分中，游戏还呈现了世界海拔最高的青藏铁路以及沿途自然和人文风光，在体现我国自然环境的多样性的同时，也增加了对用户的吸引力。远景为美丽的唐古拉山，赛道旁重点视觉元素为邂逅的藏羚羊与青藏铁路，用户亲身穿越专门为动物迁徙设计的涵洞，在虚拟场景中与青藏铁路这一破解世界性工程难题、推动民族团结，同时成为自然生态保护典范的工程零距离接触，与高原精灵藏羚羊擦肩，真正感受绿色发展理念。

在"光辉历程"部分，游戏主要纳入 70 年来各地标志性建筑（见图 1），突出展现新中国成立 70 年特别是党的十八大以来在改革开放、城市建设等方面取得的巨大成就，并纳入与成功承办奥运会、重大主场外交活动等

图1 "光辉历程"部分效果图

民族骄傲和民族记忆相关的标志性建筑。为了在高速行进、时间较短的情况下形成强大的冲击力,这一模块构建夜景场景,通过标志性建筑群呈现"流动的中国红"色调。主要元素呈现如表1所示。

表1 "光辉历程"部分主要元素呈现

奥运会元素	鸟巢(北京奥运会)
主场外交活动元素	厦门国际会议中心(金砖峰会会场)、杭州环球中心、杭州国际会议中心(G20峰会会场)
城市经典地标	新华社大厦、北京建外SOHO、上海外滩建筑群、广州塔、深圳地王大厦(改革开放的标志)、成都环球中心、天津之眼摩天轮、苏州博物馆(新中式古典建筑代表,贝聿铭设计)
建筑外立面玻璃幕墙等呈现元素	东方明珠电视塔和广州塔呈现"流动的中国红"色调;部分建筑使用国新办发布的国庆70周年标识数字"70";夜空中无人机构成的机阵图案"70"以及在广州塔身组成的"I Love China"

"创新未来"部分展现了国家在重大科考项目、重大建设项目上攻坚克难的能力,"一带一路"共建国家经济繁荣发展、交流日益密切,中国巨轮扬帆远航。"雪龙"号科考船、"蛟龙"号载人潜水器、港口、集装箱码头、

港珠澳大桥、卫星发射中心等元素都得到展现。值得一提的是，"雪龙"号船舱内赛道旁陈列的"深海勇士"号载人潜水器、工业机器人、国家超算天津中心超算机房等影像较为隐蔽，充分激发了用户的探索欲，增强了游戏的吸引力。

另外，团队还推出了国潮时装"中国腾飞"以及"熊猫"号飞车，赋予这次活动更强的社交属性，将新中国成立 70 周年的盛典氛围自然地融入游戏中，让用户在飞跃的赛道上穿越壮丽山河，见证历史记忆，汇聚未来梦想。

（三）面向青年的游戏设计

该游戏产品的定位群体主要为青年。青年是我国游戏网民的重要群体，如何用年轻态表达方式完成主流价值观的传播，成为主流媒体主题报道创新的使命。新华社与《QQ 飞车手游》团队合作的目的一方面是试图以年轻人的方式传递主流价值观；另一方面是希望能够突破不同圈层，实现传播效果好的爱国主义教育。

App Annie 2019 年 6 月公布的手游报告显示，2018 年，世界大部分地区绝大多数手机游戏玩家超过 25 岁，中国是唯一的例外，16～24 岁年龄段和 25 岁以上的玩家比例接近 1：1。[①] 这说明青少年在中国游戏网民中占相当大的比例。

习近平总书记在纪念五四运动 100 周年大会上指出，"当代青年思想活跃、思维敏捷，观念新颖、兴趣广泛，探索未知劲头足，接受新生事物快，主体意识、参与意识强，对实现人生发展有着强烈渴望"，这要求我们"既要理解青年所思所想，为他们驰骋思想打开浩瀚天空，也要积极教育引导青年，推动他们脚踏实地走上大有作为的广阔舞台"。[②]

目前看来，主流媒体主题报道在影响青年群体的国家认同方面还有

---

① 《游戏移动市场报告：2019 年及未来将出现强劲增长》，原创力文档，https：// max. book118. com/html/2019/0626/5134342031002101. shtm。

② 《习近平：在纪念五四运动 100 周年大会上的讲话》，新华网，2019 年 4 月 30 日，http：// www. xinhuanet. com/2019－04/30/c_ 1124440193. htm。

提升的空间。有研究指出，青年大学生网民群体的政治认同存在三个特征：一是在政治信息处理上，传统主流媒体发挥的正向影响力"有限"；二是大学生对热点话题关注度高但表达意愿偏低；三是大学生更易受负面信息影响形成"创伤型记忆"，进而形成政治认同危机。[①] 因此，针对青年群体创新主流话语表达方式，具有极强的时代意义。策划和执行中必须避免陷入"宣传内容无趣无味、宣传手段直来直去、目标受众无精打采"的困境。

（四）沉浸式传播激发青年爱国情怀

从玩家们在游戏论坛、微信公众号、微博等平台对游戏的表达和反馈来看，此款游戏设计的初衷达到了，因为其充分激发了游戏玩家的爱国主义热情。

用户在社交媒体平台留言中使用频次最高的五个词语是"骄傲""生日快乐""惊喜""自豪""我爱你中国"。有用户留言："每次跑完赛道，我是发自内心激动，只能送上我竖起的大拇指。""有生之年，我可能走不完祖国的每一寸土地，但在这里我可以遍览祖国大好河山。"[②]

根据赛道调查用户投票，用户印象最深刻的五个赛道设计彩蛋是青藏铁路上驶过"生日快乐"列车、无人机拼出"70"形状、鸟巢、藏羚羊和熊猫，以及霓虹闪烁的"小蛮腰"广州塔。这证明这款游戏实现了预期的传播目的，让用户在沉浸式传播中充分激发出爱国情怀。

为了让不玩该游戏的人也能感受到作为中国人的骄傲，实现"出圈"，项目组借助新华社"两微一端"、新华网等主要新媒体平台和腾讯相关平台，通过长图、视频、图文故事等全媒体形式，将现实巨变与虚拟场景结合，让活动触达更广阔的受众群体。

---

① 侯月娟、郎劲松：《镜像与观照："90后"大学生网民群体的政治认同构建》，《现代传播》2017年第6期。

② 《2019年最繁忙的道路你知道是那一条吗?》，QQ飞车微信公众号，2019年12月7日，https://mp.weixin.qq.com/s/Z2tlVSbvzuGK4bvvG0bZ_w。

三　结论与思考

（一）主题报道"新闻＋游戏"创新的经验

从纸媒到音视频，再到一系列新兴网络技术的运用，媒介融合的边界在不断扩大，新闻媒体与新技术、商业化平台的合作可能会越来越多。比如在游戏领域深度植入定向信息，会取得出乎意料的传播效果。

总结来看，《飞跃看变化》作为一次主题报道的创新表达，它的"新"主要表现在几个方面：一是技术新，将主题报道与手机网游"无缝对接"，在青年玩家毫无违和感中实现巧妙植入；二是传播路径新，主流价值观的传播不再是单向引导式传播，而是积极吸引受众参与，在参与中完成爱国主义教育；三是生产流程新，新闻媒体不再单纯地以自己的平台为传播阵地，而且积极到更多商业化平台发出声音。

首先，从内容层面看，新闻媒体的技术边界逐渐消融，媒体与新技术的合作有越来越多的可能，新闻媒体应当积极拥抱新技术，展开新的尝试与探索，特别是应当灵活运用游戏这一形式加强对青少年的教育，真正做到寓教于乐。笔者认为，手机游戏有望成为继社交软件、短视频软件后又一个全民级信息平台。自 2003 年乌拉圭游戏设计师弗拉斯卡创办新闻游戏网站 newsgaming.com 提出"新闻游戏"的概念后，作为一种互动新闻的叙事策略，"游戏搭台、新闻唱戏"的方式逐渐成为主流媒体在重大主题报道中采用的重要报道形式。当前，不少媒体已经关注到手机游戏的巨大影响力和传播力，纷纷抢滩试水。在新中国成立 70 周年报道中，《人民日报》、新华社、中央广播电视总台纷纷推出与商业平台合作的游戏项目。未来互联网时代的内容创新离不开新的传播模式和渠道建设。这就要求我们在打造内容产品的过程中，一定要保持技术敏感，并保持开放和接纳的心态。

其次，从平台合作层面来看，主流媒体和商业化平台之间形成合力、媒体之间力量整合成为可能，不论是中央主流媒体，还是地方主流媒体，都应当具有相对开放的心态，积极寻求与商业平台的合作以实现共赢。开发《飞跃看变化》游戏也是腾讯《QQ飞车手游》团队首次与主流媒体平台合作，新华社团队主要负责策划、内容把关、传播和推广等环节，而腾讯团队主要负责具体的游戏设计、项目落地等环节，双方充分发挥自己的优势，形成了一种新型的合作生态，也为未来主流媒体与商业平台的合作提供了更多可能。主流媒体与商业平台的关系，应当是在主流媒体牢牢掌握舆论场主动权和主导权的前提下的合作关系、互补关系、共生关系。① 主流媒体作为传统的信息提供者，拥有新闻信息采集、发布的全资质，具有与生俱来的公信力和影响力；商业平台汇聚多方资源，以用户为导向的盈利模式在"众声喧哗"、内容生产爆发的全媒体时代，具有更大的影响范围和更快的传播速度，也在技术、美工等方面具有优势。将双方的优势相结合，能够实现 $1 + 1 > 2$ 的效果。

再次，这是一次从受众体验角度出发展开的媒介融合的实践探索。长期以来，不论是学界还是业界，在关注媒介融合问题的时候，都习惯性地从生产者、媒介平台等角度出发加以探索和研究，较少关注受众和用户在面对媒介融合过程中的主动性和应对媒介融合的需求与态度。笔者认为，《飞跃看变化》游戏从策划创意阶段到最终完成阶段，都强调受众视角和体验，强调要结合青年人群的喜好和定位，以免让受众以为这是刻板的说教，或者认为这是在游戏平台展开强制性知识灌输，进而引起受众的反感和误会。"飞跃神州"赛道上线时，同步开展了活动，有奖鼓励用户寻找赛道中的彩蛋，不少玩家在留言中不仅展示了彩蛋，更通过此举表达了强烈的民族自豪感，甚至在哔哩哔哩网站还有用户自制上传长达30多分钟的视频，详细介绍每一个元素及其背后的相关知识。

最后，在强调新闻宣传工作"以人民为中心"的过程中，除了要做好

---

① 宋建武：《深入把握媒体融合的四大关系 构建现代传播体系》，人民网，2019年1月27日，http：//media. people. com. cn/n1/2019/0127/c14677 - 30591997. html。

践行"四力"（脚力、眼力、脑力、笔力）等工作，如何通过一系列新技术的创新吸引公众参与到传统新闻媒体的报道活动中，同样值得探索和思考。当新闻的传播模式开始打破绝对的收受模式，出现多元化、沉浸式的报道模式时，主流媒体利用好这些新技术，不仅可以做好信息和价值观的传递工作，也可以吸引受众参与到主流媒体的新闻报道活动中。因此，这一游戏的成功也为当前的媒介融合提供了新的可能。

（二）对"新闻 + 游戏"的思考与反思

从本质上讲，《飞跃看变化》游戏最主要的内容还是"飞跃神州"赛道这一个产品。那么，这样的实践究竟应该定义为"新闻 + 游戏"还是"游戏 + 新闻"？笔者认为，这是一次"新闻 + 游戏"的尝试，是以新闻为基础的一次游戏性探索实践，不是简单的新闻，更不是一个完全商品化的游戏产品。

之所以得出这样的结论，主要原因是从内容和形式的提供方来看，新闻媒体主要负责提供内容，商业平台主要负责提供技术和平台，内容决定了最终的呈现形式。进一步讲，游戏的目的是用一种全新的方法讲述新闻故事，讲述新中国成立 70 年来国家发生的翻天覆地的变化，这个具有新闻属性的内核自始至终都没有改变。

具体来讲，主要体现在以下几个方面。

其一，传统新闻报道对新闻的要求是客观公正，强调新闻的真实性，将观点隐匿在新闻报道的背后；但游戏需要给出明晰的故事线索，具有虚拟属性，目的是激发游戏使用者的情绪，从而更好地完成爱国主义教育任务。《飞跃看变化》游戏证明，当游戏的策划内容以客观存在的新闻事实为蓝本，游戏新闻中的每一个细节和信息在现实中均有迹可循，且最终要完成的任务仍是主题报道传递主流价值观时，游戏新闻本质上仍然能满足新闻真实性、坚持新闻报道"党性原则"的要求，做好传播与说服的工作。

其二，游戏的制作周期长、用户黏性培养周期长、制作成本高与新闻的时效性要求以及新闻媒体的有限经费之间存在矛盾，这再次证明新闻媒体和

商业平台之间合作的必要性，而在这一过程中，新闻媒体需要做好产品内容在质量和导向上的把关工作。《飞跃看变化》游戏制作周期近半年，主要服务于国庆的关键节点，如果另起炉灶设计新的游戏，将会给团队在培养新用户、增强用户黏性等方面增加难度。因此通过已有游戏"借船出海"，能够在这些方面节省成本，也能够尽可能保证所设计的游戏赛道获得持久的影响力。好的融合报道产品是受众用"脚"投票选出来的。在国庆假期高强度推广结束后，2019 年 10 月 8 日至 10 月底，"飞跃神州"赛道每天参与量仍超过 1283 万次，相比国庆期间下降幅度仅为 12%。这说明，合适且恰当的融合形式能够实现新闻时效规律和游戏制作规律的统一。

其三，是商品化和公共性的对立统一。长期以来，学界、业界均认为传统新闻报道不应该触碰商业利益，否则有悖于新闻严肃性、公共性的要求。事实上，随着媒介融合的不断推进，媒介融合的尝试不可避免地需要投入大量的时间、精力和金钱，在一些情况下，在产品设计中引入市场机制，能够实现项目的良性运转。"飞跃神州"的设计初衷并不是营利，但依托一个商业化媒体来运作，就能够保证在国庆时间节点过后该项目仍能自主良性运转。

反思本项目，笔者认为主要有以下几方面问题。首先，这样需要消耗较多人力、物力的大体量项目并不适用于所有的创新实践中，只有针对可预见的一些重大时间节点的新闻报道，才能允许有这样的尝试。其次，相对于以往的 H5 小游戏或微信小程序游戏，这次的游戏嵌入手游 App 中，导致非游戏玩家缺乏下载和参与游戏的动力，进而导致赛道和项目的推广很难在全网铺开，难以形成更广范围的传播。因此，除了游戏玩家以外，如何继续扩大其影响力和影响范围，让更多人参与其中，成为未来实践探索中需要思考的问题。

B.8

2019年数据保护制度创新报告[*]

王 敏 曹 放^{**}

摘　要： 本报告从2019年公开报道的大规模数据泄露涉及领域事件中总结出国内外十大案例。其中，国外数据泄露涉及领域集中于网站、医疗健康和信息技术等，泄露原因以黑客入侵为主，泄露的数据类型主要是姓名、电邮地址、地址或位置信息等。通过与国外状况做对比，报告描绘出2019年中国数据泄露图景：数据泄露事件数量减少但规模扩大；电商零售、智能家居为重灾行业；缺乏安全保障为泄露主因。从数据保护制度建设来看，2019年是全球数据保护的"制度配套建设元年"，亦是"人脸识别元年"。中国的数据保护进入立法日程，专业细分的数据保护制度逐步建立，数据收集与交易不断国标化。未来，健康及生物识别等敏感数据的保护是重点；立法实现突破、国标配套完善是中国数据保护制度创新的总体趋势。

关键词： 隐私　数据泄露　数据保护　制度创新　国家标准

截至2018年底，全球约120个国家和地区制定了综合的隐私保护法规。这些法规大多借鉴或模仿欧盟的《通用数据保护条例》和美国的《加州消

---

* 本文系国家社科基金（青年项目）"大数据时代个人隐私的分级保护研究"（17CXW027）的阶段性成果，亦是武汉大学人文社科青年团队"数据保护制度创新研究"的成果之一。

** 王敏，武汉大学媒体发展研究中心研究员，武汉大学新闻与传播学院副教授；曹放，武汉大学新闻与传播学院硕士研究生。

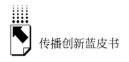
费者隐私保护法案》，形成个人数据保护的"欧盟框架""美国框架""亚太框架""联合国框架"，以应对隐私数据无障碍跨境流动的挑战，争夺数据治理的国际话语权。2019年，法律法规的配套制度、司法解释、合规指南、指导建议、实践手册密集出台，填补了框架骨骼下的内容肌理，构建出数据保护的"欧盟标准""美国标准""中国标准""联合国标准"等制度体系。同时，2019年亦是数据保护执法常态化的一年，日常化的执法行动曝光大量数据安全事件和泄露案例，并催生巨额破纪录罚款，继而助推数据保护制度朝专业化、细分化方向发展。

一　2019年数据泄露现状研究

（一）2019年国外数据泄露分析

2019年5月，美国第二大电信运营商威瑞森（Verizon）发布《2019年数据泄露调查报告》。通过综合分析73个数据源的41000余起数据安全事件（包括2000余起数据泄露事件），该报告发现，2018年43%的数据泄露事件受害者涉及小微企业；52%的违规行为以黑客攻击为特征；69%的数据泄露由企业外部人员而非内部因素造成，39%的数据泄露事件是团伙犯罪案件；71%的数据侵权行为受利益驱动；56%的数据漏洞被发现需数月或更久。[①] 在威瑞森报告的基础上增补国内外的数据泄露案例，《2019年数据保护制度创新研究报告》总结出2018年全球十大数据泄露事件（见表1）。十大事件中，数据泄露规模庞大，数以亿计，大批量数据泄露集中发生于中国、美国和印度，而中国发生的数据泄露量约占泄露总量的60%。

---

① Verizon，"2019 Data Breach Investigation Report," https：//enterprise. verizon. com/resources/reports/2019-data-breach-investigations-report. pdf.

表1　2018 年全球十大数据泄露事件

序号	涉及国家/企业	时间	用户或信息规模(个/条)
1	中国北京瑞智华胜公司	2018 年 8 月	30 亿
2	印度国家身份认证系统 Aadhaar	2018 年 3 月	11 亿
3	印度国家身份认证系统 Aadhaar	2018 年 1 月	10 亿
4	中国圆通快递	2018 年 6 月	10 亿
5	美国万豪酒店	2018 年 11 月	5 亿
6	美国社交媒体 Twitter	2018 年 5 月	3.3 亿
7	中国顺丰快递	2018 年 8 月	3 亿
8	中国华住酒店集团旗下多个连锁酒店	2018 年 8 月	2.4 亿
9	中国多家求职网站	2018 年 12 月	2.02 亿
10	美国手机程序 MyFitnessPal	2018 年 3 月	1.5 亿

资料来源：陶力、秦元舜:《史上最大数据泄露案告破　上市公司竟窃取 30 亿用户信息》,《21 世纪经济报道》2018 年 8 月 20 日，https：//m.21jingji.com/article/20180820/herald/c46be86f 8fc139ac5bca80ec3b939ed1.html; Zack Whittaker, "Ack Whittaker, Hits Aadhaar, India's National ID Database," March 23, 2018, https：//www.zdnet.com/article/another-data-leak-hits-india-aadhaar-biometric-database/; Michael Safi, "Personal Data of a Billion Indians Sold Online for £6, Report Claims," January 4, 2018, https：//www.theguardian.com/world/2018/jan/04/india-national-id-database-data-leak-bought-online-aadhaar; Jim Finkle, "Twitter Urges All Users to Change Passwords after Glitch," May 4, 2018, https：//www.reuters.com/article/us-twitter-passwords/twitter-urges-all-users-to-change-passwords-after-glitch-idUSKBN1I42JG; Hacken Ecosystem, "No More Privacy：202 Million Private Resumes Exposed," January 10, 2019, https：//blog.hackenproof.com/industry-news/202-million-private-resumes-exposed; "Hackers Steal Data of 150 Million MyFitnessPal App Users," March 30, 2018, https：// www.theguardian.com/technology/2018/mar/30/hackers-steal-data - 150m-myfitnesspal-app-users-under-armour。

2019 年，尽管世界各国的数据安全制度逐步落实，执法监管力度加大，但在经济利益的驱动下以及新技术的庇护下，网络攻击事件持续增多，数据泄露情况依然严峻。漏洞情报公司"风险基础安全"（Risk Based Security）发布的《2019 年中数据泄露报告》称，"2019 年或将成为有史以来泄露事件最严重的一年"。该报告显示，2019 年上半年发生 3800 余起漏洞事件，造成 41 亿条数据泄露，与 2018 年同期相比，泄露数据量增加 52%。①

---

① Risk Based Security, "2019 Mid Year Quick View Data Breach Report," https：//pages. riskbasedsecurity.com/2019-midyear-data-breach-quickview-report.

综合《纽约时报》、《卫报》、《福布斯》、BBC、NBC、ABC、The Register、ZDNet 等众多媒体及科技网站以及 Threatpost、Security Affairs、Krebs on Security 等网络平台的公开报道并做交叉验证，本报告获取了 2019 年 100 起国外数据泄露事件①，按照数据泄露量/数量排名，同时分析其所属行业、泄露原因以及数据敏感度，总结出 2019 年国外十大数据泄露事件（见表2）。其中，时间为泄露事件报道时间；因数据泄露事件具体信息报道方式不同，数据泄露规模排名同时考虑数据泄露量（文件大小）及数据泄露数量（信息条数）；泄露数据敏感度主要依据欧盟《通用数据保护条例》（GDPR）第 9 条②规定以及具体的情景设立五个等级，分别标注"1""20""300""4000""50000"。

表 2　2019 年国外十大数据泄露事件

序号	时间	实体	泄露原因	数据泄露量/数量	泄露数据类型	泄露数据敏感度
1	2019 年 7 月	俄罗斯联邦安全局的承包商 SyTech	黑客攻击	7.5TB	社交媒体用户（如 Facebook、MySpace 和 LinkedIn）的信息，州级人员、法官和当地政府官员的信息等	4000
2	2019 年 3 月	美国网络软件公司思杰（Citrix）	黑客攻击	6TB	网络共享文件、项目采购管理文件、电子邮件地址、姓名、社会保障号、财务信息	4000

---

① 本报告中，国外数据泄露事件数据泄露实体所属地为除中国外的其他国家或地区。

② "Art. 9 GDPR Processing of Special Categories of Personal Data," https：//gdpr - info. eu/art - 9 - gdpr/.

序号	时间	实体	泄露原因	数据泄露量/数量	泄露数据类型	泄露数据敏感度
3	2019年10月	美国大数据公司PDL	安全性差	4TB/4000000000条	姓名、电子邮件地址、电话号码、社交网站信息	20
4	2019年1月	美国俄克拉何马州证监会	安全性差	3TB	社会保障号、出生日期、国籍、性别、身高、体重、头发和眼睛的颜色、艾滋病患者的相关信息(包括患者姓名和T细胞计数)	50000
5	2019年11月	开曼国家银行和信托公司	黑客攻击	2.21TB	姓名、住址、账户号码、账户收支情况	300
6	2019年12月	美国通信公司TrueDialog	安全性差	604GB/1000000000条	姓名、电子邮件地址、电话号码、短信发送时间、短信内容	4000
7	2019年5月	第一美国金融公司	安全性差	885000000条	银行账户号码及状态说明、贷款及税务记录、社会保障号、交易收据、驾驶证照片	50000
8	2019年2月	美国电子邮件验证公司	安全性差	808539939条	邮政编码、电话号码、住址、性别、出生日期、电子邮件地址、使用人IP地址	300
9	2019年4月	美国Facebook	安全性差	540000000条	用户ID、账户信息(好友、点赞、签到地点等)、用户爱好、密码	4000

续表

序号	时间	实体	泄露原因	数据泄露量/数量	泄露数据类型	泄露数据敏感度
10	2019年5月	印度居民个人信息	安全性差	275265298条	姓名、电子邮件地址、性别、出生日期、受教育水平、专业技能、电话号码、就职经历、目前薪水	300

资料来源：Catalin Cimpanu，"Hackers Breach FSB Contractor, Expose Tor Deanonymization Project and More," July 20, 2019, https：//www. zdnet. com/article/hackers-breach-fsb-contractor-expose-tor-deanonymization-project/; Charlie Osborne，"Hackers Lurked in Citrix Systems for Six Months," May 2, 2019, https：//www. zdnet. com/article/hackers-lurked-in-citrix-systems-for-six-months/; Pierluigi Paganini, "Personal and Social Information of 1. 2B People Exposed on an Open Elasticsearch Install," November 22, 2019, https：//securityaffairs. co/wordpress/94275/breaking-news/elasticsearch-social-information－1－2b-people. html; Charlie Osborne，"Oklahoma Gov Data Leak Exposes FBI Investigation Records, Millions of Department Files," January 17, 2019, https：//www. zdnet. com/article/oklahoma-gov-data-leak-exposes-millions-of-department-files-fbi-investigations/; "UPDATE：Data Breach 21 Nov 2019," November 21, 2019, https：//www. caymannational. im/news/banking/update-data-breach; Pierluigi Paganini, " TrueDialog Database Leaked Online Tens of Millions of SMS Text Messages," December 2, 2019, https：//securityaffairs. co/wordpress/94593/data-breach/truedialog-data-leak. html; "First American Financial Corp. Leaked Hundreds of Millions of Title Insurance Records," May 24, 2019, https：//krebsonsecurity. com/2019/05/first-american-financial-corp-leaked-hundreds-of-millions-of-title-insurance-records/; "800 + Million Emails Leaked Online by Email Verification Service," March 7, 2019, https：//securitydiscovery. com/800-million-emails-leaked-online-by-email-verification-service/; Catalin Cimpanu, "Leak Originated at Two Third-Party Companies That Had Collected Facebook Data on Their Own Servers," April 3, 2019, https：//www. zdnet. com/article/over－540－million-facebook-records-found-on-exposed-aws-servers/。

可见，2019年国外十大数据泄露事件主要发生在美国、俄罗斯和印度。其中，数据泄漏量排名第一和第二的事件分别发生于俄罗斯和美国。2019年7月，俄罗斯联邦安全局（FSB）的承包商 SyTech 遭到黑客组织攻击，约7.5TB 的数据被窃取。SyTech 为俄罗斯政府及其情报机构开发的众多非公开项目信息遭泄露，成为统计中泄露数据量最多的事件。《福布斯》报道称，此次泄露事件为"俄罗斯情报部门史上最大的数据泄露事件"。①

---

① Zak Doffman, "Russia's Secret Intelligence Agency Hacked：Largest Data Breach in Its History," *Forbes*, July 20, 2019, https：//www. forbes. com/sites/zakdoffman/2019/07/20/russian-intelligence-has-been-hacked-with-social-media-and-tor-projects-exposed/#8e593546b115.

在十大事件中，美国网络软件公司思杰（Citrix）遭黑客入侵内网，数据泄露的后果尤为严重。2018年10月至2019年3月，黑客通过侵入多个员工账号获得进入思杰内网的权限，窃取电子邮件地址、网络共享文件、项目采购管理文件以及前雇员和现任雇员的敏感个人信息（包括姓名、社会保障号、财务信息等），泄露数据量达6TB。

根据本报告统计的100起国外数据泄露事件，2019年国外数据泄漏量约达97亿条，较2018年急剧增加。数据泄露涉及领域主要集中于网站（25%）、医疗健康（21%）、零售（9%）、金融服务（9%）和信息技术（7%）等（见图1）。这些领域的机构均大量收集、处理或交易个人数据，牵涉巨大商业利益，因此存在泄露的高风险。从泄露原因看，以黑客攻击为主（62%），被窃取的数据被投放到黑市、暗网上出售，或者被用于敲诈勒索。巨大规模的数据泄露背后，经济价值依然是侵权行为发生的主要诱因。其他原因有数据系统或数据库的安全性差或者是内部人员操作（见图2）。从泄露的数据类型来看，53%的事件中泄露个人姓名，为最常见的数据类型，其次是电子邮件地址（50%）、地址或位置信息（46%）、密码（34%）、用户名（31%）和身份识别号（25%）（见图3）。这些数据类型需要引起数据主体和数据控制者的特别注意或警惕，必要时可做脱敏处理。总体来看，数据泄露统计量的增加，也与各国数据泄露通知制度的不断完善有关。在数据泄露通知制度的规范下，数据泄露隐瞒不报或拖延通报的情况有所改善，数据侵权行为的公开更加及时、透明，更多潜藏在冰山下的数据泄露事件得以披露。

（二）2019年国内数据安全状况

综合人民网、新华网、《经济日报》、澎湃新闻、《北京青年报》、新浪科技、FreeBuf、ZDNet等众多媒体及科技网站的报道和数据，本报告收集到十余起国内数据安全事件，按照数据泄露数量进行排名，同时分析其泄露原因以及数据敏感度，总结出2019年国内十大数据泄露事件①（见表3）。

---

① 本报告中，国内数据泄露事件数据泄露实体所属地为中国。

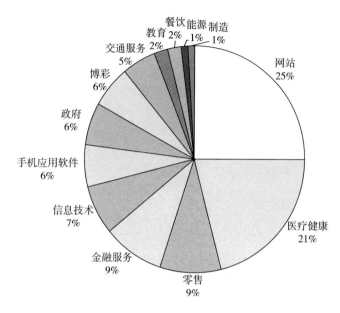

图1　2019年国外数据泄露事件（N＝100）涉及领域

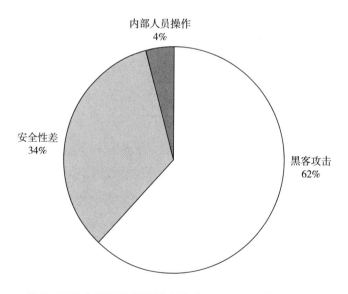

图2　2019年国外数据泄露事件（N＝100）泄露原因分析

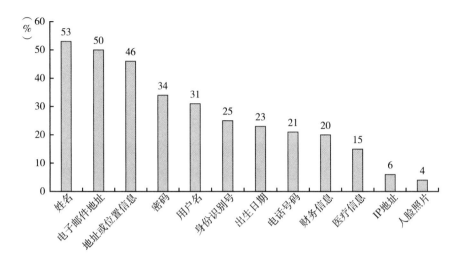

图3　2019年国外数据泄露事件（N＝100）泄露的数据类型分析

其中，时间为泄露事件被公开报道的时间；因数据泄露事件具体信息报道方式不同，数据泄露规模排名同时考虑数据泄露量（文件大小）及数据泄露数量（信息条数）；泄露数据敏感度主要依据中国国家标准《信息安全技术 个人信息安全规范》（GB/T 35273—2017）第3条第2款①（包括附录B）以及具体的情景设立"低敏感度""高敏感度"两个等级，分别用"1""2"表示。

表3　2019年国内十大数据泄露事件

序号	时间	实体	泄露原因	数据泄露量/数量	泄露数据类型	泄露数据敏感度
1	2019年6月	上海交通大学	安全性差	8.4TB	电子邮件的IP地址和用户代理数据	1

---

① 全国信息安全标准化技术委员会：《信息安全技术 个人信息安全规范》，http://c.gb688.cn/bzgk/gb/showGb? type=online&hcno=4FFAA51D63BA21B9EE40C51DD3CC40BE。

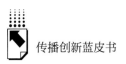
续表

序号	时间	实体	泄露原因	数据泄露量/数量	泄露数据类型	泄露数据敏感度
2	2019年12月	国内多个电子邮件账户	安全性差	2700000000条	电子邮件地址、密码	2
3	2019年7月	欧瑞博智能家居公司（Orvibo）	安全性差	2000000000条	用户名、电子邮件地址、密码、精确位置、IP地址、用户ID、家庭名称、家庭ID、智能设备、账户关联的设备、规划信息	2
4	2019年12月	跨境电商公司兰亭集势（LightInTheBox）	安全性差	1500000000条	电子邮件地址、IP地址、居住国家地区、访问网页记录与用户活动	2
5	2019年1~3月	国内多家人力资源公司	安全性差	590000000条	姓名、住址、电话号码、电子邮件地址、婚姻状况、子女数量、身高、体重、文化水平等	2
6	2019年3月	同性交友App（Rela）	安全性差	5300000条	用户昵称、出生日期、身高、体重、民族、性取向、爱好、精确位置（如授权）	2
7	2019年3月	国内数据库	安全性差	1800000条	姓名、年龄、出生日期、住址、电话号码、身高、体重、精确位置、婚姻、教育相关信息等	2
8	2019年6月	跨境电商平台Gearbest	安全性差	1500000条	姓名、地址、电子邮件地址、电话号码、护照号及身份证号、订单及产品信息、支付和发票信息等	2

续表

序号	时间	实体	泄露原因	数据泄露量/数量	泄露数据类型	泄露数据敏感度
9	2019年2月	深网视界科技公司（SenseNets）	安全性差	680000条	ID卡号、最近24小时的跟踪位置数据、性别、国籍、地址、通行证照片、出生日期	2
10	2019年9月	国内医疗数据	安全性差	280000条	姓名、出生日期、体检日期和范围、成像程序类型、主治医师诊所及生成的图像数量等	2

资料来源：Charlie Osborne, "8. 4TB in Email Metadata Exposed in University Data Leak," June 10, 2019, https：//www. zdnet. com/article/8 – 4tb-in-email-metadata-exposed-in-university-data-leak/; "Elasticsearch 2. 7 Billion Data Breach 1 Billion Clear Message Affects China's Large Factories," December 11, 2019, https：//www. smalltechnews. com/archives/36593; Catalin Cimpanu, "Smart Home Maker Leaks Customer Data, Device Passwords," July 1, 2019, https：//www. zdnet. com/article/smart-home-maker-leaks-customer-data-device-passwords/; Pierluigi Paganini, "Online Retailer LightInTheBox Exposes Unsecured DB Containing 1. 3TB of Web Server Logs," December 17, 2019, https：//securityaffairs. co/wordpress/95231/data-breach/lightinthebox-data-leak. html; "Chinese Companies Have Leaked over 590 Million Resumes via Open Databases," April 4, 2019, https：//www. zdnet. com/article/chinese-companies-have-leaked-over – 590 – million-resumes-via-open-databases/; Zack Whittaker, "Rela, a Chinese Lesbian Dating App, Exposed 5 Million User Profiles," March 27, 2019, https：//techcrunch. com/2019/03/27/rela-data-exposed/; Shannon Liao, "An Exposed Database Tracked whether 1. 8 million Chinese Women Were 'Breed Ready'," March 11, 2019, https：//www. theverge. com/2019/3/11/18260816/china – exposed – database – breedready – women; Zack Whittaker, "Gearbest Security Lapse Exposed Millions of Shopping Orders," March 14, 2019, https：//techcrunch. com/2019/03/14/gearbest-orders-exposed/; Catalin Cimpanu, "Chinese Company Leaves Muslim-Tracking Facial Recognition Database Exposed Online," February 14, 2019, https：//www. zdnet. com/article/chinese-company-leaves-muslim-tracking-facial-recognition-database-exposed-online/; "Information Security Report：Confidential Patient Data Freely Accessible on the Internet," September 16, 2019, https：//www. greenbone. net/wp-content/uploads/CyberResilienceReport_ EN. pdf。

通过横向对比国内外、纵向对比2018年，2019年国内数据泄露事件呈现以下特征。

1. 数据泄露事件数量锐减，数据泄露规模扩大

"净网2019"专项行动开展以来，公安部高压严打网络黑客攻击、窃取

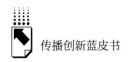
个人信息、网络诈骗等违法犯罪行为，并全链条打击网络犯罪黑色产业链。2019 年 3 月，巧达科技（北京）有限公司因非法窃取信息被查封，该公司通过利用大量代理 IP 地址、伪造设备标识等技术手段，非法爬取简历超过 2 亿条。① 与 2018 年相比，经媒体报道的国内数据泄露事件数量大幅减少。"净网 2019" 专项行动对数据窃取、盗用等网络犯罪分子起到震慑作用，网络环境从源头上得以整治。

与此同时，根据本报告统计，在 2019 年泄露数量达十亿级以上的 11 起数据安全事件中，5 起为国内数据泄露事件；国内数据泄露总量达 49 亿，约占全球数据泄露总量的 1/3。随着国家对网络违法犯罪行为的惩治力度不断加大，各地数据管理规定的出台，以及数据安全、隐私保护相关法律的不断健全，国内网络安全状况有所改善。但作为数据生产、使用、交易大国，中国的数据保护工作仍面临挑战。

2. 电商零售、智能家居为数据泄露重灾行业

随着电子商务与移动支付的快速普及和发展，数据的深层价值得到进一步挖掘，但信息泄露带来的财务损失风险也在增加。中国支付清算协会发布的《2019 年移动支付用户问卷调查报告》显示，2019 年移动支付用户最担心的问题是存在安全隐患，占比 65%；用户最常遇到的安全问题排名第一的是个人信息被泄露，占比达 80.3%。② 2019 年 12 月，中国跨境电商公司兰亭集势（LightInTheBox）用户个人数据遭泄露，包括用户的 IP 地址、居住国家/地区、电子邮件地址、访问网页记录以及用户在供应商网站上的在线活动，泄露信息的数量多达 15 亿条。虽然未泄露关键的个人信息，但研究人员表示，这种泄露行为可能使客户面临的风险要远大于在线欺诈。③

---

① 《窃取简历逾 2 亿 非法牟利过亿——数据行业乱象"令人咋舌"亟待整治》，新华网，2019 年 5 月 22 日，http://www.xinhuanet.com/2019-05/22/c_1124528778.htm。
② 《中国支付清算协会：2019 年移动支付用户问卷调查报告》，199IT，2020 年 1 月 12 日，http://www.199it.com/archives/997157.html。
③ 《中国跨境电商兰亭集势数据库存漏洞 泄露超 15 亿条记录客户数据》，搜航网，2019 年 12 月 23 日，http://www.sofreight.com/news_40316.html。

在大数据、云计算等底层技术的支撑下，万物互联的物联网时代加速来临。中国经济信息社发布的《2018～2019中国物联网发展年度报告》显示，2018年以来全球物联网设备接入量超70亿，设备连接数增势强劲。[①] 随着联网设备的增多，数据产出的规模将更加庞大，物联网公司必须具备相应的数据保护意识与数据管理能力。欧瑞博智能家居公司（Orvibo）20亿条[②]数据的泄露表明，物联网背后的隐私安全问题不容小觑。

3. 管理薄弱、缺乏安全保障为主要泄露原因

从泄露原因来看，国内数据泄露主要由数据存储防护措施不当、安全性较差所致。2019年6月，安全研究员发现，中国在线购物网站Gearbest数百万条/个用户资料和购物订单暴露在未受密码保护的服务器上。上述国内十大数据泄露事件中有九起为数据云储存服务器未加密致使数据公开。

2019年，泰雷兹（Thales）全球云安全研究显示，云中存储数据量的快速增长与组织的云安全保护策略之间的差距越来越大。[③] 通过调研3300多名IT从业人员，研究者发现，只有49%的组织对云中的敏感数据进行了加密。若云服务器暴露，任何人均可通过网络浏览器访问个人数据。而且，难以把控被泄露数据的去向，即便及时采取补救措施，企业依旧面临泄露的数据被第三方获取的风险。企业应该未雨绸缪，重视服务器安全问题，及时更新软件补丁，定期进行漏洞扫描与检查，降低不必要的数据泄露风险。

---

① 《〈2018～2019中国物联网发展年度报告〉发布》，《中国日报》2019年9月8日，http://china. chinadaily. com. cn/a/201909/08/WS5d7463a3a31099ab995de96c. html.

② Catalin Cimpanu, "IoT Vendor Wyze Confirms Server Leak," December 29, 2019, https://www. zdnet. com/article/iot-vendor-wyze-confirms-server-leak/.

③ Thales, "2019 Thales Global Cloud Security Study," https://safenet. gemalto. com/cloud-security-research/? utm_campaign = cloud-security&utm_medium = press-release&utm_source = &utm_content = ponemon-study&utm_term = .

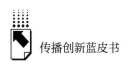

二 国外数据保护制度总体分析

放眼全球，2019 年既是数据保护的"制度配套建设元年"，亦是"人脸识别元年"。"双元年"具有承前启后的意义。申言之，"制度配套建设"是"承前"，即承接 2018 年密集出台的数据保护法规；"人脸识别"是"启后"，即将推动未来建立更多的人脸识别技术规章制度。

（一）制度配套方案密集出台，政企联动推进执法落地

如果说 2018 年各国个人隐私与数据保护制度密集出台，是"数据保护元年"[1]，那么 2019 年就是配套制度、司法解释、合规指南、指导建议、实践手册不断出台的一年（见表 4），即"制度配套建设元年"。

1. 欧美积极完善数据保护制度配套体系

国外各主要经济体分别围绕欧盟《通用数据保护条例》（GDPR）的实施、中国《网络安全法》的执行、美国《加州消费者隐私保护法案》的颁布不断更新配套执法方案，形成日臻完善的司法解释、行政建议、行业指南多维体系。在欧盟，GDPR 对 27 个成员国（当前不包含英国）统一适用并具有一致的法律效力，但也允许成员国各自的国内数据保护法规在 50 多处有不同规定。[2] 欧盟成员国之间仍然有不同的司法解释和执法实践的空间。例如，GDPR 实施后，法国对个人数据保护法规进行更新，通过了《2018 年 12 月 12 日第 2018 ~ 1125 号命令》，"简化实施程序并进行必要更正，以确保与欧盟《通用数据保护条例》保持一致"，[3] 并于 2019 年 6 月 1 日生效。在美国，内华达州、纽约州、新罕布什尔州纷纷于加州之后制定数据安

---

① 王敏：《2018 年数据保护制度创新研究报告》，载单波主编《中国传播创新研究报告（2019）》，社会科学文献出版社，2019，第 108 页。

② Andrew Dyson, Ross McKean, "Full Handbook: Data Protection Laws of the World," Diapiper Press, 2020, p. 795.

③ Legifrance, "JORF n°0288 du 13 décembre 2018 texte n° 5," https://www.legifrance.gouv.fr/eli/ordonnance/2018/12/12/JUSC1829503R/jo/texte.

全法案,作为对《加州消费者隐私保护法案》的响应。作为数据侵权主体,互联网公司巨头 Facebook、Google 等在遭遇系列危机事件后,开始主动作为,陆续发布隐私保护原则以及《数据可携性与隐私白皮书》,以期影响政策制定者,降低法律风险和经济成本,从而实现效益最优化。

表4　2019 年国外数据保护配套制度

事件	时间	机构	概述
欧盟《搜索引擎中"被遗忘权"标准的指南》	2019 年 5 月	欧盟数据保护委员会(EDPB)	《通用数据保护条例》(GDPR)第 17 条的解释与合规指南,旨在解释数据主体在搜索引擎服务中如何行使"被遗忘权"
新加坡《防止网络虚假信息和网络操纵法案》	2019 年 5 月	新加坡国会	旨在防止虚假信息在新加坡的传播与交流,在维护机密性和保护个人隐私的前提下确保信息来源可信
美国《内华达州消费者隐私法》	2019 年 5 月	美国内华达州	涉及互联网隐私问题,包括规范网站与运营商对消费者数据的使用,禁止出售消费者个人数据等规定
欧盟《网络安全法》第 2019/881 号条例(EU)	2019 年 6 月	欧洲议会和欧盟理事会	对欧盟机构网络安全问题的处理过程进行规制,防范网络威胁,旨在促进欧盟经济健康发展与内部市场的有序运作
新加坡《可信数据共享框架》	2019 年 6 月	新加坡个人数据保护机构	提出数据共享合规性的保障框架,旨在建立消费者对企业数据保护的信心,促进新加坡企业间的数据流动,推动数字经济下新产品与服务的发展
法国《关于 cookies 等追踪方式的指南》	2019 年 7 月	法国国家信息和自由委员会	对适用于客户终端数据获取或写入操作的相关法律进行解释,提供合法征得用户同意方式的相关指南
美国《阻止黑客入侵并改进电子数据安全法案》	2019 年 7 月	美国纽约州	对纽约州泄露通知立法的适用范围进行拓展,新增相关企业的通知与安全义务,旨在降低纽约居民个人数据的网络安全风险
美国《保险数据安全法案》	2019 年 8 月	美国新罕布什尔州	对该州内获许可的保险公司网络安全保障措施进行规范,要求制订并实施包含安全事件应急预案、泄露通知制度在内的信息安全计划

续表

事件	时间	机构	概述
澳大利亚《用户数据权利法案》	2019 年 8 月	澳大利亚参议院	旨在充分保障消费者的数据权利,促进产业对数据资源的优化配置;重点规范数据可携性的问题,并提出开放银行数据共享的实施框架
美国《数据可携性与隐私白皮书》	2019 年 9 月	美国 Facebook 公司	旨在探讨明确数据可携性的规则框架,为制定相关法律提供帮助,促进全球数据共享合作
国际《物联网隐私保护政策的制定建议》	2019 年 9 月	国际互联网协会	旨在防范物联网带来的隐私风险,提出物联网隐私挑战的应对建议
欧盟《GDPR 第 6 条第 1 款适用指南》	2019 年 10 月	欧盟数据保护委员会	GDPR 第 6 条第 1 款 b 项的解释与合规指南,旨在解释网上服务合同范围内处理个人数据的适用性中"必要性"的概念
美国修订《加州消费者隐私保护法案》	2019 年 10 月	美国加州	旨在要求各机构对用户数据的收集、共享、利用更加透明,切实严格保障加州居民的个人数据安全
德国《关于企业罚款数额的指南》	2019 年 10 月	德国联邦和州独立数据保护机构会议	旨在解释 GDPR 所规定的企业罚款数额标准,不具法律约束力,并将在 EDPB 最终版《罚款金额确定方法指南》发布后失效
爱尔兰《个人数据泄露通知指南》	2019 年 10 月	爱尔兰数据保护委员会	旨在解释 GDPR 中的数据泄露通知要求,指导数据控制者处理数据泄露问题
欧盟《面部识别技术:执法中的基本权利考虑》	2019 年 11 月	欧盟基本权利局	旨在明确面部识别技术带来的风险和挑战,并对利用面部识别技术进行执法的情况提供切实指导,以避免对基本权利的侵犯
英国《特殊类型数据处理的指南》	2019 年 11 月	英国信息专员委员会	旨在解释特殊类别数据的定义,为数据控制者遵守相关处理规则提供指导
欧盟《GDPR 域外适用指南》	2019 年 11 月	欧盟数据保护委员会	GDPR 第 3 条的解释与合规指南,对地域适用标准进行进一步阐释,说明"营业地"与"目标指向"标准的具体适用情况,确保 GDPR 地域适用标准统一
欧盟《基于设计和默认的数据保护指南》	2019 年 11 月	欧盟数据保护委员会	旨在解释 GDPR 第 25 条规定的通过设计和默认保护个人数据的义务,为数据控制者与处理者实现设计和默认的数据保护提供实际指引

续表

事件	时间	机构	概述
国际《关于重要活动数字安全的建议》	2019年12月	经济合作与发展组织	旨在促进各国制定数字安全战略,提升数字安全风险的监测、评估、响应能力,增强跨部门、跨边界的合作
波兰《个人数据保护官员实践指南》	2019年12月	波兰数据保护机关	对个人数据保护官员处理数据保护问题的实践提供具体说明与指导
印度《2019年个人数据保护法》	2019年12月	印度议会	旨在保护数据主体的个人权利,建立处理数据、应对相关情况的法律框架,并设立印度数据保护机构

资料来源:Singapore Parliament:"Protection from Online Falsehoods and Manipulation Act 2019," May 8, 2019, https://sso.agc.gov.sg/Acts-Supp/18-2019/Published/20190625? DocDate=20190625。

2. 欧盟 GDPR 配套指南建设成果尤为显著

2018年,欧盟《通用数据保护条例》(以下简称《条例》)实施后迅速引领全球建立数据保护制度矩阵。2019年《条例》制度配套建设成果尤为显著。欧盟数据保护委员会(EDPB)接替"第29条"工作组,为《条例》的落地密集发布制度阐释和合规指南,包括《监督机构行为准则指南》《网络服务提供商处理用户个人数据指南》《关于数据保护官员实施数据保护影响评估要求的处理操作之建议》《通过视频设备处理个人数据的指南》《基于设计和默认的数据保护指南》《搜索引擎中"被遗忘权"标准的指南》等,对 GDPR 创新条款"数据主体权利""数据保护官员""数据保护影响评估""基于设计和默认的数据保护""被遗忘权"做了系统而细致的阐释,并结合现实案例解析如何做到合规(见表5)。一些欧盟成员国也先后推出各自的制度阐释与合规指南,如法国发布《关于 cookies 等追踪方式的指南》、爱尔兰发布《个人数据泄露通知指南》、英国发布《特殊类型数据处理的指南》、波兰发布《个人数据保护官员实践指南》、德国发布《关于企业罚款数额的指南》等,均是针对 GDPR 重要制度安排的合规操作指南。此外,德国提出人工智能和数据伦理的75项建议,继续推动人工智能领域的数据保护制度创新。

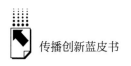
表5　2019年EDPB发布的《通用数据保护条例》合规指南

发布日期	指南	制度阐释
2019年6月	《监督机构行为准则指南》	对《条例》第40条和第41条中有关"行为准则"规定的阐释
2019年7月	《网络服务提供商处理用户个人数据指南》	对《条例》第6条关于"数据处理合法性"规定的阐释
2019年7月	《关于数据保护官员实施数据保护影响评估要求的处理操作之建议》	对《条例》第39条第1款关于"数据保护官员职责"规定的建议
2019年7月	《通过视频设备处理个人数据的指南》	对《条例》第11～15条关于"数据主体权利"规定的阐释
2019年11月	《基于设计和默认的数据保护指南》	对《条例》第25条关于"基于设计和默认的数据保护"的阐释
2019年12月	《搜索引擎中"被遗忘权"标准的指南》	对《条例》第17条"被遗忘权（删除权）"的阐释

（二）人脸识别应用争议升级，生物特征数据保护趋严

1. 全球多领域掀起舆论热潮

在公共交通领域，英国信息专员委员会（Information Commissioner's Office，ICO）于2019年8月中旬对伦敦国王十字火车站的实时人脸识别（Live Facial Recognition）系统发出警告。[1] 在公共管理领域，美国旧金山市、萨默维尔市和奥克兰市先后通过了禁止警察及市政机关使用面部识别技术的法案，成为全美第一批禁止政府机关在公共空间应用面部识别的城市。[2] 在社交媒体领域，Facebook的人像标签服务被诉违反伊利诺伊州《生物信息隐

---

[1] Elizabeth Denham, "Live Facial Recognition Technology—Police Forces Need to Slow down and Justify Its Use," Ico. org. uk, https：//ico. org. uk/about-the-ico/news-and-events/news-and-blogs/2019/10/live-facial-recognition-technology-police-forces-need-to-slow-down-and-justify-its-use/; Elizabeth Denham, "Statement：Live Facial Recognition Technology in King's Cross," August 15, 2019, https：// ico. org. uk/about-the-ico/news-and-events/news-and-blogs/2019/08/statement-live-facial-recognition-technology-in-kings-cross/.

[2] "Somerville City Council Moves to Ban Government Face Surveillance," https：//www. aclum. org/en/news/somerville-city-council-moves-ban-government-face-surveillance.

私法案》（Biometric Information Privacy Act，BIPA）①，该申诉于 2019 年 7 月 12 日被美国第九巡回法庭驳回，② 最终 Facebook 向用户支付 5.5 亿美元赔偿金；③ 2019 年 9 月初，AI 换脸"ZAO"App 走红国内社交网络，引发舆论质疑。④ 在教育领域，瑞典数据保护机构（The Swedish Data Protection Authority，DPA）于 2019 年 8 月对当地一所高中开出欧盟《通用数据保护条例》（GDPR）生效后的第一张罚单，原因是该校使用人脸识别系统记录学生出勤率；⑤ 9 月初，国内某教育机构推出人脸识别主导的"智慧课堂"，再度掀起舆论热潮。

2. 中国市场领先，利益风险并存

人脸识别技术被广泛应用于金融交易与验证⑥、司法侦查与鉴证⑦、公安防范与执法⑧、教育评估与管理⑨，以及边检、航天、电力、医疗及企事业单位管理等领域⑩。由于具有高便捷性、准确性与实时性特点，人脸识别技术在资本、政府、市场需求等多种因素的裹挟下迅速应用开来。国际市场

---

① 据不完全统计，目前 Snapchat Faces、KeyMe Inc.、Southwest Airlines、Loews Chicago Hotel 等也因使用面部识别技术违反这部 2008 年通过的法案而遭遇集体诉讼。

② Sandra S. Ikuta，"United States Court of Appeals for the Ninth Circuit，"August 8，2019，p. 2，http：//cdn. ca9. uscourts. gov/datastore/opinions/2019/08/08/18 – 15982. pdf.

③ Natasha Singer，Mike Isaac，"Facebook to Pay ＄550 Million to Settle Facial Recognition Suit，"*The New York Times*，January 29，2020，https：//www. nytimes. com/2020/01/29/technology/facebook-privacy-lawsuit-earnings. html.

④ 张靖天：《从一夜刷屏到隐私爆雷，AI 换脸软件如何 ZAO 起来的?》，《新京报》2019 年 9 月 3 日，http：//www. bjnews. com. cn/feature/2019/09/03/622915. html.

⑤ "Facial Recognition：School ID Checks Lead to GDPR Fine，"August 27，2019，https：//www. bbc. com/news/technology – 49489154.

⑥ 王彦博、高潜、杨璇：《大数据时代下智能人脸识别技术在商业银行中的应用》，《银行家》2016 年第 2 期，第 104 ~ 106 页。

⑦ 博博：《生物识别技术在司法领域的发展与应用——人脸识别技术在司法监管系统中的应用》，《中国安防》2012 年第 10 期，第 28 ~ 32 页。

⑧ 肖军：《人脸识别技术在公安领域内的应用研究》，《计算机科学》2016 年第 11A 期，第 127 ~ 132 页。

⑨ 宣华、钟文锋、陈卫：《人脸识别技术在清华大学教学管理中的应用》，《中国教育信息化》2018 年第 11 期，第 77 ~ 80 页。

⑩ 蔡冠深：《建立三维人脸识别产业体系》，《人民论坛》2018 年第 10 期，第 48 页。

研究机构 Gen Market Insights 发布报告称，中国人脸识别市场规模在世界范围内处于领先地位，2017 年占全球市场的 29.29%，预计在 2023 年占44.59%。[1] 与此同时，欧盟基本权利局（European Union Agency for Fundamental Rights）的一项跨国调查显示，12% 的人对面部识别感到极其不适，18% 的人认为隐私被侵犯，26% 的人声称遭到羞辱；感到不适的原因包括"个人隐私遭到侵犯""个人监控常态化""没有征得个人同意""人脸识别伦理上不可信""面部特征数据会被滥用、被破解""可能强化歧视行为""不可靠、不准确、认错人""影响私人生活"等；中国公民对隐私侵犯的担忧比俄罗斯、美国公民更甚。[2] 目前，大多数国家和地区没有建立人脸识别应用及面部特征数据使用的制度规范，但欧盟、美国、中国都在积极推动立法立规，将人脸识别应用纳入法制轨道。

3. 欧美深入研究并加强生物识别数据保护

2019 年 11 月，欧盟基本权利局发布《面部识别技术：执法中的基本权利考虑》探讨了实时人脸识别技术应用于执法时对基本权利构成的挑战，其中影响最大的权利包括尊重私生活和保护个人数据、非歧视、儿童及老人的权利等。[3]由于这些权利受到侵害的风险越来越大，欧盟正考虑在长至五年的时间内禁止将面部识别技术应用于公共领域，以便有时间研究如何防止该技术的滥用。[4] 再看美国的情况。伊利诺伊州等三个州早在 2008 年就提出全面的生物识别信

---

① Gen Market Insights, "Global Face Recognition Device Market Research Report, 2018," July, 2018, https://genmarketinsights. com/report/global-face-recognition-device-market-research-report – 2018/41637/.

② European Union Agency for Fundamental Rights, "Facial Recognition Technology: Fundamental Rights Considerations in the Context of Law Enforcement," November, 2019, pp. 18 – 19, https://fra. europa. eu/sites/default/files/fra_uploads/fra – 2019 – facial-recognition-technology-focus-paper. pdf.

③ European Union Agency for Fundamental Rights, "Facial Recognition Technology: Fundamental Rights Considerations in the Context of Law Enforcement," November, 2019, pp. 18 – 19, https://fra. europa. eu/sites/default/files/fra_uploads/fra –2019 – facial-recognition-technology-focus-paper. pdf.

④ Foo Yun Chee, "EU Mulls Five-year Ban on Facial Recognition Tech in Public Areas," January 17, 2020, https://www. reuters. com/article/us-eu-ai/eu-mulls-five-year-ban-on-facial- recognition-tech-in-public-areas-idUSKBN1ZF2QL.

息保护框架，并在执法过程中对 Facebook 等社交媒体巨头实施了具有威慑性的罚款；在公共管理领域，先后有一批城市通过了禁止警察及市政机关使用面部识别技术的法案；2019 年 12 月，美国国家标准与技术研究院（NIST）评估了种族、年龄和性别等因素对人脸识别效果的影响，发现大多数人脸识别算法会因人口统计学差异而产生不同的误差，并对可能存在的歧视发出警示。[①] 可见，美国对面部识别应用的限制正逐步加深和拓展。另外，面部识别数据的稳定性不同于指纹和基因等生物识别数据，会随着年龄的增长、整形手术、梳妆打扮等发生改变，甚至图像质量、生理状态以及对象姿势等情景要素也会影响数据的质量和准确性，因此应当与其他生物识别数据的保护区别对待。

三 国内数据保护制度创新分析

（一）数据保护进入立法日程，专业细分的数据保护制度开启

2019 年 12 月 20 日，全国人大常委会法工委发言人在记者会上称，2020 年将制定个人信息保护法、数据安全法。[②] 这意味着个人隐私与信息保护进入综合立法的日程。首先，隐私与个人信息的保护将真正实现有法可依。在此之前，国务院、工信部、网信办、公安部、地方政府等多部门联动，于 2019 年先后拟定几十个规范性文件，为个人信息保护法、数据安全法的出台营造司法环境。其中，《个人信息出境安全评估办法（征求意见稿）》涉及个人信息跨境流动的安全问题，《互联网个人信息安全保护指南》旨在维护个人信息安全，《网络音视频信息服务管理规定》规范了深度学习

---

① "NIST Study Evaluates Effects of Race, Age, Sex on Face Recognition Software," January 9, 2020, https://www.nist.gov/news-events/news/2019/12/nist-study-evaluates-effects-race-age-sex-face-recognition-software.

② 梁晓辉：《中国 2020 年将制定个人信息保护法、数据安全法》，中国新闻网，2019 年 12 月 20 日，http://www.chinanews.com/gn/2019/12-20/9039098.shtml。

及虚拟现实等新应用,《儿童个人信息网络保护规定》专门探讨未满十四周岁未成年人个人信息的特殊保护。而且,未成年人个人信息保护已进入立法日程,未成年人保护法修订案中增加了对未成年人网络信息的保护规定。[①]网络用户低龄化、儿童信息敏感化、信息保护零散化、儿童维权艰难化、儿童权利救济缺位等问题都表明,应该对未成年人(尤其是儿童)的个人信息实施特殊的制度化安排。

其次,人工智能专业领域的行业约束与自律得到进一步强化。《新一代人工智能行业自律公约》《人工智能安全与法治导则(2019)》等行业准则明确人工智能的发展应加强个人隐私保护。[②]这些行业准则与法律法规《网络安全法》等合力构建了保护个人隐私与数据的完整制度闭环。强制化、自律化、专业化、细分化的个人数据保护制度建设步入加速期。最后,地方政府参与制定相关规则的意识增强、行动加快。《北京市公共数据管理办法(征求意见稿)》《上海市公共数据开放暂行办法》《天津市数据安全管理办法(暂行)》《贵州省大数据安全保障条例》等地方行政规定都考虑到公共数据的开放、大数据产业的发展必须以尊重个人数据权利为前提。2019年国内数据保护制度配套见表6。

表6 2019年国内数据保护制度配套

发布日期	法律法规或文件	部门	内容/适用
2019年1月8日	《网络数据和用户个人信息收集、使用自律公约》	中国互联网协会	旨在规范互联网企业对用户数据的获取、处理等相关行为,引导与督促企业履行数据安全保护义务,提高个人信息的安全保护水平

---

① 任文岱:《未成年人网络保护:立法日趋完善,更需实现共治》,《民主与法制时报》2019年11月19日。

② 《粤企领衔发起AI行业自律公约,涉及隐私保护等8个方面》,百家号南方新闻网,2019年8月17日,https://baijiahao.baidu.com/s? id=1642082610833857103&wfr=spider&for=pc。

续表

发布日期	法律法规或文件	部门	内容/适用
2019年3月27日	《深圳经济特区公共安全视频图像信息系统管理条例（征求意见稿）》	深圳市司法局	旨在规范深圳经济特区公共安全视频图像信息系统的应用和管理
2019年4月10日	《互联网个人信息安全保护指南》	公安部网络安全保卫局等	旨在进一步贯彻落实《网络安全法》，制定个人信息安全保护管理机制，提出相应安全技术措施与相关业务流程
2019年4月23日	《北京市公共数据管理办法（征求意见稿）》	北京市经济和信息化局	旨在加强北京市公共数据的管理，促进各级行政机关与公共服务企业数据开放共享，推动数字经济健康发展
2019年4月30日	《网络交易监督管理办法（征求意见稿）》	国家市场监督管理总局	旨在完善网络交易规范制度，保障消费者权益，明确监督机制与网络交易经营者法律责任（第22条、23条规定了消费者数据收集、处理原则）
2019年5月10日	《信息安全技术 网络安全等级保护基本要求》	国家市场监督管理总局、中国国家标准化管理委员会	完善了信息安全标准体系，针对云计算、移动互联、物联网和工业控制系统新增了安全扩展要求，为等级保护工作的落实提供指引
2019年5月24日	《网络安全审查办法（征求意见稿）》	国家互联网信息办公室等多部门	旨在提高关键信息基础设施安全可控水平，聚焦国家安全，明晰关键信息基础设施运营者责任
2019年6月1日	《网络安全实践指南——移动互联网应用基本业务功能必要信息规范》	全国信息安全标准化技术委员会	旨在防范个人信息收集的安全问题，针对16类移动互联网应用基本业务功能界定所需收集必要信息的范围
2019年6月10日	《中华人民共和国人类遗传资源管理条例》	中华人民共和国国务院	旨在有效保护并合理利用我国人类遗传资源，加强对利用人类遗传资源相关行为的规范与监督
2019年6月13日	《个人信息出境安全评估办法（征求意见稿）》	国家互联网信息办公室	旨在规范个人信息和重要数据出境安全评估制度，明确安全评估的适用范围、重点内容与流程机制
2019年6月18日	《网络安全漏洞管理规定（征求意见稿）》	工业和信息化部	旨在贯彻《网络安全法》，提高网络安全保护水平，规范网络安全漏洞报告和信息发布等行为

续表

发布日期	法律法规或文件	部门	内容/适用
2019 年7 月 1 日	《天津市数据安全管理办法(暂行)》	天津市互联网信息办公室	旨在健全天津市数据安全保障体系,强化数据安全管理工作,规范相关数据活动
2019 年7 月 22 日	《互联网信息服务严重失信主体信用信息管理办法(征求意见稿)》	国家互联网信息办公室	旨在促进互联网信息服务领域信用建设,明确对互联网信息服务严重失信主体实施信用黑名单管理和失信联合惩戒的办法
2019 年7 月 26 日	《加强工业互联网安全工作的指导意见》	工业和信息化部等多部门	为强化工业企业、科研单位的网络安全提供指导,推动行业网络信息化建设,提高工业互联网安全保障水平
2019 年7 月 30 日	《中国(上海)自由贸易试验区临港新片区管理办法》	上海市政府第 60 次常务会议	明确临港新片区的管理体制机制,为新片区顺利运作提供法律保障。其中第(八)条提出,应加强基础设施建设,保障跨境数据安全有序流动
2019 年8 月 1 日	《贵州省大数据安全保障条例》	贵州省第十三届人民代表大会常务委员会	旨在规范贵州省内大数据安全保障工作及相关活动,维护个人信息安全,明确大数据相关责任,推动大数据应用健康发展
2019 年8 月 5 日	《信息安全技术 移动互联网应用(App)收集个人信息基本规范(草案)》	国家市场监督管理总局、中国国家标准化管理委员会	旨在规范移动互联网应用运营者收集个人信息的行为,明确该行为应满足的基本要求
2019 年8 月 16 日	《新一代人工智能行业自律公约》	中国数家人工智能企业	旨在推动中国人工智能行业的伦理自律,构建人工智能伦理道德体系,为人工智能行业的健康发展提供参考
2019 年8 月 22 日	《儿童个人信息网络保护规定》	国家互联网信息办公室	旨在为儿童个人信息安全提供法律保障,规范对儿童个人信息的获取、处理、使用等行为
2019 年8 月 29 日	《上海市公共数据开放暂行办法》	上海市政府第 61 次常务会议	旨在为上海市公共数据开放和利用提供制度保障,提升公共服务水平与治理能力,促进数字经济发展
2019 年8 月 30 日	《人工智能安全与法治导则(2019)》	2019 世界人工智能安全高端对话与2019 世界人工智能大会法治论坛	旨在预判人工智能发展的安全风险,提出安全与法治的建议对策

续表

发布日期	法律法规或文件	部门	内容/适用
2019年9月4日	《工业大数据发展指导意见（征求意见稿）》	工业和信息化部	为工业大数据资源汇聚共享、融合应用提供指导，提升工业大数据安全保障能力，推动工业大数据生态体系健康发展
2019年9月27日	《关于促进网络安全产业发展的指导意见（征求意见稿）》	工业和信息化部	为维护国家网络空间安全提供指导，提出网络安全产业发展基本原则、发展目标以及主要任务与保障措施，促进网络安全产业的积极健康发展
2019年10月22日	《信息安全技术 个人信息安全规范（征求意见稿）》	国家市场监督管理总局、中国国家标准化管理委员会	旨在保障个人信息安全与合法权益，防范信息的非法收集、泄露与滥用，规范信息的获取、处理等相关行为
2019年10月22日	《关于办理利用信息网络实施黑恶势力犯罪刑事案件若干问题的意见》	最高人民法院、最高人民检察院、公安部、司法部	意见指出，要依法严惩利用信息网络实施犯罪的行为，明确利用信息网络实施犯罪的黑恶势力认定依据，确定犯罪案件管辖机构
2019年10月26日	《中华人民共和国密码法》	第十三届全国人民代表大会常务委员会	为密码应用与管理提供法律依据，以保障网络信息安全，促进密码事业发展
2019年10月27日	《人工智能安全标准化白皮书（2019版）》	全国信息安全标准化技术委员会、大数据安全标准特别工作组	通过对人工智能发展情况的调研，分析人工智能安全面临的风险和挑战，提出标准化体系框架以及相关工作建议
2019年11月18日	《网络音视频信息服务管理规定》	国家互联网信息办公室等部门	旨在规范中国境内网络音视频信息服务，促进行业健康有序发展，其中第七条提出需建立健全信息安全管理制度，具有安全可控的技术保障和防范措施
2019年11月20日	《网络安全威胁信息发布管理办法（征求意见稿）》	国家互联网信息办公室	旨在规范发布网络安全威胁信息的行为，有效应对网络安全威胁和风险，保障网络运行安全
2019年11月28日	《App违法违规收集使用个人信息行为认定方法》	国家互联网信息办公室秘书局等部门	旨在为监督管理部门认定App违法违规收集使用个人信息行为提供参考，提出相关行为具体认定标准，以指引App运营者自我规范，便于网民监督

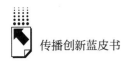

（二）促进数据收集与交易标准化，整治手机 App 违规收集个人信息

2019 年，全国信息安全标准化技术委员会以及中国国家标准化管理委员会先后发布《信息安全技术 移动互联网应用（App）收集个人信息基本规范（草案）》《信息安全技术 数据交易服务平台通用功能要求》《信息安全技术 数据交易服务安全要求》《网络安全实践指南——移动互联网应用基本业务功能必要信息规范》以及《人工智能安全标准化白皮书（2019版)》等国家标准、行业标准，分别约束手机 App 过度收集个人信息行为、指引人工智能安全操作、规范数据交易行为等，以落实《网络安全法》关于"网络运营者收集、使用个人信息"的规定。尤其值得关注的是，2019年初，中央网信办、工信部、公安部等部门联合开展 App 违法违规收集使用个人信息的专项治理工作[①]，到 2019 年 11 月 28 日公布《App 违法违规收集使用个人信息行为认定方法》（简称《方法》)[②]，该专项整治行动持续近一年。此外，刑事手段的运用也是 2019 年个人信息保护的一个鲜明特征。

从制度创新的角度看，《方法》明确以下几点：（1）须区别对待收集到的个人信息和企业信息；（2）手机 App 的隐私政策（privacy policy）须满足一些具体要求、达到一定的标准；（3）认定未经用户同意而收集信息的九种情形；（4）明确未经同意向第三方提供个人信息行为的处罚规定；（5）信息的删除、更正、投诉与举报等。《方法》作为国家部委的规范性文件，虽不具有法律属性，但在执行层面为国家决策层提供了正式规则与实施机制，具有制度化、创新性等特征。本报告批判性地运用塞缪尔·亨廷顿的制度创新

---

① 《开展 App 违法违规收集使用个人信息专项治理》，中华人民共和国国家互联网信息办公室网站，2019 年 5 月 23 日，http：//www. cac. gov. cn/2019 – 05/23/c_ 1124532020. htm。

② 《关于印发〈App 违法违规收集使用个人信息行为认定方法〉的通知》，中华人民共和国国家互联网信息办公室网站，2019 年 12 月 30 日，http：//www. cac. gov. cn/2019 – 12/27/c_ 1578986455686625. htm。

三指标[①]，对 App 收集个人信息行为的三份规范性文件进行创新程度评价（见表7）。

表7　三份数据保护规范性文件的制度创新评价

评价指标	国家标准《信息安全技术 移动互联网应用（App）收集个人信息基本规范（草案）》	国家标准《网络安全实践指南——移动互联网应用基本业务功能必要信息规范》	行业标准《App 违法违规收集使用个人信息行为认定方法》
"适应性" vs "僵硬性"	该标准为适应信息技术发展、移动互联网络普及以及中国智能手机用户数全球领先（达 7.5 亿）等背景的要求而制定，对于规范手机 App 收集个人信息的行为有指导作用	该标准适应了移动互联网络普及以及中国智能手机用户数全球领先（达 7.5 亿）的需要，为手机 App 合规收集个人信息提供了参考	适应了中国移动互联网络普及、智能手机用户数全球领先（达 7.5 亿）等发展背景，落实《网络安全法》第四十一条的要求
"复杂性" vs "简单性"	该标准提出"最小必要信息"原则、18 项基本要求，涉及 30 种手机 App，共约 1.6 万字，规定 30 类 App 的最少必要信息，程序具有一定的复杂性	该标准共四章，提出 App 手机个人信息的六原则（"权责一致""目的明确""最少够用"等），规定了 16 条 App 最少够用的个人信息类型，约 1.2 万字，为 App 合规提供了实践指导	涉及六个方面的认定方法，包括"未公开收集使用规则""未明示收集使用的目的""未经用户同意"等，共 1600 余字
"凝聚力" vs "离散性"	标准围绕如何遵循《网络安全法》规定的"合法、正当、必要"等原则、维护个人信息安全、加强个人信息保护而制定	该文件适用于规范 App 个人信息收集行为，也适用于监管部门对以上行为进行监督、管理和评估，还可为手机应用程序开发者提供参考	该文件集中构建个人信息安全影响评估的基本流程，维护个人合法权益和社会公共利益

资料来源：《信息安全技术 移动互联网应用（App）收集个人信息基本规范（草案）》，中华人民共和国国家互联网信息办公室网站，2019 年 8 月 5 日，http：//www. cac. gov. cn/1124853418_15652571749671n. pdf；《关于印发〈App 违法违规收集使用个人信息行为认定方法〉的通知》，中华人民共和国国家互联网信息办公室网站，2019 年 12 月 30 日，http：//www. cac. gov. cn/2019 - 12/27/c_1578986455686625. htm。

---

① 王敏：《2017 年传播制度创新报告》，载单波主编《中国传播创新研究报告（2018）》，社会科学文献出版社，2018，第 108 页。

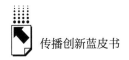
综上，三个规范性文件分别从总体要求、必要性、认定违规三个角度设计合规标准与实践指南，以规范 App 收集、使用用户个人信息的行为，构成《网络安全法》第四十一条的配套性制度体系。三个文件针对当前 App 普遍存在的过度收集、强制授权用户个人信息等侵权行为，适应当前移动互联网应用普及、智能手机用户数量全球领先、整个社会关注度高等现实背景，填补了 App 保护个人信息安全方面"国家标准"的空白，为 2020 年个人信息保护法、数据安全法的出台奠定了配套基础、营造了司法环境。其中，《信息安全技术 移动互联网应用（App）收集个人信息基本规范（草案）》具有一定的"复杂性"和"凝聚力"，且对常用手机 App 有较好的"适应性"，但对于人脸识别、深度伪造、虚拟现实等新技术新应用 App 的"适应性"有待进一步加强。另外两个规范性文件需在加强"复杂性"和"适应性"的同时，增添更多的情境、附加的条件、可能的例外以及条款的解释。

四　数据保护制度创新趋势展望

第一，健康及生物识别等敏感数据的保护将是制度创新的重点，人脸识别执法的推进将带来更多破纪录罚款。

2020 年初爆发的新型冠状病毒感染肺炎疫情中，健康相关信息成为抗击疫情的战略资源，利用得好有利于病原的探索、疫情的管控、传播的阻断和病人的防治；若不慎泄露，轻则会导致歧视性待遇和社会不公，重则会危及公共健康、安全及稳定。因此，如何实现利用与保护的平衡，考验的是制度创新的智慧。不仅如此，疫情还凸显了生物安全治理能力的极端重要性。因而，2 月 14 日，习近平总书记在中央全面深化改革委员会第二十次会议上强调，要把生物安全纳入国家安全体系，加快构建国家生物安全法律法规体系、制度保障体系。[①] 由于与生物安全息息相关，对生物识别数据的保护刻不容缓。

---

① 《习近平：把生物安全纳入国家安全体系，全面提高国家生物安全治理能力》，搜狐网，2020 年 2 月 14 日，https：//www.sohu.com/a/373451085_ 389790。

　　对生物识别数据的保护，还体现在不断扩大的人脸识别应用中。中国的人脸识别市场份额在全球占比最大，有着广泛的应用前景，同时也蕴含着巨大隐忧。例如，从2018年7月开始，某犯罪嫌疑人团伙通过软件非法窃取人脸数据2000万条，进而通过支付宝人脸识别认证获取非法经济收益。[①] 这被称为中国"人脸数据刑事第一案"。实际上，更大的隐忧在于人脸识别应用涉及人脸特征、虹膜等敏感数据，除了牵涉财务风险，还关系到安全与利益、权利与自由、尊严与便捷、人格与财产、精神与理性、声誉与信任、自主与控制等重要理论命题。

　　为了平衡以上关系命题，人脸识别应用可从"强公共"（通行、管理、公安类人脸识别）、"弱公共"（教育类人脸识别）、"非公共"（社交网络、商业类人脸识别）三种情境分别探讨人脸特征数据的"社会－私人"属性。在第一种情境中提出规范性的伦理准则，在第二种情境中提出法规与伦理兼备的制度规范，在第三种情境中则以法律规制为主。目前，从 Facebook 支付5.5亿美元以和解人脸识别诉讼、英国ICO调查伦敦国王十字火车站的实时人脸识别系统、美国第一批城市禁止警察及市政机关使用面部识别技术、瑞典DPA开出第一张GDPR罚单等案例来看，欧美国家已经在"非公共"领域的人脸识别应用中制定了较为严格的规则，并着手制定"弱公共"和"强公共"领域的强制规则。这意味着除了商业领域的人脸识别应用，教育、管理、交通领域的罚款也会持续增加。在中国，国家标准《信息技术安全技术 生物特征识别信息的保护要求（征求意见稿）》规定了生物特征识别信息的安全保护要求，包括生物特征识别系统的威胁和对策、生物特征信息和身份主体之间绑定的安全要求与应用模型等。

　　第二，立法实现突破、国标配套完善、信息出境得到保护、信息保护执法持续化将是中国未来数据保护制度创新的总体趋势。

---

① 《4人非法购买2000万个公民个人信息骗过支付宝人脸认证　现已判刑》，新浪网，2020年2月14日，https://tech.sina.com.cn/roll/2020－02－14/doc-iimxxstf1453921.shtml，详见中国裁判文书网，http://wenshu.court.gov.cn/website/wenshu/181107ANFZ0BXSK4/index.html?docId＝c49b6ac38c5343aebfacab4900a34cca。

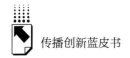
　　2020 年，已进入立法规划的数据安全法、个人信息保护法有望正式出台，实现综合数据保护立法"零的突破"。同时，备受关注的数据安全管理办法、个人信息出境安全评估办法等配套法规也将先后出台。此外，未成年人尤其是儿童的个人信息保护制度将进一步强化。《儿童个人信息网络保护规定》《App 违法违规收集使用个人信息行为认定方法》的进一步执行必将带来更多的行政处罚，也为中国进入数据保护法规时代营造司法环境。

　　第三，系列国家标准《信息安全技术 移动互联网应用（App）收集个人信息基本规范》《个人信息告知同意指南》《个人信息出境安全评估办法》《信息技术 安全技术 生物特征识别信息的保护要求》《信息安全技术 健康医疗信息安全指南》经过广泛征集意见后将陆续发布，为企业组织提供操作性强的合规指引。其中，《信息安全技术 移动互联网应用（App）收集个人信息基本规范》将是继 2017 年《网络安全法》实施、2018 年中国消费者协会发布《App 个人信息泄露情况调查报告》、2019 年中央网信办等四部门开展 App 违法违规收集使用个人信息专项治理之后确立的制度规范，标志着个人隐私保护常态化监管模式的确立。并且，可以预见的是，随着中国移动互联网的进一步普及以及互联网技术的升级，在手机 App 的隐私政策、儿童信息保护模式、第三方收集个人信息行为、个人数据跨境监管、特殊时期（如传染病等疫情期间）的保护等方面都将出台更加详尽的标准和要求。

文化传播篇

Cultural Communication

B.9

2019年中国跨文化传播创新实践研究[*]

肖 珺 郭苏南**

摘 要： 本文通过对2019年中国跨文化传播系列案例的研究，提炼出
中国跨文化传播创新的探索路径。研究基于4个分析维度对
逾17万字的文本按照观念创新、内容创新、平台创新进行分
类，最终确定12个典型案例。研究发现：观念创新主要表现
为对争议话题的回应与全球议题的关注，内容创新主要表现为
在人类共通情感基础上寻求文化的互融，平台创新主要表现为
在技术和市场双重推动下的全球化发展。2019年跨文化传播创
新实践表明，国家媒体对争议话题的跨文化沟通能力有所增

* 本文为国家社会科学基金后期资助项目"新时代媒体融合创新实践"（19FXWB024）的研究成
果。
** 肖珺，武汉大学媒体发展研究中心研究员，武汉大学新闻与传播学院副教授，武汉大学跨文
化传播研究中心主任；郭苏南，武汉大学新闻与传播学院2019级学术型硕士。

强；个人化的跨文化叙事产生了强大的全球传播效应；中国文化正在通过传播创新的良好效果凸显全球倾听的可能性。中国对外传播已具备跨文化传播转向的必要性和可能性，也就是说，我们需要从文化沟通的角度去思考国际传播能力创新的路径。未来，跨文化传播不论是观念创新、内容创新还是平台创新，都需要从全球政治、经济、文化的多维视角去探索。

关键词： 中国跨文化传播　观念创新　平台创新　内容创新

　　跨文化传播创新旨在促进来自不同文化背景的人在更广泛的层面把握人类文化的相似性，同时又能够认识、承认、接受并欣赏不同文化之间的差异，促进更加多元的跨文化认同。近年来，新媒体重构了人类社会实践的方式，也在重塑跨文化传播的格局、思路和实践方式，其对跨文化传播社会实践的影响日益在国家、组织和人际间凸显。[①] 文化创新的目的是实现全球化文化交流中的文明共生和不同文化间的"双赢"，同时在文化共生的力量博弈中获得尽可能多的集体认同。[②] 在新的媒体环境下，中国跨文化传播实践作为文化交流的载体在观念、内容等方面不断创新，促进中国文化与世界文化的多元互动。[③] 本文对 2019 年中国跨文化传播实践案例进行研究，以期梳理出中国跨文化传播不断涌现的、具有创新价值的实践特点和路径。

　　本文重点分析我国文化产品在对外跨文化传播中的实践，分析维度主要

① 肖珺：《新媒体与跨文化传播的理论脉络》，《武汉大学学报》（人文科学版）2015 年第 4 期，第 123 页。

② 洪晓楠、王爱玲：《文化软实力中的文化创新向度》，《哲学研究》2011 年第 12 期，第 109 页。

③ 肖珺、李朝霞：《2018 年中国跨文化传播创新实践研究》，载单波主编《中国传播创新研究报告（2019）》，社会科学文献出版社，2019，第 144 ~ 164 页。

包括：其一，是否主动尊重相异文化的主体地位，尊重文化间性，增强"互惠性理解"或减少文化冲突和矛盾；其二，是否结合历史情境或时代语境进行文化间的互动；其三，是否有利于不断增强跨文化传播创新能力，进而推动跨文化传播实践的发展；① 其四，是否自觉回应全球关切，促进文化间的相互倾听与友好对话。出于研究需要，我们成立了研究小组②，在多平台进行多重关键词的文献搜集。基本步骤如下。第一步，在多样化的资讯平台对关键词（"中国""跨文化传播""对外传播""国际传播""海外传播""创新""中国故事""中国文化"）进行搜索，来源主要包括《人民日报》、新华社、CGTN、"对外传播"微信公众号、"今日中国"微信公众号、《纽约时报》、《卫报》、BBC、CNN、路透社、Facebook、Twitter、YouTube等。研究小组共搜集逾 17 万字资料，案例 98 个。第二步，研究小组对上述案例进行讨论，根据分析维度初步筛选出符合条件的案例 20 个。第三步，对 20 个案例进行归类，主要通过各海外网络平台的传播效果数据（观看量、点赞转发量、评论量、海外媒体报道量等）探查案例的跨文化传播效果，最终确定 12 个典型案例。第四步，按照 2017 年以来的连续研究，③ 对 12 个案例按照观念创新、内容创新、平台创新进行归类和分析。需要说明的是，本文在论证中所使用的网友评论，为保持其真实样貌，对其语法、拼写错误等不做纠正。

一 观念创新：直面争议话题，连接全球关切

中国提出的人类命运共同体理念将国家形象进一步推向跨文化语境，强

---

① 肖珺、张驰：《2017 年中国跨文化传播创新实践研究》，载单波主编《中国传播创新研究报告（2018）》，社会科学文献出版社，2018，第 153 ~ 170 页。
② 小组成员包括肖珺、杜瑜、郭苏南、李泽坤、毛汶真、韦小婉、赵泓阳、李朝霞。
③ 肖珺、张驰：《2017 年中国跨文化传播创新实践研究》，载单波主编《中国传播创新研究报告（2018）》，社会科学文献出版社，2018，第 153 ~ 170 页；肖珺、李朝霞：《2018 年中国跨文化传播创新实践研究》，载单波主编《中国传播创新研究报告（2019）》，社会科学文献出版社，2019，第 144 ~ 164 页。

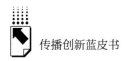

调建构一个你中有我、我中有你的命运共同体。这一理念的全球实践将是由有诸多差异的国家、民族所组成的命运攸关、利益相连、相互依存的国家集合体。① "人类命运共同体"是立足全球角度提出的新主张,中国希冀以积极的姿态与全球公民进行对话,改善世界对中国的刻板印象,为世界性难题提供中国方案,展现中国文化的生命力。当然,文化差异仍然是全球作为文化集合体自然会产生的冲突之源。那么,从实践层面看,跨文化传播该如何面对争议话题呢?

(一)新疆反恐纪录片:厘清宗教与极端主义之间的根本区别,传递崇尚和平的价值观

中国国际电视台 CGTN 于 2019 年 12 月 5 日在其官方微博播出了时长 50 分钟的英文纪录片 *Fighting Terrorism in Xinjiang*(中文译名《中国新疆 反恐前沿》),并在 CGTN 新浪微博、腾讯视频、YouTube 等平台同步推出。该纪录片首次公布了大量发生在中国的暴恐袭击原始画面,讲述了作为古丝绸之路商业中心,拥有多样民族、宗教文化的新疆所遭受的恐怖主义和极端主义创伤。纪录片包含大量对恐怖袭击参与者、幸存者、受害者家属,以及专家学者和宗教领袖等的采访素材,向观众揭示暴恐袭击背后的原因,试图厘清宗教与极端主义之间的根本区别,展示中国政府为恢复新疆和平所做的努力,并呼吁全球加强合作应对恐怖主义威胁。纪录片播出后,在国内取得了巨大的反响,在 CGTN 官方微博获得 8.7 万次转发、1.6 万条评论、22.8 万次点赞、4378 万次播放量;腾讯视频获得逾 8000 万次的播放量。② 在 YouTube 上,该纪录片获得了近 20 万次的播放量。在跨文化情境中,人们习惯以自身所处的文化环境为衡量他文化的标准,容易将与自身价值观念不

---

① 单波:《论国家形象跨文化转向的可能性》,《兰州大学学报》(社会科学版)2017 年第 5 期,第 32 ~ 36 页。

② 《CGTN 特别呈现:中国新疆 反恐前沿》,CGTN 官方微博,2019 年 12 月 6 日,https://m.weibo.cn/3173633817/4446527524774393,最后访问日期:2020 年 2 月 4 日;《CGTN 特别呈现:中国新疆 反恐前沿》,腾讯视频,2019 年 12 月 6 日,https://v.qq.com/x/cover/mzc00200ai2y7f3/t3031ywykkj.html,最后访问日期:2020 年 2 月 4 日。

同的行为看作有违常理。对此，纪录片通过描述受害者遭遇、普通新疆民众对和平的向往，构建了不同文化观众之间的共情空间，通过对新疆恐怖袭击历史真相的揭示，提高了观众对中国反恐措施的跨文化理解力。YouTube 上一名网友评论区表达出对中国政府反恐行动的支持："This was the truth in Xinjiang a few years ago. After the battle between the Chinese government and the rioters, Xinjiang has become safe now."（"这是几年前发生在新疆的真实事件，中国政府与暴徒斗争之后新疆变得安全了。"）(@ March Sl, 2019 年 12 月) 此前，面对争议，中国的声音处于缺位或被动的状态，新疆反恐纪录片可以看作中国媒体与世界观众的一次主动对话与文化交流。对此，海外网友在 Twitter 上也进行了讨论，肯定该纪录片对争议话题的回应有助于减少跨文化曲解，改善世界对中国的刻板印象。人类命运共同体不仅是政治、经济的共同体，更是文化的共同体，希望各国在文化异质性的基础上增进彼此的理解、认同，加强合作。正如纪录片所言，恐怖主义是世界性的难题，没有哪个国家能够仅凭一己之力战胜恐怖主义，纪录片通过阐释新疆恐怖袭击与国际恐怖主义的联系，呼吁各国加强反恐合作，实现共赢。海外网友通过纪录片也认识到恐怖主义是世界议题，如："This is a global problem. india-china and all humanitarian people across globe must come together to fight this maniac."（"这是一个全球问题。印度、中国以及全球人类必须一起与这个疯子斗争。"）(@ Abhishekpositiv, 2019 年 12 月 16 日) 此外，纪录片也试图向世界提供中国的反恐智慧，传递中国文化中崇尚和平的价值观，如："Thank you CGTN for making this information available. May China follow the right route to make people appreciate the reality of life. We can learn so much from other people. But hate makes one blind. China is respected."（感谢 CGTN 提供此信息。愿中国循着这条正确的路径继续努力，使人们对现实的生活心存感激。我们可以从别人那里学到很多东西，但是仇恨使人失明。中国值得尊重。）(@ KB B, 2019 年 12 月)《中国新疆 反恐前沿》直面西方媒体长久以来对新疆宗教问题的质疑，从多个角度阐释宗教与极端主义之间的根本区别，揭示新疆地区恐怖袭击的真实历史，不仅有利于向国际社会解释新疆地区采取相应去极端

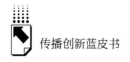
化思想措施的必要性和有效性，还有利于观众客观地理解中国的宗教和民族文化，以及中国崇尚和平的文化理念。

（二）刘欣应辩：中美主播交锋中的跨文化沟通

2019 年 5 月 14 日，福克斯商业频道女主播翠西·里根在其节目中发表宣扬对华"经济战"的言论。5 月 22 日，CGTN 主播刘欣在《中国不会接受不平等协议》的短视频评论中有力反驳了翠西·里根的观点。5 月 23 日翠西用 11 分钟的电视节目回应刘欣，并在其个人 Twitter 上向刘欣约辩，随后刘欣接受约辩邀请。5 月 30 日，刘欣在 CGTN 演播室以嘉宾的身份在翠西·里根的节目中与其对话。截至 6 月 8 日，该话题微博累计阅读量达到 9.7 亿次，参与讨论量 13.2 万次。[①] 美国福克斯电视台（FOX）、《纽约时报》、彭博新闻社、美国有线电视新闻网（CNN）、英国广播电视台（BBC）等西方媒体播发新闻报道及评论近 2 万次，全球社交网络转发和点击率超过 126 亿次。[②] 此次约辩得到了全球媒体的报道和社交平台的关注，成为全球性的媒介事件。美国《华盛顿邮报》网站 5 月 28 日的报道认为，刘欣代表了中国人不卑不亢的立场。[③] 尽管刘欣是以个人身份接受约辩，但刘欣的一言一行在美国观众的眼中仍然代表着中国媒体人的形象，也影响到国外观众对中国民众的印象。YouTube 上有关中美主播辩论的视频获得了大量国外网友的观看与评论。总体而言，刘欣在此次辩论中的专业表现给国外观众留下了深刻且良好的印象，网友通过评论表示对刘欣和中国的支持，例如 YouTube 网友如此评论： "Liuxin can represent China, calm, polite, and elegant."（"刘欣可以代表中国，冷静、礼貌和优雅。"）（@ general, 2019

---

① 梅焰：《从中美主播首次电视交锋看媒体融合助力新闻评论的对外传播》，《全球传媒学刊》2019 年第 3 期，第 127 页。

② 罗青、方帆、毕建录等：《中美主播跨洋对话的全球传播效果——一次中国全球媒介事件的案例分析》，《全球传媒学刊》2019 年第 3 期，第 133 页。

③ 《美媒看中美主播"约辩"：彰显中国媒体日益自信》，《参考消息》2019 年 5 月 30 日，http://www.cankaoxiaoxi.com/china/20190530/2381560.shtml，最后访问日期：2020 年 2 月 4 日。

年5月）"I love this beautiful elegant and intelligent Chinese lady."（"我喜欢这个美丽优雅智慧的中国女士。"）（@ Ila Ala，2019年5月）尽管此次"约辩"并不激烈，其形式更像是一次跨文化的对话，但这样的对话在中美媒体人的交往中仍然是空前的。在翠西与刘欣的一问一答中，刘欣对翠西的提问，也是国际社会热切关注的中美贸易摩擦、知识产权保护等争议话题发表了自己的观点。对此Twitter网友做出了客观的评价："Not much a debate but Liu Xin did well in Trish's Q/A to get her point across."（"虽然算不上一场辩论，但刘欣在翠西的问答中做得很好，阐明了自己的观点。"）（@ CarlZha，2019年5月）两位主播的观点虽然不代表国家立场，但在一定程度上向全球观众展示了其背后的民族文化。刘欣在辩论时佩戴的玉饰，代表着中国古话"宁为玉碎，不为瓦全"，这一传统文化符号也引起了国外媒体（如美国福布斯商业频道、彭博新闻社等）的注意。刘欣作为中国媒体人的代表，在此次辩论中理性、智慧、专业的表现，也在一定程度上消解了国外媒体对中国媒体的刻板印象。例如佐治亚州立大学研究中国媒体的全球传播学副教授玛丽亚·雷普尼科娃在接受《纽约时报》采访时表示："看到一个人说一口流利的英语，并以一种开放和雄辩的方式回答问题，这与大多数美国人习惯看到的中国已经大不相同了。"①

（三）中国科幻：呼应人类共同的忧患意识

2019年，中国作家刘慈欣的科幻小说《三体》日文版在日本正式出版，引发了"《三体》热"：上市第一天首印1万册全部售罄，一周加印10次，一个月销量突破10万册，并入选日本第七届Booklog海外小说部门大奖。小说的英文版获得美国科幻奇幻作家协会"星云奖"提名和雨果奖最佳长篇小说奖。截至2019年10月，《三体》三部曲已累计输出25个语种，其中20个语种已在海外出版发行，海外销量近200万册，再一次刷新我国当代

---

① 《中美电视主持人就贸易战进行辩论》，《纽约时报》中文网，2019年5月30日，https://cn. nytimes. com/china/20190530/trish-regan-liu-xin-fox-debate/，最后访问日期：2020年2月5日。

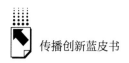

文学海外销量纪录。① 中国科幻作品在海外的走红，不仅显示出世界对中国文化的兴趣，也显示出全球读者对人类共同命运的关注。国际日本文化研究中心教授、漫画家大塚英志说："日本人在中国科幻小说中受到心灵冲击，是因为他们在中国的小说中看到了人类在漫长文明中的历史想象力。"② 当然，《三体》之所以能够在众多科幻作品中脱颖而出，是因为其作品中突出的中国精神与鲜明的中国文化发挥了重要的作用。《三体》与中国历史、中国精神深刻结合，展现中国人对于人类未来的忧患意识与历史担当，体现人类命运共同体理念，作品鲜明的中国元素是其吸引海外读者的重要原因。③《流浪地球》是改编自刘慈欣科幻小说的电影，其中蕴含的中国文化精神和人类命运共同体的价值理念通过影片在海外热映得到了更大规模的传播，《流浪地球》的5分钟的宣传片在YouTube上获得了近200万次的播放量，网友对其中传达的中国文化价值观也表示赞同，例如："sick of Hollywood Story that one American saved earth every time. . . this film shows that all countries are trying and many did it before the Chinese. victory is due to the United of all Mankind. . ."（"厌倦了好莱坞故事中每次都是一个美国人拯救地球，这个电影展示了所有国家一起努力，在中国人之前有许多人也在努力。胜利是因为全人类的团结……"）（@L W，2019年2月）这两部科幻作品呈现出作者对地球文明的一种独特反省。作品中始终凸显的对精神、人性、道德、信仰等的深刻批判是世界各地的人民共同关注的心灵深处的问题，特别是在面对危机和灾难时对各种处境的描述展现出人类可能共同面临的历史困境。作品用超强的想象力建构了一种人类未来的共同之境，作品一方面强调人是自身的救主，另一方面也强调在灾难面前只有合作才能共赢。

① 《从〈三体〉眺望中国科幻出海远景》，《光明日报》2019年12月3日，http：//news. gmw. cn/2019 - 12/03/content_33368667. htm，最后访问日期：2020年1月20日。
② 《从〈三体〉眺望中国科幻出海远景》，《光明日报》2019年12月3日，http：//news. gmw. cn/2019 - 12/03/content_33368667. htm，最后访问日期：2020年2月5日。
③ 《〈三体〉走红海外怎么看——中国科幻赢得世界目光》，人民网，2019年8月9日，http：//culture. people. com. cn/n1/2019/0809/c1013 - 31284992. html，最后访问日期：2020年2月5日。

二　内容创新：情感共通之中的文化共融

从原生文化出发去感知、认识和理解相异文化是跨文化互动过程中的一种惯性思维。在与异文化相遇的过程中，因缺乏跨文化能力而导致文化误读，进而出现文化折扣（cultural discount）等现象十分常见。因此，跨文化传播内容创新要致力于寻求人类情感的共通之处，基于共通情感促进文化的感知和理解。从内容创新出发，2019 年跨文化传播实践呈现出三种探索路径。

（一）新中国成立70周年庆典，打开情感互动空间

1.《世界上最大的生日庆典》：平凡个体向世界讲述不平凡的中国故事

这部纪录片主要讲述了各行各业的中国人民为新中国成立 70 周年庆典送上的祝福和实际行动。该片于 2019 年 11 月 13 日起由中央广播电视总台纪录频道、国家地理频道领衔播出，在国内外全媒体平台同步推出。纪录片以第三者的视角进行叙述，正如纪录片开头所言："我们的镜头会跟随那些为新中国做出贡献的工作者们，看看他们是如何为这一伟大庆典做准备的。"[①] 例如：盘锦农民以不同颜色的水稻种出了"祖国万岁"字样和"仙鹤"图案为祖国庆生；武术学校的学生为在天安门前表演紧张训练几个月；成都烹饪大师为展示中国不断发展的餐饮文化筹划数月用来自全国各地的食材制作一桌筵席；70 岁的林周强老人从北京骑行到拉萨为祖国庆生；武汉美术馆馆长以筹备有关万里长江第一桥的展览的方式展示新中国的变革与发展等。看似毫无关系的各行各业的人物故事，构成了新中国发展 70 年的伟大生动实践，该片既是对新中国成立 70 周年庆典准备过程的回顾，更是对

---

① 《世界上最大的生日庆典》，CCTV 纪录片官网，2019 年 11 月 14 日，http://tv.cctv.com/2019/11/14/VIDARmdPA9UwTdPTckwZbbXF191114.shtml，最后访问日期：2019 年 2 月 5 日。

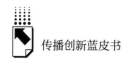

新中国成立70周年历史的回顾。纪录片没有采用惯常的宏大叙事，而是采用以小见大的方式，在盛典之下的平凡人物的身上寻找能够打动国内外观众的情感和文化闪光点，"从工人、农民、军人、知识分子到艺术家，从牙牙学语的'十一宝宝'到共和国同龄人，《世界上最大的生日庆典》用共通性的人物代表和经典意象诉说着中国文化和精神品质，也实现了更大程度上的情感共鸣"。① 此片采用个体叙事方式，用朴素的爱国情为中国故事的跨文化传播打开了共通情感的互动空间。

2. 《爱上中国》：讲述国际友人的中国故事与情感连接

《爱上中国》是由中文国际频道推出的7集跨文化纪录片。2019年10月1日至7日连续7天，《爱上中国》每天在该频道播出一集。影片从国际友人的个体故事出发，通过6个外国人在中国的命运变化和青春奋斗史折射出新中国在70年间取得的成就和荣光。截至2020年1月2日，《百岁老人的中国故事》上下两集在YouTube上获得了5.8万次的播放量，《驻村第一书记和他的"洋助理"》获得了6.4万次的播放量。《百岁老人的中国故事》讲述了中华人民共和国友谊勋章获得者103岁的加拿大老人伊莎白为中国革命和教育事业奉献一生的个人奋斗史。1915年出生于成都的伊莎白见证并参与了20世纪中国的百年巨变，其一生的轨迹都与新中国的发展紧密相连，正如纪录片导演傅涵所言："她是一部记载中国的历史书。"《驻村第一书记和他的"洋助理"》则讲述了卢森堡退休警察尼克成为广西壮族自治区河池市宜州区刘三坦镇乍洞村一名扶贫志愿者的故事，这个外国人在中国的土地上为中国的脱贫攻坚工作贡献力量。《爱上中国》系列纪录片中的"情感联结也从每一个中国人扩展到国人与这群外国人的情感共振，凝聚成更为强大的爱国情怀，由此传递中国有大爱、中国值得爱的深刻理念"。② 纪录片细

---

① 《讴歌祖国发展的影像赞美诗，〈世界上最大的生日庆典〉鲜活也生动》，影视前哨微信公众号，2019年11月16日，https：//mp. weixin. qq. com/s/WEEERWPFhtcrv3u0A8z1yQ，最后访问日期：2020年2月5日。

② 《央视跨文化纪录片〈爱上中国〉：这群外国人和中国共同成长！》，百家好记录中国docuen，2019年10月4日，https：//baijiahao. baidu. com/s？ id＝1646442902039129531&wfr＝spider&for＝pc，最后访问日期：2020年2月6日。

腻地展开国际友人对中国跨越文化与国籍的热爱之情，有利于文化上的他者对纪录片中传达的"爱上中国"的情感产生共鸣。

（二）"新国风"用传统文化元素表达现代生活，引发海外观众的文化共鸣

"新国风"，即新兴的中国风格，有时又称"国潮""国风"，指的是进入21世纪以来，大众文化中大量运用中华传统文化元素、崇尚历史文化风尚和日常生活审美化的现象。[①] 这一现象带有鲜明的网络文化和青年文化特点，通常借用古代文化的元素、符号表达当代语境和时代意义，其历史气质和艺术叙述充满想象力和现代感。一方面，其追求对历史细节的精准还原（比如建筑、服饰、诗词等）；另一方面，其从时尚和潮流的角度创新文本和表达，呈现出特别的韵味和美感，吸引了大量海外拥趸。2019年的典型作品是《长安十二时辰》，作为一部古装电视剧，其以传统文化细节之美吸引了大量海外用户，获得了极高的网络评分。

《长安十二时辰》在优酷视频播出后，被翻译成12种语言陆续上线日本、新加坡、马来西亚、越南等亚洲国家，并在北美视频播放网站Viki、Amazon和YouTube上线，这也是国产剧出海首次进入付费包月区。该剧播出后，获得了海外观众的好评：截止到2020年2月1日，在Viki网站上的评分高达9.5分；在MyDramaList平台上评分达到9.0分；在Amazon网站上也获得了4.8星评价；于YouTube单集播放量最高达169万人次。区别于长期被诟病"拖沓"的国产影视剧，《长安十二时辰》以紧凑的叙事节奏契合了海外观众的观看习惯，这也是其能够以付费的形式在北美上线并获得好评的原因。该剧"在剧情安排、时间限制、节奏把握、叙述方式等方面都迥异于传统意义上的连续剧，如将情节内容限定在十二个时辰（24小时）之内，同时展开多条情节线索，这决定了该剧需要靠紧绷的节奏、令人揪心

[①] 王茵：《"新国风"文化的荧屏呈现及其审美性集体记忆重构》，《中国电视》2019年第9期，第56~59页。

的悬念、多线并进的交替剪辑来完成叙事"。① 此外，该剧以盛唐时期的长安为背景，但不同于历史剧的宏大叙事，其浓墨重彩地描述了长安人的日常生活，详尽地还原了衣食住行等细节，通过服饰、化妆、道具和人物举止尽量忠实展现唐朝时期的中国传统文化。例如：剧中人物李必的发簪由后向前插，戴法不同于以往的古装剧，这是主创团队仔细考究之后呈现的"子午簪"的正确佩戴方式。其对历史文化细节的谨慎考究，为其付费出海增添了文化底气，也展现了传统文化的巨大创造力和生命力，彰显了国剧的文化自信。基于现代化的故事内核，剧中随处可见的中国传统文化元素也激发了海外观众的文化审美共鸣，如北美视频网站 Viki 对该剧的细节刻画评价道："Beautifully produced in all details, from settings and scenery, costumes, lighting, filming techniques with intriguing overall storylines and well-acted this high-quality action-packed series looks very promising!"（"所有细节都制作精美，包括背景、风景、服装、照明，在拍摄技术上，总体故事情节有趣且演技良好，这个高质量的动作连续剧看起来非常有前途！"）② 近年来，热播古装剧都具有场景宏大、制作精良的特征，观众对于故事情节之外的细节要求越发"挑剔"，这一方面是观众审美水平提高的体现，另一方面也反映出其文化需求的提升。《长安十二时辰》现代化的剧情叙事扩大了其受众范围，高质量的中国传统元素呈现则引发了海内外观众的共同欣赏。

此外，《陈情令》也被认为是 2019 年"新国风"的代表作之一，其贯穿剧中的青年亚文化情感，即"耽美文化"使其在泰国、印度尼西亚等国家受到热烈追捧，随后，该剧也成功登陆北美视频平台 Viki、ODC 以及 YouTube，引发海外观众的大量讨论。这些案例表明，"新国风"这类创新

---

① 龚金平：《〈长安十二时辰〉：大数据时代的定制艺术》，《当代电视》2019 年第 12 期，第 14 页。

② Fifi Tsui, "Hit Chinese TV Series *The Longest Day in Chang'an* Coming to a Screen Near you," *South China Morning Post*, July 21, 2019, https://www.scmp.com/lifestyle/entertainment/article/3019311/hit-chinese-tv-series-coming-screen-near-you-all-about, Accessed February 28, 2020.

的文化审美表达在跨文化传播中可能具有巨大的潜力。它们通过一整套视听体系，包括建筑、服饰、器物，以及礼仪、辞赋、规制等,[1] 在系统地呈现传统文化的细节和气质的过程中带给观众强烈的穿梭时空的视觉冲击和文化碰撞。不过，也有遇冷的传播创新，如 2019 年被称为"国漫崛起新希望"的《哪吒之魔童降世》，与在国内市场的火爆形成鲜明的对比，其在海外市场未受到关注，其中，"哪吒情怀"的呈现和表达方式是饱受质疑的一个方面。

（三）依托个体的跨文化叙事，建构充满生命力的现代中国

1. 李子柒海外走红：田园牧歌式的传统文化突围

2019 年李子柒在海外的走红，引起了国内媒体现象级的讨论。李子柒把传统文化和田园生活拍成视频上传网络，引发了海内外网友的关注。截至 2020 年 2 月 7 日，她在 YouTube 上的粉丝数近 900 万，热门视频的播放量均在 1000 万次以上，最高播放量近 5000 万次，其海外影响力堪比国际主流媒体。李子柒在海外的巨大影响力，引发了国内关于"李子柒是不是文化输出"的争论，以及对李子柒走红海外原因的思考。对于"李子柒是不是文化输出"的争论，有媒体认为李子柒的海外走红是讲好中国故事的典范，"李子柒已经成为一个新的'软实力'案例"，"在地缘政治冲突不断的当下，李子柒也被认为是一个能够消除外界对中国误解的优秀文化代表"。[2] 李子柒通过拍摄系列短视频传播大众文化，有学者认为其"让外界看到了中国年轻人生活方式中别有意趣的一面，对于增进世界对中国的理解、破除刻板印象有积极意义"并有利于"进一步地降低跨文化传播中的折扣，也

---

① 《影视剧"新国风"，传统文化正在引领审美时尚》，百家号中国日报，2019 年 11 月 29 日，https://baijiahao.baidu.com/s? id = 1651498692933608243&wfr = spider&for = pc，最后访问日期：2020 年 2 月 6 日。

② 《人民舆情：90 后网红李子柒火出国界　媒体点赞》，人民网，2019 年 12 月 18 日，http://yuqing.people.com.cn/GB/n1/2019/1218/c209043 – 31510851.html，最后访问日期：2020 年 2 月 7 日。

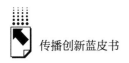

为更多的高雅文化传播打开了空间"。① 对李子柒走红海外原因的思考，即
其短视频跨文化传播创新性所在，是本文分析的重点。首先，其视频题材包
含"对大自然的向往、对天然美食的青睐、对日常生活的热爱、对勤劳聪
慧的欣赏、对手工技艺的好奇、对祖孙亲情的动容"② 等人类共通的价值理
念，跨越文化鸿沟，容易引发共鸣。与中国城市居民一样，"在西方，对生
活在城市中的千禧一代而言，放弃朝九晚五的生活，过上谦卑而接近自然的
生活是一个普遍的梦想"，③ 而李子柒田园牧歌一般的视频内容，正好契合
了海外观众对自然美好生活的想象。此外，长期以来在 YouTube 上美食试吃
与美食教程类视频是最受欢迎的类别之一，李子柒的视频中不仅有在海外颇
具名气的火锅、牛肉面等传统中国美食，还有冰激凌、蛋糕等西方美食。以
美食为交流媒介，显然更容易与他者产生文化上的亲近。然而，与其他出海
网红不同的是，李子柒身上具有浓郁的中国传统文化气息，无论是她身穿的
汉服，还是其制作的文房四宝、胭脂，都是典型的中国传统文化元素。其英
文视频标题中不少带有"Chinese"的文化标签且翻译简单易懂，如"How
to make a Chinese herbal honey"（"如何制作中国草本蜂蜜"）。中国文化是
其创意的来源，对中国元素的充分利用也为其吸引了相当一部分中国文化爱
好者。李子柒视频中文字、语言较少，大量利用视觉媒介进行叙事，这也
是在缺少英文字幕与解说的情况下，海外观众仍然能够欣赏其内容的原
因。但在后期的跨文化传播实践中，考虑到海外受众缺少相关文化背景，
增加英文字幕解释视频中出现的文化名词与概念也未尝不可。最后，李子
柒等网红的海外走红也启示我们，民间力量在中国文化"走出去"的过程

---

① 《人民舆情：90 后网红李子柒火出国界　媒体点赞》，人民网，2019 年 12 月 18 日，
　http：//yuqing. people. com. cn/GB/n1/2019/1218/c209043 - 31510851. html，最后访问日期：
　2020 年 2 月 7 日。

② 《李雪钦：李子柒为啥能在海外"圈粉"？（云中漫笔)》，人民网，2020 年 1 月 1 日，
　http：//culture. people. com. cn/GB/n1/2020/0101/c1013 - 31530977. html，最后访问日
　期：2020 年 2 月 7 日。

③ Adrienne Matel，"Country Life：The Young Female Farmer Who Is Now a Top Influencer in
　China，"*The Guardian*，January 28，2020，https：//www. theguardian. com/lifeandstyle/2020/
　jan/28/li-ziqi-china-influencer-rural-life，Accessed February 7，2020.

中日益发挥重要的作用。受意识形态与刻板印象的影响，叙事者非官方的个人身份更易被倾听者接受，且民间网红的叙事内容更贴近普通海外观众的日常生活与观看需求。李子柒被《中国新闻周刊》评选为2019年度文化传播人物，正如其获选理由所言："她把中国人传统而本真的生活方式呈现出来，让现代都市人找到一种心灵的归属感，也让世界理解了一种生活着的中国文化。"①

2. 与任正非咖啡对话：通过全球直播重建信任关系

2019年6~11月，华为在深圳总部举办了三期"A Coffee with Ren"（"与任正非咖啡对话"，简称"咖啡对话"）活动。三期对话主题分别为"美国学者与任正非的咖啡对话""与任正非咖啡对话（第二期）：创新、规则、信任""与任正非咖啡对话（第三期）：数字主权，从对话到行动"。对话嘉宾包括美国数字时代两大思想家尼古拉斯·尼葛洛庞帝、乔治·吉尔德，人工智能专家杰里·卡普兰、彼得·柯克伦，智能工厂工业4.0精神之父德特勒夫·齐尔克以及联合国安理会前轮值主席马凯硕等。中国国际电视台（CGTN）、美国消费者新闻与商业频道（CNBC）、彭博新闻社分别将三期节目向全球观众进行了直播。对话使用语言为英语，主要面向美国受众，对话内容涉及信息时代海外用户最关注的美国对华为的封锁、5G技术及华为产品安全问题等。任正非通过回应华为"不被信任"的争议、与学者探讨5G时代华为如何与海外企业进行技术合作与创新等，试图与海外用户重建信任关系。例如：在第一期"咖啡对话"中，面对国际社会对华为安全问题的质疑，任正非表示华为公司"100%没有后门，我们愿意跟全世界的国家签订'华为网络无后门、无间谍行为'协议"，并表明尽管面对美国的限制，华为也会坚持与美国企业合作共赢。② 2019年，此前向来低调的华为

---

① 《李子柒：出色的女子，出圈的品牌》，搜狐网，2020年4月30日，https://www.sohu.com/a/392398196_465378，最后访问日期：2020年4月30日。

② 《美国学者与任正非的咖啡对话》，心声社区，2019年6月17日，http://xinsheng.huawei.com/cn/index.php? app = forum&mod = Detail&act = index&id = 4332625&search_result = 3，最后访问日期：2020年2月9日。

创始人任正非接受了国内外媒体共计 37 次采访①，积极与国际社会对话，表达华为继续与各国企业、政府保持合作的意愿。根据华为公共关系部的统计，借助海外媒体对外理性传播后，华为的形象由 90% 的负面降到 70%。② "咖啡对话"正是任正非在美国对华为制裁之后具有代表性的海外传播实践之一。截止到 2020 年 2 月 8 日，"咖啡对话"全系列视频在 YouTube 上播放总量逾 100 万次。视频下方除对对话内容的讨论外，还包含不少对任正非个人的欣赏之词，其作为中国民族企业创始人已经成为一种文化符号，正如任正非入选《时代周刊》2019 年度全球百位最具影响力人物的提名词所言："任正非现在所拥有的影响力意味着再也没有任何大国可以承担无视华为的代价。"③ 自从其女儿孟晚舟在加拿大被拘押以及美国宣布对华为实施制裁后，"任正非通过理性平和的方式来表达'一位父亲、企业家和中国公民的责任与担当'"。由于在某种程度上"消费者已经将一些有影响力的品牌视为所在国家形象中重要的构成部分"④，任正非对话媒体，向世界传递友好声音，在一定程度上代表了中国开放与合作的态度，同时也在构建国际社会对中国的信任。

三 平台创新：拓展文化连接的空间

平台是内容创新的载体，平台技术的创新为内容创新提供硬件推力。借助技术的东风，中国本土平台纷纷投入全球化的浪潮，为本土和当地文化提供展示和交流的空间。平台落地后如何实现本土化，也是出海平台必须认真思考的问题。面对日趋定格的国内视频平台市场，快手、爱奇艺等平台努力

---

① 《红人馆｜任正非：从最神秘企业家到一年接受 37 次专访》，《新京报》2020 年 1 月 24 日，http：//www. bjnews. com. cn/finance/2020/01/24/678968. html，最后访问日期：2020 年 2 月 8 日。

② 聂书江、杨丽娟：《感性入口，理性出口：复杂情势下对外传播的说服策略——以任正非答国际媒体为例》，《对外传播》2019 年第 8 期，第 18 页。

③ Charlie Campbell, "Ren Zhengfei," https：//time. com/collection/100 – most-influential-people – 2019/5567847/ren-zhengfei/, Accessed February 8, 2020.

④ 董妍：《品牌传播对国家形象认知的建构》，《当代传播》2019 年第 5 期，第 61 ~ 62 页。

寻求海外发展机会，试图寻求产品增量市场，在给海外用户带来新平台体验的同时，也为中国文化的跨文化传播提供了一个新的机遇。

（一）爱奇艺（iQIYI）国际版出海马来西亚：依托 AI 技术传播优质内容

2019 年 11 月，爱奇艺宣布与马来西亚第一媒体品牌 Astro 达成战略合作，此前二者已经达成内容合作，此次出海主要是爱奇艺技术产品和内容中台系统的出海。Astro 是马来西亚在电视、OTT、广播等数字媒体领域的重要平台，当前服务马来西亚 570 万户家庭（占马来西亚家庭总数 76%）。[①] 达成合作以来，爱奇艺在马来西亚的用户下载量取得了不错的成绩，2019 年 12 月，爱奇艺长期位列马来西亚地区"娱乐类"iPhone 应用商店下载量前列，并始终位列马来西亚地区 Google play "娱乐类"应用下载量第 1 名。[②] 爱奇艺海外业务群总裁在接受媒体采访时表示："在与东南亚当地很多运营商、电视台交流时，我发现我们的技术很有优势，并且对他们来说是想要而不可得的。"[③] 爱奇艺的技术优势主要体现在 AI 技术上，这对于中小型国家而言研发难度较大。此前，爱奇艺便已经将 AI 技术运用到内容创作、生产和分发的各个环节。例如，爱奇艺通过自主研发的 ZoomAI 视频增强技术，对 50 部经典国剧、30 部经典电影、海量 UGC 内容进行修复与增强，并对 15 部动漫与 40 部纪录片完成了插帧。[④] AI 技术的运用为爱奇艺优质本土内容的传播提供助力，如 AI 技术可以

---

① 《爱奇艺出海，带上 AI "嫁妆"》，百家号雷锋网，2019 年 11 月 7 日，https://baijiahao.baidu.com/s？id = 1649524395541106212&wfr = spider&for = pc，最后访问日期：2020 年 2 月 8 日。

② App Annie 网站公开数据，https://www.appannie.com/cn/，最后访问日期：2020 年 1 月 1 日。

③ 《专访杨向华：前置布局，爱奇艺既"下沉"，又"出海"》，百家号钛媒体 App，2019 年 12 月 4 日，https://baijiahao.baidu.com/s？id = 1651955920494682583&wfr = spider&for = pc，最后访问日期：2020 年 2 月 8 日。

④ 《爱奇艺自研 AI 技术修复经典老片：艺术领域人的审美无法替代》，百家号澎湃新闻，2019 年 8 月 29 日，https://baijiahao.baidu.com/s？id = 1643155688970939163&wfr = spider&for = pc，最后访问日期：2020 年 2 月 8 日。

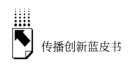
帮助内容克服语言障碍，也可以帮助当地用户更方便地创作优质内容。技术出海的优势在于，通过培养中小型国家用户和内容生产者的技术使用习惯，企业能够从更深维度推动优质内容的传播与增强用户对平台的使用依赖性。

（二）快手（Kwai）出海巴西：重视当地文化特点，为普通人提供展示平台

2019 年，快手出海巴西，取得了相当不错的成绩，目前巴西已经成为快手最大的海外市场。移动数据与分析公司 App Annie 调查的数据显示，截至 10 月，综合 Google Play 和 App Store 的数据，快手海外版 Kwai 排在 2019 年巴西移动端下载量第五，前四个为 Facebook 等社交类应用。[①] 自 7 月 21 日到 11 月初，快手海外版 Kwai 多次登顶巴西应用总榜第一。[②] 目前，快手与抖音已经稳定占据国内短视频市场前两名。与在国内差异化的竞争不同，二者在海外市场上的区别并不大。因此，抢占国际市场，成为快手寻求用户增量的重要途径。此前，Kwai 在海外的成绩并不出色，在抖音海外版 TikTok 出海大火之后，Kwai 在多个地区的海外事业基本处于停滞状态，如 2018 年 12 月 Kwai 在韩国市场 Google Play 分榜第 35 名至第 45 名徘徊。[③] 此次出海巴西取得成功，主要出于以下原因：巴西短视频竞争相对较小，巴西拥有 2 亿具有付费潜力的人口且人民热爱展现自我，Kwai 在巴西推行符合用户习惯的本土化策略。本土化是 Kwai 在全球化的过程中取得成功的关键。例如，Kwai 为巴西用户提供贴合其兴趣点的本土化功能，"推出的时光机特效，可以让用户通过科技的力量，看到自己几十年后的长相，并且亲眼见证

---

① 《快手进入巴西，这次走在了抖音前面》，36kr，2019 年 11 月 13 日，https：//36kr.com/p/5265334，最后访问日期：2020 年 1 月 13 日。

② 《快手巴西版 Kwai 日活超过 700 万，多次登顶巴西应用总榜第一》，央广网，2019 年 11 月 13 日，http：//www.chinanews.com/business/2019/11 - 13/9005996.shtml，最后访问日期 2020 年 1 月 13 日。

③ 《联手腾讯，快手再次出海能逆袭吗?》，腾讯网，2019 年 9 月 29 日，https：//new.qq.com/omn/20190929/20190929A07Y5H00.html，最后访问日期：2020 年 2 月 8 日。

自己变老的过程，在巴西引起了很大反响"。① 如何保持用户黏性，吸引更多本土用户的加入，是 Kwai 在出海的过程中需要思考的问题，为此"快手在巴西宣布'创作者招募计划'，面向 YouTuber、Ins 红人、民间艺人和素人拍客进行全面招募"。②"草根化"是国内用户对快手的印象之一，大量普通人在快手上展示自己千姿百态的日常生活，这也正是其 2019 年跨年广告语"快手，看见每一种生活"所要传递的产品价值观。在巴西，Kwai 同样为普通人提供了展示生活的平台。Kwai 出海巴西的成功，有先发制胜的时机因素，但也是其吸取失败经验调整出海策略的成果。无论如何，贴合当地用户需求的本土化内容和对普通人生活的关注，才是其平台创新性所在。

爱奇艺以及快手等视频平台的出海，只是当代中国企业扩大其自身资产规模和影响力的一个缩影。相比于官方平台，民间传播平台的多元化创新更容易使用户在使用的过程中潜移默化地受到中国文化的熏陶，并在创造 UGC 内容的同时，实现文化的共融。

四　结论

2019 年，中国在跨文化传播创新实践中有一些新探索。

第一，国家媒体对争议话题的跨文化沟通能力有所增强。对于新疆反恐事件、中美贸易摩擦、华为事件等，中央级媒体都积极主动地参与国际对话，采取多种形式让世界聆听中国的声音，这种直面冲突、解释质疑的传播方式取得了一定的效果。

第二，个人化的跨文化叙事产生了强大的全球传播效应。2019 年出现的几位标志性人物获得了国际社会的广泛关注，CGTN 主播刘欣以嘉宾的身

---

① 《快手巴西版 Kwai 日活超过 700 万，多次登顶巴西应用总榜第一》，央广网，2019 年 11 月 13 日，http：//www.chinanews.com/business/2019/11 - 13/9005996.shtml，最后访问日期 2020 年 1 月 13 日。

② 《快手巴西版 Kwai 日活超过 700 万，多次登顶巴西应用总榜第一》，央广网，2019 年 11 月 13 日，http：//www.chinanews.com/business/2019/11 - 13/9005996.shtml，最后访问日期 2020 年 1 月 13 日。

份与美国女主播进行辩论；科幻作家刘慈欣的多部作品获得国际好评；企业家任正非回应华为事件；"李子柒现象"成为一种跨文化现象。这些个体叙事通过不同的传播渠道释放出越来越有活力的正能量。

第三，中国文化正在通过传播创新的良好效果凸显全球倾听的可能性。延续前两年的网络传播尝试，"新国风"已形成比较成熟的跨文化传播模式，从语言、非语言符号生产到全球视频播放渠道的分发和推广，特别是伴随着中国视频平台的全球拓展，中国文化通过网剧、短视频等多种方式传播，使世界越来越重视倾听中国的声音。当然，需要注意的是，此处的中国文化并非严格意义上的传统文化，其作为一种消费产品正在不断经历市场改造。

2019 年跨文化传播的观念创新主要解决"如何做"的问题，即面对国际社会对中国的争议，如何以更加开放的姿态与世界对话，如何借助人们对世界议题的关注，表达中国对人类共同命运的关切。内容创新主要表明"做什么"，即在具有多样性的世界文化交流中，既要坚持民族文化特色，在共通情感的意义空间中寻找创新的可能，也要充分发挥具有世界影响力的传播个体的作用。平台创新主要解决"依托什么"的问题，即在技术相对落后的地区，技术上的开放合作能为文化交流合作提供机会，从而提高全球用户对中国文化的理解力。

"一带一路"倡议、构建人类命运共同体等主张向世界传递一些新的理念，即和平、合作、发展、共赢。这些新型全球化主张必须跨越地域、民族和国家的界限，面对不同文化背景的各国人民，面对语言、宗教信仰、风俗习惯等不同的文化要素。因此，中国话语的全球建构成为极其重要的实践方式，中国对外传播已具备跨文化传播转向的必要性和可能性，也就是说，我们需要从文化沟通的角度去思考国际传播能力创新的路径。未来，跨文化传播不论是观念创新、内容创新还是平台创新，都需要从全球政治、经济、文化的多维视角去探索。

B.10
跨国春节联欢晚会的传播创新策略：
以南宁电视台为例

刘文军*

摘　要： 截至2020年，南宁电视台跨国春节联欢晚会共举办了13届，不断向东南亚国家及其他地区讲述中国故事。本文综合运用访谈法、田野调查法和文献分析法，从理念创新、内容创新和平台创新三个维度分析跨国春晚的创新策略。在理念创新维度，跨国春晚践行"共鸣"理念，通过寻找共鸣和制造共鸣的方式实现中国和东南亚国家及其他地区的"琴瑟和鸣"；在内容创新维度，跨国春晚善于运用游戏和故事作为传播媒介，巧妙地传达内心的声音；在平台创新维度，跨国春晚运用"借船出海"策略，借助东南亚国家及其他地区媒体的影响力，将中国故事传播到更为广阔的区域。

关键词： 跨国春晚　跨文化传播　传播创新

　　跨文化传播是人类永恒的命题，如何亲近他者而又保证"绝对他者"（勒维纳斯指出的不可化约的对象）的存在是我们在跨文化传播的过程中面临的困境。在向他者讲好中国故事的过程中，防止遮蔽他者和淹没他者的故事，最终实现自我和他者共同言说的平等交流是所有对外传播实践追求

---

* 刘文军，文化传播学博士，广西艺术学院影视与传播学院讲师，研究方向为文化传播和影视文化。

的目标。

电视春晚是一种联结华人华侨、对外言说中国的跨文化传播媒介。从
2007 年开始，南宁电视台借助与东南亚各个国家之间的文化相通性和地缘
亲近性，联合多个国家和地区的媒体共同打造跨国春节联欢晚会（简称
"跨国春晚"），晚会被命名为"春天的旋律"。除了因 2008 年发生汶川地
震而中断 2009 年跨国春晚的录制和播出以外，跨国春晚至 2020 年已举办
13 届。

在全球化和本土化双重语境下，跨国春晚如何塑造传播实践的独特性？
如何打造跨文化传播的创新性？本文尝试回应这两个基本问题，并从观念创
新、内容创新和平台创新三个层面展开论述。本文综合运用多种研究方法，
包括访谈法、田野调查法、文献分析法。① 通过对不同研究方法的调用，本
文尝试细致和深入地分析跨国春晚的独特性和创新性，并论述其如何讲好中
国故事。

一 理念创新："共鸣"理念维系自我和他者

"共鸣"是跨国春晚内在的价值理念，是推动跨国春晚不断创新的动
力。"共鸣"作为参与跨国春晚录制和播出的媒体机构共同认可的价值理
念，从跨国春晚创办之初就被注入春晚的血脉，一直奔涌至今。2006 年越
南数字技术电视台工作人员到南宁电视台考察访问，除提出互派记者采访报
道和举办电视宣传周的传统想法之外，双方还提出合作办一台春节联欢晚会

---

① 访谈时间为 2018 年 7 月 3 日，地点为南宁电视台 1402 会议室，参与访谈人员包括南宁电视
台原台长李跃，副调研员余伟，项目负责人黄安妮、房少强等。田野调查一时间为 2018 年
7 月 4 日，地点为南宁电视台 1402 会议室，会议名称为 "2019 年跨国春晚策划协商会"，
与会人员包括南宁电视台、湖南金鹰传媒和参与制作的东南亚各个国家及地区媒体机构代
表；田野调查二时间为 2020 年 1 月 11 日，地点为邕州剧场，即 2020 年跨国春晚录制现场。
文献一为历年跨国春晚完整视频，时间跨度为 2015 年至 2020 年，但缺失 2016 年跨国春晚
视频；文献二为大量内部资料，包括策划方案、导演制作清单，总结报告、可行性报告、
工作人员感言、历年晚会录制现场照片等。

的构想。因此，在"共同诉求"的推动下，2007年2月16日晚，南宁电视台和越南数字技术电视台分别在中国南宁和越南河内同时举办电视晚会，通过卫星直播的方式"让信号在空中交互"，晚会被命名为"'春天的旋律'2007越南数字电视台·南宁电视台春节晚会"，自此拉开举办跨国春晚的序幕。

（一）春节和南宁电视台："共鸣"的时间与平台落脚点

为什么是春节联欢晚会？虽然原台长李跃在相关的感言和访谈中认为此举是"偶然为之"，但两家电视台在合作的过程中选择春节联欢晚会并不是巧合，而是基于对社会人文历史等诸多因素的潜意识思考的结果。春节是全球华人共同的节日，也是中华民族传统文化的表征，它能在"传播的传递观"和"传播的仪式观"两个维度同时发挥传播作用。作为一衣带水的邻邦，由于地理、历史和政治制度等多方面的原因，越南一直传承着春节习俗。

春节不仅是中国和越南民众的"共鸣点"，也是中国和东南亚其他国家和地区民众的"共鸣点"，地缘亲近性促进人员流动和文化相通，因此中越两国跨国春晚模式（2007年和2008年）拓展为多国跨国春晚模式（如2010年中·马·越春节晚会、2011年中马泰跨国连线春节晚会、2012年中马泰跨国连线春节晚会和2013年中马跨国联欢文化之旅），最终拓展为大联欢模式：从2014年起，柬埔寨、缅甸、老挝、印度尼西亚、菲律宾等东南亚国家，中国香港、中国澳门及澳大利亚等地区和国家的媒体先后加入联合制作播出的阵营。"朋友圈"的壮大无疑是跨国春晚"共鸣"价值观获得共振的结果。

为什么是南宁电视台？越南数字技术电视台和南宁电视台在2006年"偶遇"，基于共同的合作诉求，基于共同的时间节点"春节"，找准中越两国民众共同的"情感结构"，因此能够通过跨国春晚顺利实现"共鸣"。但为何南宁电视台能够作为"琴"和其他国家及地区的媒体机构实现"琴瑟和鸣"？如何保证持续共鸣？南宁电视台只是一家城市级媒体，其影响力、覆盖面、权威性都无法和区级媒体广西电视台及国家级媒体中央电视台相提

并论。但在跨国春晚执行总导演房少强看来，正是南宁电视台城市级媒体的身份使得它能和东南亚媒体进行对话与合作。① 国家和媒体之间的综合实力在动态中找到平衡点，保证南宁电视台和东南亚媒体之间能够相互信任、收获"共鸣"。

（二）内核、方式和目的："共鸣"的理念贯穿始终

"共鸣"作为价值观念，在三个不同的层面发挥作用：基于春节的"共鸣"点，践行"共鸣"的合作方式，最终达到"共鸣"的目的。"共鸣"成为贯穿始终的内在追求。内部文件和公开新闻中不乏对跨国春晚的阐述，"桥梁""旋律""纽带"等词语被不断使用以强调跨国春晚作为平等交流媒介的价值，双向互通、共同谱写、连接你我等共同诉求通过隐喻潜移默化地灌注开去。在生活的各个方面，我们都用隐喻来界定现实，进而在隐喻基础上采取行动，② 因此跨国春晚从策划阶段开始一直践行"共鸣"理念。2018年7月4日，东南亚媒体代表和南宁电视台工作人员齐聚南宁电视台1402会议室召开2019年跨国春晚策划协商会，会上湖南金鹰传媒呈现2019年跨国春晚策划方案，所有工作人员共同协商和修改。因为2019年正值跨国春晚举办12周年，所以策划方案设计了每个国家和地区拍摄十二生肖中的某一种动物，最终将12个视频剪辑在一起，名为"十二生肖大拜年"。

同时，在跨国春晚正式播出的视频中，中国文化和东南亚文化相互交融、和谐共鸣的场景并不鲜见。比如，2017年的跨国春晚呈现了马来西亚马六甲广西村过年的场景。村主任吴桂香给村民送对联，红色的对联上写着马来西亚文字，吴桂香解释说文字是马来西亚语"恭喜发财"的意思。作为中国文化象征的对联承载着作为马来西亚文化象征的马来西亚文字，两者不曾开口却胜过千言万语。③ 另外，东南亚人民的生活方式和艺术大量出现

---

① 访谈笔记：跨国春晚执行总导演房少强，2018年7月3日，南宁电视台1402会议室。
② 〔美〕乔治·莱考夫、马克·约翰逊：《我们赖以生存的隐喻》，何文忠译，浙江大学出版社，2015，第144页。
③ 《"春天的旋律"2017年跨国春节晚会》，时间点为00:10:30。

在视频中，被记录、传播和观看。由此可见，跨国春晚的策划、制作和播出是中外媒体人共同协商对话的结果，中外媒体人在协商对话中找到共鸣、达成共识、消除陌生、增进理解。

"共鸣"是观念、隐喻和追求，在"讲好中国故事"的外宣背景下，跨国春晚用"共鸣"置换"撒播"，用"谈心"取代"宣讲"，正如原台长李跃在感言中总结跨国春晚举办成功的经验时将"共鸣"作为第三点心得："三要找准共鸣点，以国际视野、有效手段实现多元文化的融合。国际文化交流需要克服语言、文化、观念的隔阂，因而实现有效沟通是有一定难度的。'春天的旋律'跨国春晚主办方选择了观众既喜闻乐见又易于沟通的综艺晚会形式，选择了双方共同的节日这样的节点，并在合作中注意寻找双方在文化习俗、情感理念、生活诉求上的诸多相同相似点，同时注重多种文化元素的汇聚、更多创意和技术的加入，这些显然有助于节目在观众中引起共鸣，有助于达到超越国界的既和谐共振又多彩多姿的效果。"[①]

二　内容创新：游戏和故事作为"世界语言"

如何将众多文化孕育的不同口味调和在一起，是跨国春晚在跨文化传播的过程中遇到的难题。晚会所包容的音乐和舞蹈自身就是"世界语言"，但除此之外，跨国春晚同样熟练运用隐喻去创造和巩固新现实。年夜饭是全球华人一年之中最为盛大的晚宴，其具有仪式感和隐喻意义，是团圆的象征也是构建团圆的动力。跨国春晚在 2017 年和 2018 年都设计了年夜饭的场景，晚会直接将厨房搬到现场，作为另外一个表演区；邀请大厨现场烹制大餐，佳肴的食材极具东南亚风味：马来西亚特色菜娘惹豆酱焖鸡、泰国的香辣大虾辣酱、印尼的加多加多、菲律宾的醋烧鸡[②]……大厨在现场一边展示烹饪的过程一边讲述这些菜肴的由来和特色等背后的饮食文化。主持人将现场烹

---

① 内部文件：《春晚感言》，原台长李跃的感言，时间为 2017 年 5 月 27 日。

② 《"春天的旋律"2018 年跨国春节晚会》，时间点为 00:10:30。

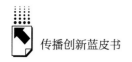

饪的菜肴称为"东盟家宴","家宴"作为隐喻唤醒心理现实,让意识形态潜行其中。家宴中的食物让人内心柔软,它和艺术一样是人类共同的语言,但它比艺术更为润物细无声。

(一)游戏:面向身体实践的言说

游戏比食物更低调。跨国春晚充分利用游戏的娱乐性,增添晚会的喜庆气氛;但跨国春晚设计的游戏环节并不仅仅是以娱乐和消遣为目的,在欢声笑语中讲述中国故事是其另一个目的:游戏是一个从未开口的言谈者。2017年跨国春晚中设计了年俗游戏环节:马来西亚马六甲广西村村主任在晚会现场厨房制作马来西亚传统美食"捞生"之后,这盘"捞生"被送上主舞台区。房少强、陈永馨等嘉宾分成两组,每组三名队员。两名队员负责用筷子将"捞生"夹起,并说吉祥话,说完之后跑到另一边,喂给另外一名队员吃。在规定的时间内,盘中所剩"捞生"最少的一队获胜。[①] 作为马来西亚传统食物的"捞生"被植入游戏,同时游戏中"捞"的动作让身体被置入意识形态的场域,而作为文化载体的筷子本身就强调了中国和马来西亚在饮食文化上的亲近性。同样,当年跨国春晚的另外一个游戏《找汉字、拼汉字、贴对联》也是在讲述中国故事。[②]

游戏作为讲述的手段不仅通过游戏中参与者发挥作用,同样也在空间的维度展现实力。当然,参与者和空间息息相关。2020年跨国春晚设计了外场游戏环节,外场设定在南宁新建成的地标性建筑"三街两巷"。游戏参与者是由中国和东南亚各个国家和地区的小朋友组成的"快乐同伴"合唱团,他们被分成两个小组,由传统艺人教他们舞"醉龙",小朋友们舞着龙穿梭在"三街两巷"的街道中,他们遇到剪纸艺术家和皮影戏艺术家时,艺术家们会给他们讲剪纸和皮影的历史,并教授他们如何剪纸和操作皮影。[③] 除了玩游戏的动作以外,小朋友们所游走的"三街两巷"同样也是记忆施展

---

① 《"春天的旋律"2017年跨国春节晚会》,时间点为00:50:50。
② 《"春天的旋律"2017年跨国春节晚会》,时间点为02:46:46。
③ 《"春天的旋律"2020年跨国春节晚会》,时间从00:28:50开始,贯穿整个晚会。

的空间，空间及其容纳的身体都成为记忆的载体，正如主持人在总结小朋友们在"三街两巷"做游戏时所说："今天你们体会到了互动游戏的乐趣，我们希望你们把这些记忆带回到你们的家乡。"① 总之，游戏是比食物和艺术更为通用的"世界语言"，甚至在约翰·赫伊津哈看来，艺术本身也是游戏的表现形式，而"我们这个物种是游戏的人"②。因此，借助游戏环节的设计，跨国春晚用"腹语"向游戏中的成年人和儿童讲述中国故事。

（二）故事：诉诸视听知觉的细语

"游戏春晚"和"故事春晚"是跨国春晚这辆马车的"双轮"。"故事春晚"作为跨国春晚的内容定位明确出现在一份题为《22 - 南宁电视台"春天的旋律"跨国春节晚会》的文件中，这一定位被细分为"A 讲好春节的故事""B 讲好'一带一路'的故事""C 讲好中国故事""D 讲好世界华人的故事""E 促进中外文化的交流"，随后文件对这 5 个细分定位进行了详细的阐述。③ 跨国春晚的执行总导演房少强在访谈中也多次谈到"故事春晚"的内容定位。④ 从现有的影像资料来看，从 2015 年开始，跨国春晚将故事融入晚会：2015 年跨国春晚中包含 13 个故事、2017 年跨国春晚中包含 3 个故事、2018 年跨国春晚中包含 4 个故事、2019 年跨国春晚中包含 3 个故事、2020 年跨国春晚中包含 2 个故事。2015 年到 2020 年的跨国春晚中，故事数量整体下降，但从内容来看，2015 年跨国春晚呈现的 13 个故事和其他年度呈现的故事不是同一类型：2015 年是羊年，跨国春晚以"YOUNG"为主题，13 个故事大多数围绕该主题，以全球各地的年轻人为主角，展示年轻一代的生活方式和精神面貌，其中包括吉隆坡某汽车代理行执行董事刘永强、在东南亚做义工的香港注册中医师欧卓荣、亚

---

① 《"春天的旋律"2020 年跨国春节晚会》，时间点为 02:24:07。
② 〔荷〕约翰·赫伊津哈：《作者自序》，载《游戏的人：文化中游戏成分的研究》，何道宽译，花城出版社，2007，第 33 页。
③ 内部文件：《22 - 南宁电视台"春天的旋律"跨国春节晚会》（PPT），第 9 页，时间为 2018 年 5 月 28 日。
④ 访谈笔记：跨国春晚执行总导演房少强，2018 年 7 月 3 日，南宁电视台 1402 会议室。

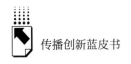

洲小姐澳洲区冠军 Jessica 等。除呈现年轻人的生活以外，跨国春晚还呈现了广西上林县西燕镇大龙洞村刁望教学点教师石兰松、马来西亚民政党总秘书梁德明、澳门民政总署管理委员会委员梁冠峰等中年人的生活。① 由此可见，2015 年跨国春晚呈现的故事多而散，而其他年份跨国春晚呈现的故事少而精。

从 2017 年到 2020 年，每年跨国春晚出现的故事为 3 个左右，它们穿插在整场晚会的恰当位置，和其他环节紧密衔接。2017 年跨国春晚先运用短片呈现香港歌唱组合"明歌知钦"的生活，包括举办公益演唱会、给空巢老人派饭、到广西百色做公益活动、在南宁安家并创作歌曲《南宁好地方》等，随后镜头切换到晚会现场，"明歌知钦"为观众献上歌曲《南宁好地方》。② 马来西亚歌手陈永馨③、老挝国际广播电台音乐制作人维莱鹏④、刘三姐扮演者黄婉秋⑤、菲律宾菲中电视台创始人施玉娥及其女儿庄琳琳⑥等人的故事作为铺垫勾连起现场的歌曲演唱，在故事中"浸泡"过的观众更能与故事的主人公/歌曲的演唱者心灵相犀。故事除了能和现场歌曲演唱衔接以外，还能和现场游戏"粘连"在一起。例如，2017 年跨国春晚先运用短片讲述了马来西亚马六甲广西村村主任吴桂香和村民们过年的习俗，随后镜头切换到晚会现场的东盟厨房，村主任现场制作马来西亚传统食物"捞生"，"捞生"成为下一个游戏环节的重要道具。⑦ 故事作为水流，串联着现场和外景、中国和东南亚、歌舞和日常生活、食物和民俗游艺，构建起文化传播的河道，"泛舟河上"的观众由主持人的话语牵引着来回游走，沉浸在"文化云雾"所晕开的"风景"之中。

---

① 《"春天的旋律" 2015 年跨国春节晚会》，贯穿整个晚会。
② 《"春天的旋律" 2017 年跨国春节晚会》，时间点为 01:31:47。
③ 《"春天的旋律" 2017 年跨国春节晚会》，时间点为 02:03:44。
④ 《"春天的旋律" 2018 年跨国春节晚会》，时间点为 01:01:51。
⑤ 《"春天的旋律" 2018 年跨国春节晚会》，时间点为 01:37:17。
⑥ 《"春天的旋律" 2019 年跨国春节晚会》，时间点为 01:09:55。
⑦ 《"春天的旋律" 2017 年跨国春节晚会》，时间点为 00:09:16。

（三）隐喻：潜入内心深处的呢喃

跨国春晚所呈现的故事不仅是故事本身，它还是复调的、多层次的。换言之，以"故事春晚"为内容定位的跨国春晚用故事讲述故事。2017 年到 2020 年的跨国春晚中，共出现 12 个故事。这些故事并不是被随意挑选的，"讲好中国故事"成为挑选的标准。而作为跨国春晚，为了达到"共鸣"的目的，其故事必须是共同的故事或关联的故事：中国和东南亚国家及其他地区民众共同的故事、中国民众和东南亚国家及其他地区之间的故事、东南亚国家及其他地区民众和中国之间的故事。换言之，故事并不是毫无偏向，所有的故事都存在特定视角和立场。因此，跨国春晚所呈现的故事中始终存在二元结构：自我和他者。故事中的个体不仅是个体，也是其背后国家的指代和象征。因此，对个体故事的叙述也是对国家关系的叙述，而隐喻将这种关系巧妙地传达出来。2017 年到 2020 年跨国春晚呈现的 12 个故事大致可以分为"树根 – 树叶隐喻"和"展示者 – 记录者隐喻"。

故事叙述的中国和东南亚国家及其他地区的关系中，"树根 – 树叶隐喻"是最为普遍的隐喻类型。这一类型符合华人迁居东南亚、在东南亚开枝散叶的历史。马来西亚马六甲广西村村主任吴桂香（2017 年跨国春晚故事主人公，下只列出年份）、马来西亚华人族群（2019 年）、印度尼西亚山口洋市第一位华人女市长蔡翠媚（2019 年）、印度尼西亚"华人代表"黄德兴（2020 年），这些故事主人公都是华侨、华人或华裔，他们虽然生活在海外，但与中国有割舍不断的联系：他们或回到中国寻亲、从事公益事业等，寻找"树根"；或在海外延续中国传统、从事华文教育等，培养"树叶"。除此之外，讲述马来西亚歌手陈永馨的故事时是从她作为东南亚留学生的身份切入，大量镜头呈现了广西艺术学院教师龚小平给她授课的场景（2017 年）；刘三姐扮演者黄婉秋的故事向东南亚国家展现了我国民歌文化（2018 年）；中国香港歌唱组合"明歌知钦"通过创作歌曲的方式书写中国内地的故事（2017），老挝国际广播电台音乐制作人维莱鹏（2018 年）、印尼国际日报总裁熊德龙（2018 年）和菲律宾菲中电视台创始人施玉娥及其

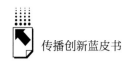

女儿庄琳琳（2019 年）通过自己旗下的媒体记录和连接中国。这些是"展示者 – 记录者隐喻"的代表。

隐喻的划分并不是绝对的、单一的。人性和故事是复杂的、复调的，因此以上划分只是梳理出故事中的主线之后得出的结果。有时候"树根 – 树叶隐喻"和"展示者 – 记录者隐喻"会交织在一起，比如熊德龙（2018 年）和施玉娥及其女儿庄琳琳（2019 年）既是作为"树叶"的华裔，因为借助自己创办的本地媒体报道中国、传播中国的声音，所以又是"记录者"。

三 平台创新："借船出海"的平台搭建策略

跨国春晚一直在探索拓展传播平台的可能性。相较于综合实力较强的中央电视台而言，南宁电视台在海外的影响力较小，但"借助现代电视技术手段，借助与境外媒体的合作，南宁电视台可以实现低成本、广覆盖的最佳效果。'春天的旋律'从一开始就是一个'借船出海'的项目，着眼点就在于有好的现代技术手段，并通过合作获取更广的传输渠道，从而实现更为有效的传播。这一做法与那种一说文化交流就带着浩浩荡荡的队伍到对方国家找场子演出、找场子布展的做法相比较，确实能达到事半功倍的效果"①。南宁电视台原台长李跃用"借船出海"四个字高度概括了跨国春晚在拓展平台实践中的智慧，跨国春晚运用这一智慧不断创新和拓宽讲好中国故事的渠道和平台。

跨国春晚从扬帆起航的那一刻就采用了"借船出海"的策略。作为一家没有"出海口"的城市级媒体，南宁电视台敏锐地将自己和越南数字技术电视台这家海外媒体联系在一起，借助后者的海外影响力传递自己的声音。越南数字技术电视台是越南第二大国家级媒体，在越南具有广泛的影响力。因此，2007 年通过与越南数字技术电视台合作共同举办跨国春节联欢

---

① 内部文件：《春晚感言》，原台长李跃的感言，时间为 2017 年 5 月 27 日。

晚会，南宁电视台成功地将自己和背后的南宁、广西及中国展现在越南华人和其他民众面前。"借船出海"模式试水成功之后，跨国春晚迅速向东南亚其他国家进发，泰国、马来西亚、新西兰、菲律宾等国家的媒体纷纷加入，后来中国香港和中国澳门的媒体也参与进来，2020年跨国春晚由13个国家和地区的21家媒体共同打造。相对于"造船出海"而言，"借船出海"更能显现跨文化传播的双向互惠性和便利性，更能消除不确定性和隔阂，更能在"出海"的同时尊重"绝对他者"。

为了巩固"借船出海"模式，跨国春晚在2014年实现了从直播到录播的转变。跨国春晚从2007年诞生之初到2013年，一直采用两地和多地同时举办晚会，然后运用卫星通信传送信号的方式将各个不同的晚会场景串联起来，完成节目的制作播出。对于一家城市级媒体来说，跨国电视直播面临较高的风险和挑战，但"不知道哪里来的胆子"①，跨国春晚践行了多点互动、多国联动的直播模式。电视直播造就媒介事件，媒介事件将不同地域的大量人群聚集在电视机前共同观看同样的画面，促使媒介仪式形成。回顾中央电视台春节联欢晚会崛起的过程会发现，正是因为导演黄一鹤在1983年大胆直播春晚，并用电话连线的方式让直播的优势得以凸显，最终让全国观众沉浸在互动和仪式之中，央视春晚才成为除夕夜的新民俗。所以，可能是因为同为春节联欢晚会，在主办方看来，只有直播才能保证跨国春晚的仪式感，因此主办方大胆采用这种方式并沿用至2013年。

但考虑到录播的安全性、录制的便利性和友台的利益等多方面因素，从2014年起，跨国春晚放弃直播，改为录播。因此每年12月份前后，南宁电视台邀请参与制作的东南亚媒体代表和演出人员齐聚南宁，同台录制晚会，并在除夕之前制作跨国春晚视频，最后由南宁电视台和合作播出的媒体机构按照自己的时间节点进行播放。如果说央视春晚在1983年从录播转为直播是其完成仪式化的一个转折点，如果媒介仪式必须由直播填充其内核，那么跨国春晚在2014年从直播转为录播则为逆媒介仪式的过程。当然，媒介仪

---

① 访谈笔记：南宁电视台原台长李跃，时间为2018年7月3日。

式并不只有一种表现形式。[1]

从直播到录播的转变，仅从传播维度来看，其具有深远的意义和深刻的影响。首先，跨国春晚从直播转为录播，能够真正实现录制和播出的分离，而播出的机构不一定只是参与录制的机构。比如，2019 年跨国春晚片尾字幕显示，联合录制的媒体包括南宁电视台、中新网、香港国际卫视、亚洲电视、澳门电视台、马来西亚寰宇电视华丽台、菲律宾菲中电视台、泰国泰华卫视、印尼国家旅游部、印尼国际日报传媒集团、印尼大爱电视台、新西兰环球中文电视台、澳大利亚天和电视台，而字幕中单独列出了"播出合作"的名单：缅甸卫星电视台、越南胡志明市电视台、STRA 老挝电视台和柬埔寨国家电视台。因此，实现录播的跨国春晚不仅能在参与录制的媒体上播出，也能在签署了播出合作协议的媒体上播放，从而可以扩大传播力和覆盖面。其次，跨国春晚从直播转为录播，合作媒体能有更大的主动权。跨国春晚电视直播要求时间的同一性，但录播能让各个媒体机构根据自己的实际需要选择合适的时段播出视频，比如，"因为历法不同，所以日期上可能稍有不同，例如 2007 年中越除夕相差一天，2008 年除夕则是同一天"[2]，如果选择直播跨国春晚，反而不能保证中越民众都在除夕夜收看。因此，从直播到录播的转变使跨国春晚能够在更大的空间范围和时间范围被播放。跨国春晚在时间同一性维度后退一小步，却在空间广泛性向度前进一大步：只有不强求所有的"船"同时出海，南宁电视台才可以借到更多愿意载它出海的"船"，才能驶向更广阔的海域。

跨国春晚始终坚持"借船出海"的平台创新策略，在传统电视媒体和互联网平台上"攻城略地"。跨国春晚甚至将"航线"延伸到中亚等国家，与乌兹别克斯坦、土库曼斯坦等"一带一路"沿线国家建立合作关系。在互联网时代，跨国春晚与马来西亚嘉丽台合作打造 Aflix 平台，Aflix 主要提

---

① 唐润华、刘文军：《时间偏向与空间偏向：媒介仪式的多元化研究——基于央视春晚和南宁电视台跨国春晚的对比分析》，《中国传媒报告》2019 年第 3 期，第 95～102 页。

② 沈涛：《喜迎合作盛世　共谱友谊欢歌——我与"春晚"的故事》，内部资料，2017 年 5 月 27 日。

供订阅型 OTT 流媒体和视频点播服务，以提供和播放亚洲节目内容为主;①
作为全球最大的视频平台，YouTube 自然是跨国春晚"适宜生长"的平台。
总之，跨国春晚"借船出海"的思路无往不胜：媒体无处不在，因而跨国
春晚能借到的"船"无处不在。

结　语

从 2007 年到 2020 年，跨国春晚一直在探索如何讲好中国故事，并将其
融入讲好春节故事的洪流。讲好故事从来不是一件简单的事情，但共同讲故
事比独自发言更容易让人倾听，因此跨国春晚所坚守的"共鸣"理念能让
自我与他者在来回转化中安适。同时，跨国春晚在内容呈现上抓准游戏和故
事这两种"世界语言"，运用这两种隐秘性的语言潜移默化地传达制作者的
意图。跨国春晚始终践行"借船出海"的平台创新策略，将中国故事传播
到更为广阔的海域。跨国春晚作为跨文化传播的表现形式，一直在理念、内
容和平台维度寻求创新。但也应该看到，在春节联欢晚会整体乏力的生态之
中，如何实现理念的更新、内容的更替、平台的拓展，如何寻求持续创新将
是一个长久的命题。

---

① 内部文件:《春天的旋律　唱响中国故事》，时间为 2017 年 10 月 11 日。

媒体传播篇

Media Communication

B.11

中国报网深度融合的探索："侠客岛"
传播创新研究

张远晴 申孟哲 张雪*

摘　要： "侠客岛"是《人民日报》海外版旗下的新媒体品牌，在海内外舆论场获得了广泛的传播和较大的影响力。本文从"侠客岛"发展亲历者的视角呈现其发展历程，将其传播创新归纳为四个主要维度，包括产品定位、内容生产、媒体融合、体制机制。文中解析"侠客岛"内容生产有四个特色：精准解读习近平总书记的讲话和活动；把重大政策和新闻摊开来读；建设性介入社会热点新闻；在国际舆论斗争中敢于亮剑。

---

* 张远晴，《人民日报》海外版融合协调处处长，"侠客岛"负责人；申孟哲，《人民日报》海外版记者，"侠客岛"内容总监；张雪，中国人民大学新闻学院硕士研究生。

关键词： "侠客岛" 传播创新 产品定位 内容生产 媒体融合

"侠客岛"是《人民日报》海外版旗下的新媒体品牌，创办于2014年2月。6年多时间里，"侠客岛"坚持理性客观、守正持中的新闻立场，以解读时政新闻为主业，兼及财经、国际、社会、文化、思想等领域，从微信、微博拓展到头条号、企鹅号、搜狐号、数字屏等多平台，从传统图文载体呈现发展到音视频、小程序、直播、线下活动等多元载体呈现，形成了不同于以往党报话语体系的新文风，在海内外舆论场获得了广泛的传播和较大的影响力，全网用户超千万，成为近年来传统党媒融合发展的成功典型。2018年，"侠客岛"荣获中国新闻奖融媒栏目一等奖。

2019年1月25日，习近平总书记带领中共中央政治局同志在人民日报社举行第十二次集体学习。在与"侠客岛"团队成员交流时，总书记表示："'侠客岛'我经常看。"这是国家领导人对"侠客岛"融合发展探索的充分认可和最大鼓舞。

本文结合"侠客岛"发展历程，从媒体融合发展的角度思考"侠客岛"的传播创新经验。我们认为，"侠客岛"抓住了媒体融合发展的机遇，实现传统纸媒的变道超车、逆势上扬，有一些可以归纳的创新思维。需要说明的是，本文作者来自"侠客岛"核心团队，文中所使用的案例、资料、数据等均为一手材料，不再单独标注引用来源。

一 创办"侠客岛"：进入互联网时政新闻的蓝海

"侠客岛"第一篇文章发表于2014年2月18日。彼时，微信公众号刚推出不久，个人号居多，机构媒体鲜少入驻。《人民日报》海外版的几位年轻同志敏锐捕捉到这一媒体融合的技术先机，以跨部门、小组制的弹性组织形式，自发创立了"侠客岛"微信公众号。这是一个松散但非常有创新力的小团队，团队成员出于个人兴趣爱好，从时政记者所长入手，尝试用

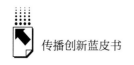

"网言网语"解读时政新闻。

时政新闻拥有广泛的受众，但对其解读需要有一定的专业素养，需要对中央政策、领导人讲话以及中国国情等方面有较深入的理解。在互联网新闻中，时政新闻是中央媒体报道的专长，但表现形式以通稿居多，对受众来说有理解门槛。所以，时政新闻解读是互联网新闻的蓝海。摆脱传统话语体系的板正表述，用活泼、生动的文风深入解读时政新闻，"侠客岛"成功地做到了这一点。

事实也证明这种路径的可行性。乘着微信公众号发展红利的快车，"侠客岛"在几个月内就打出了名声：到2014年底，"侠客岛"微信端已经拥有20万关注者。在之后几年的发展历程中，"侠客岛"逐渐形成了一套行之有效、运转顺畅的体制机制，虽然团队小、投入少、资产轻，但可以广泛盘活报社内外、体制内外资源，呈现出音视频、用户运营、线上线下联动、衍生品开发等多媒体融合形态，成为影响力广泛、海内外知名的党报新媒体品牌。

从自发草创、始于草莽到得到国家领导人的肯定，"侠客岛"可以说蹚出了一条主流媒体融合发展的新路。国家宣传管理部门在评价中称："'侠客岛'主动及时发声、准确权威释疑、灵活生动表达，已成为融合发展时期主流媒体积极影响海内外舆论的轻骑兵"；2017年9月20日，在新华社刊发的《主旋律更响亮 正能量更强劲——党的十八大以来宣传思想文化工作综述》中，"侠客岛"作为"中央主要媒体打造的微博微信公众号"的典型，被认为"正能量充盈、影响力广泛"。

近年来，"侠客岛"获得包括中央网信办"微信创新力十佳"、国务院国资委"最受企业关注的自媒体账号"、中国证监会"中国资本市场新闻报道优秀作品"、中国新闻史学会"十佳新闻传播应用创新案例"、今日头条"年度媒体头条号"、"小鹅通年度传播力大奖"、搜狐"年度报道团队"、新浪微博"微博大观奖"等在内的奖项，以及第二十八届中国新闻奖融媒栏目一等奖，可以说，"侠客岛"获得了体制内外的一致认可。

"侠客岛"成为众多新闻研究者研究党报融合发展的重要样本。《新闻战线》《新闻与写作》《三项学习教育通讯》《网络传播》等多家刊物刊登过以"侠客岛"为研究对象的分析文章，"侠客岛"现象成为不少新闻传播专业学者研究的选题。那么，"侠客岛"究竟有哪些传播创新呢？我们是如何"解剖"自身传播特色的呢？下文将从几个方面展开论述。

二　独特的产品定位：站位高、把握准、理解易

从创办伊始"侠客岛"团队就注意到，在舆论场中，官方和民间的声音往往存在裂痕、缝隙，有时矛盾激烈，弥补这两种声音的裂痕，存在高度可为的空间。这种空间来自国人对时政新闻的高度关注，也来自海内外用户对中国发展、中国道路的好奇和关注。

这是调研的结果，也是主动求变的要求。在我们看来，当下相较于主流媒体的自有平台，商业平台的装机量、活跃用户具有绝对优势，主流媒体不得不借助商业平台传播内容、放大传播力；传统的单向度传播局面已经发生改变，选择权转移给用户，信息提供形成"买方市场"，用户自由选择使用何种平台、以何种频率阅读新闻产品。在此种格局下，主流媒体在传统时代的真正话语权发生事实性转移，至少是部分让渡。

尤其值得注意的是，互联网用户正进行不可逆的"年轻化"代际更迭。最近，与此相关的最热新闻就是"后浪"一词的出现。的确，新浪微博的活跃用户90%以上是"85后"，"侠客岛"微博粉丝90%以上年龄在18～40岁；微信用户的平均年龄是32岁，B站、抖音等音视频平台的用户更年轻。"后浪"用户的心态、使用习惯、价值观、权利和规则意识都与"互联网移民"不同，他们极为活跃，有更强的网上组织动员能力，在互联网舆论场中的声音很大。

因此，要想吸引更多用户，必须形成独特产品标识、拥有独特竞争优势、提供真正有竞争力的产品；在声音多元、社会利益多元的格局下，要想让自己发出的声音被感知、被倾听、被理解、被认同，主流媒体就必须提升自己的新闻专业素养、思想和理论水平，提高问题回应力、价值感召力、舆论弥合力。

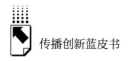

因此，在时政新闻领域，如果有媒体能够用大部分人读得懂、听得进的语言，生动清晰地解读中国发生的重大热点新闻尤其是时政新闻，一定会获得用户、占有市场。"侠客岛"将自己定位为"权威、犀利、生动、及时"的党报新媒体，并且在日常生产中贯彻这一理念。

准确的产品定位使得"侠客岛"顺利起步。权威，是《人民日报》党报背景所赋予的，针对的是捕风捉影、胡乱解读、信源不可靠的市场痛点；犀利、生动，是"侠客岛"的行文特色，主打的是用口语、白话、个性化的语言风格解读时政新闻；及时，则是新闻时效性的必然要求。

在这几点定位和愿景的激励下，"侠客岛"在 6 年多时间里，累计生产了超过 2000 篇原创文章。这些文章绝大部分由《人民日报》编辑记者采写或特约作者写作，时效性强，第一时间解读重大热点新闻事件，及时传播党中央的声音，有效进行舆论引导、挤压负面声音；同时，文章通俗易懂，将"高大上"的时政话题变成"接地气"的网络话语。站位高、把握准、理解易成为"侠客岛"文章的特色。

接下来，本文将结合一些作品分析"侠客岛"的内容特色。

三　内容生产的四个特色

（一）精准解读习近平总书记的讲话和活动

《人民日报》作为党中央机关报，宣传解读好习近平总书记和党中央治国理政的理念和实践，是我们最重要的政治任务。而如何用融通中外的新概念和新表述、用最新的新媒体技术和手段、用精妙的创意和创新落实好这个政治任务，成为各大央媒竞争的焦点。对习近平总书记的讲话和活动进行解读，"侠客岛"主要有以下几种探索。

1. 利用好《人民日报》的权威信息资源，在新闻通稿之外做增量

2014 年，我们与前方报道记者合作，率先推出的"跟着习大大去出访"系列文章，以贴身报道的方式和年轻人乐于接受的语言风格，近距离记录

习近平总书记出访的生动故事和细节，成为中国新闻史上对国家领导人出访进行报道的新形式。在这一系列稿件中，有因外事活动日程紧张忙碌到只能在转场路上吃饼干的细节，有到访当地的细致安排和特色故事，这些是通稿之外未能见过的新闻点，大大激发了读者的阅读兴趣。又如，独家推出的《习奥瀛台夜话全记录》记录了夜晚习近平与奥巴马在中南海瀛台谈历史、谈中美合作这一事件，文章笔触委婉细致，微信阅读量突破百万，被全网推送。

2. 用最通俗简明的话语，拎出习近平总书记讲话和活动的重点进行解读

对习近平总书记新年贺词进行解读已经成为"侠客岛"的惯例，新年贺词一发表，解读文章必然会在 2 小时内及时推出。此外，遇到总书记的重要会议讲话，"侠客岛"会在当天推出精要的解读文章，帮读者拎重点、圈新点、找亮点，并穿插一些背景知识，用 2000 余字的篇幅写成"精华版"。值得注意的是，考虑到微信公众号文章是在手机端阅读，文章篇幅不能太长，否则会影响到用户的完读率；排版也要疏朗，避免过长的段落、过多的文字挤在一起，给用户带来不良的阅读体验；同时，因为用户使用手机阅读的场景可能多种多样，所以要考虑到从标题到正文的起承转合，要始终有悬念、逻辑性一致，避免行文生涩、专业术语过多导致用户"打磕巴"——归根结底，在重大时政新闻的解读中，我们也时刻力争给用户打造最佳的阅读体验，降低阅读门槛，寓深刻于平实。

3. 及时学习习近平总书记讲话和活动精神，做好知识铺垫

解读时政新闻是《人民日报》记者的本职工作，要让读者从我们的作品中读懂中国政治、读懂"信号"和趋势，首先要求记者自己要弄通、读懂。为了做到这一点，"侠客岛"团队每天随时跟踪学习总书记的重要讲话和活动，经常一起开会讨论；一有重大新闻就要碰头交流、确定解读重点。例如，党的十九大召开当天，全民关注。十九大报告总计 3 万余字，如何将这 3 万余字转化成一篇适合在手机端阅读的、字数约 2000 字的文章？这其实非常考验作者的功力。"侠客岛"当天的解读题为《读懂十九大报告的定力与雄心》，主线就是总书记讲的两条：一是十九大给中国发展确立的历史

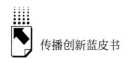

方位，二是新的基本矛盾表述。只要把握住这两点，就能理解总书记讲的蓝图纲要和路线图，也就能读懂中国共产党在十九大报告中体现出的"定力"与"雄心"。又如，总书记在全国两会上提出"要构建'亲'和'清'的新型政商关系"，其中的"亲""清"二字如何理解？需在"反腐风暴"背景下，结合反腐与经济发展的关系去理解。再如，总书记在十八届中央纪委第五次全会上讲到要"严明政治纪律和政治规矩"，其中"政治规矩"这个并不常见的术语到底是什么意思？我们查阅了大量党史资料，并请教了相关专家，最终形成了一篇同时落地于《人民日报》海外版和"侠客岛""学习小组"新媒体平台的文章《中共的政治规矩是什么》，该文章角度独特，解读详细，受到读者的好评。

总之，要做到对国家领导人讲话和活动解读的权威、准确、及时，"功夫在诗外"，需要日复一日地学习积累，这样才能在第一时间将"高大上"的时政话题变成"接地气"的网络话语。

（二）把重大政策和新闻摊开来读

关注中国新闻的用户，经常会说"新闻越短事情越大"——这是一种调侃，也是传播过程中的一种客观现象。这种现象意味着新闻通稿之外存在巨大的解读空间，也意味着传播过程中存在一种张力。"侠客岛"经常在这种张力中寻得立足和转圜的空间。作为中共中央机关报的外宣平台，《人民日报》海外版发出的声音被外界广泛解读为权威意见。因为是《人民日报》海外版旗下的新媒体，"侠客岛"自然具有党媒属性，尽管我们以轻松生动甚至调侃式的语言"拆解时局"，但海内外舆论场是将"侠客岛"作为党媒来看待的。这就要求我们在解读时，要在对政治大局有精准把握的基础上，对时政新闻做出清晰而准确的判断和分析。其实，对这些新闻进行解读往往需要做相当多的"功课"。

例如，2014年，山西政坛陷入塌方式腐败漩涡，省委书记换帅，我们希望读者通过我们的解读能读懂中央对"主体责任"的定位；周永康等落马高官被查，我们希望读者不仅"看热闹"，同时能读出中央对党内小圈子、山头主义的彻查态度,以及不论涉及谁、无论多高职位都一查到底的决心。这样,对于反腐的议题,就不是将重点放在对落马官员生平、逸事甚至是绯闻的"扒皮"上,而是放在对政治生态的净化、对深化改革的促进上。再如,党和国家机构改革,怎么改?仅文件就有 2 万字,再加上当时《人民日报》连续几个版的党内高层解读文章,总共有超过 13 万字的背景材料。把这些材料弄懂、消化,再用自己的语言拎出机构改革的逻辑和主线,形成一篇 2000 多字的文章,工作量可想而知。又如,权威人士接受《人民日报》记者采访谈中国的经济形势,并罕见发表在头版头条,每篇文字也有万余字,怎么理解其中巨大的信息量?"权威人士"到底是谁?他们在向市场发出怎样的信号?我们查阅了《人民日报》报史上所有出现"权威人士"的文章,写作而成《神秘的"权威人士"到底是谁》;我们将几篇文章通读理解,并且结合前后中共中央政治局会议、中央经济工作会议等材料,写成《"权威人士"再次喊话,说给谁听?》一文。2020 年全国两会上,最受关注的议题之一是全国人大通过涉港决定。这一决定的背景我们都知道,是 2019 年香港发生修例风波,以及近些年"港独"愈演愈烈。这一法案如何修订、如何影响香港的局势?这就需要从香港国安相关立法的历史和错综复杂的国际形势这两个维度进行分析。我们当天的解读就是结合相关领导人的讲话进行的,这就把文件语言转换成了新闻语言,帮助用户更好地理解这一事件。

上述案例分析表明,每到重大政策发布、重大时政新闻发生时,普通用户最希望的就是能有及时、权威、通俗、准确的解读。这是在帮用户节省时间,也是在满足他们的需求痛点。因此,涉及中央重大的会议、重大外事活动、重要文件和政策发布,"侠客岛"基本不会错过,力争找出关键信息,及时解读传播。这需要大量的时政知识积淀,才能做到准确而及时的提炼。新闻通稿往往很长,但用户需要的可能就是"6 个信号""5 个亮点""最重要的 10 句话",或是"一篇文章就读懂",因此,就需要"把长新闻读短";有时,新闻通稿里简单的一句话,却可能蕴含巨大的信息量,用户可能对一句话的表述不理解,还希望了解更多的消

息，这时候，又需要"把短新闻读长"。更多的时候，用户会对通稿"严肃正确"的风格望而却步，产生阅读障碍，因此就需要更加生动、个性的方式，把新闻层层摊开，让用户既能读得懂又能读得舒服。用互联网语言表述的话，就是在时政新媒体领域，我们也力图打造最好的"用户体验"。

（三）建设性介入社会热点新闻

互联网舆论对"侠客岛"密切关注的一个理由在于，相较于人们的刻板印象，"侠客岛"选题和行文似乎没有"禁区"，文章风格大胆犀利。热点新闻是舆论热议又需要主流声音的场域。从2014年至今，"侠客岛"介入了许多社会热点，远至标志性的红十字会郭美美事件、问题疫苗案、百度魏则西案、辱母杀人案、聂树斌案、天津港爆炸事件，近至新冠肺炎疫情、埋母案、东北模仿老师的钟美美等。面对突发、关注度极高的社会新闻，党媒是否介入、如何介入、以何种角度和落点介入，都是极考验从业者政治和专业素养的。

一般说来，面对这种新闻，我们秉持如下几个操作原则。

第一，贴近现场。如果能到现场，或者能联系到当事人或贴近相关人，一定是首选。比如百度的魏则西案，当大家都在声讨百度的时候，我们第一时间联系到该公司的前员工，该员工对公司文化和相关弊端有直接体会和深入思考；社会上频发性侵女性甚至幼女事件，当民众极其愤慨的时候，我们约请长期从事女童保护相关工作的社会组织负责人写文章。说起来这是新闻从业者非常基本的操作法则，事实上，在追求流量经济和注意力经济的今天，移动互联网舆论场内永远不缺乏评论、观点、情绪，但是缺乏事实的呈现，这也是近年来反转性新闻频发的症结所在。传统媒体在这一层面拥有比自媒体更多的资源，因此，贴近的专业原则是"可为"且"须为"。

第二，"守正持中"。在我们看来，如果用意识形态化的话语给某个新闻或当事人贴标签、站队，无助于任何建设性的讨论。在社会热点新闻中，有相当大一部分是可以用前述"贴近"，也就是还原、挖掘、专业性呈现的方式进行"技术化约"的，当化约成事实或者某一层面的专业性事实时，讨论的方向和落点便会自然而然呈现出来，这样不仅不会沦为口角之争、意气之争乃至立场之争，反而可以促进不同群体的互相理解、建设性探讨。例如，习近平总书记在毛泽东、邓小平诞辰纪念会上都曾提到过"前后三十年"的关系。毋庸讳言，这在舆论场中是个极易引发意识形态争论的话题，但是习近平总书记的讲话非常务实：两个前后三十年不能简单地互相否定。回到历史事实，有助于还原许多基本观点，比如前三十年为后三十年打下基础，后三十年至今的路线探索等，把道理讲清楚，把事实摆出来，是可以求取共识的。又如一些司法遗留问题，如聂树斌案、呼格案、操场埋尸案、孙小果案等，这些案例有一个共同的特点，就是往往既涉及当年的严打背景，又涉及盘根错节的基层政治生态。不处理这些陈年旧案，民众对司法的信心无从建立。处理这些案件，一方面是向群众展现一些触目惊心的细节，尤其是个别地方官员可以阻挠干预司法、一手遮天；另一方面表明司法进步、国家扫黑除恶的决心。将这些抽丝剥茧地揭示出来，不再避讳，本身就是社会成熟进步的表现。历史有局限性，有各自不同时段的合理性，也是螺旋式前进和上升的。在这方面，我们的作者往往有司法、基层治理相关的专业背景，有大量的经验数据和调研资料，可以举一反三。

第三，既从常识出发又超越常识。从常识出发，是为了贴近普通用户，不给用户设置太高的专业门槛；超越常识，则是要体现不同领域的专业性，因为专业知识不一定符合常识，一味迎合常识则会流于媚俗。比如，我们可能在媒体上见过许多黑白分明、强弱对立式的二元范畴描述，如钉子户与强拆队、小贩与城管，推远一点可能就是官民、官商、男女、师生等不同身份间的矛盾。如果将这些身份矛盾脸谱化、标签化，容易提高传播量，但往往有悖事实，或者把复杂事情简单化了。所以，我们坚持每一个焦点事件都要具体问题具体分析，避免用群体式标签一概而论。专业知识也可以促进更多的理解。例如，基层治理（这是一个相当广阔的领域）问题涉及不同的行

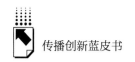

政领域和层级，在不同的场景中，会有多种处理方式。为什么个别基层民警面对涉外国人的案件时偶尔会"和稀泥"？除了从普通读者的愤慨视角去解读事件，我们还可以从基层民警在执法时面临的困境，如相关法规和行政规则的制约、处理此类案件的成本等视角去解读事件，以找到解决的办法。又如，为什么新冠肺炎疫情中，一些地方出现"干部很累、群众无感"的状况？这可能是因为基层社区行政化、"网格化"之后，社区干部离群众很远，关键时候无法及时建立紧密联系。描述现象是一方面，剖析是另一方面，而且更重要，这样才能为问题求解。目前舆论场有时将注意力集中在对现象的直觉判断上，缺乏深入调研和分析，因而时常引发意气之争，使问题失焦。

我们常说"用户选择产品""顾客就是上帝"，事实上，产品与用户也是可以互相选择、互相塑造的。"侠客岛"坚持用说理、沟通的方式促进理解，喜欢站队、恶语相加的网民不是我们的目标用户；在"侠客岛"的微信和微博后台，也绝少有恶语相加式留言，即便出现，也会有其他用户自觉反驳，这就形成一个健康的小环境。这样的小环境越多，大环境会变得越健康、越清朗，舆论引导的效果也就越好。

（四）在国际舆论斗争中敢于亮剑

海外舆论也相当关注"侠客岛"，将其视为观察中国的重要窗口。这是因为"侠客岛"有党报底色，同时还因为"侠客岛"对国际热点话题尤其是涉及中国舆论斗争话题的高度关注和密集介入。

试看这些标题便知：《一旦萨德入韩，中国不排除与韩国"准断交"》《辽宁舰穿越台湾海峡，背后有几重警告》《香港政改争议背后的英国影子》《"习马会"会成为绝响吗？》《中国提高国防预算，不必大惊小怪》《无论美朝怎么谈，中国注定绕不开》……事实上，包括中美、中俄、半岛、港台、中东、缅北等热点话题在内，"侠客岛"追求的正是"凡有大事不缺位"。以中美贸易摩擦为例。从2018年7月6日美方正式推出关税加征政策到7月12日一周时间内，"侠客岛"发表了9篇相关解读文章，除了针锋相对的论战式文章外，大部分是具体分析、计算影响的理性文章。仅这 9 篇文章就在微信、微博、企鹅号、今日头条等平台收获了 3500 多万阅读量，1098 家境内媒体（含自媒体）转载，包括 BBC、《金融时报》、《纽约时报》、《联合早报》等 71 家境外媒体转载。

2018 年 8 月，在《人民日报》海外版主要领导的支持下，"侠客岛"组织 20 人的翻译团队连夜翻译美国贸易代表办公室网站上的 160 亿美元中国商品加征关税的听证会实录。翻译团队从 600 多页英文中节选出 5000 多字的实录精华以"美国贸易代表办公室就中国产品加征关税举行听证会——来，听听美国业界的声音"为题刊登在报纸上。文章抽出其中最有代表性的 15 个故事和观点，涵盖半导体、化工、电子、消费、医疗、工程、农业、环保、能源、零售、电气等诸多行业，用美国业界人士的"现身说法"，揭露美国挑起贸易摩擦、加征关税的实质是打压中国。用美国业界的真实声音反驳美国官方贸易政策，既用事实和数据说话，又针锋相对、态度鲜明，借力打力。同时，新媒体做好深度解读，形成合力。值得注意的是，文章刊出后，美国贸易代表办公室网站删除了听证会实录，此后举行类似听证会也不再公布全文实录，似乎是自知理亏。

"侠客岛"文章在港台地区尤其具有影响力。我们与《人民日报》海外版台港澳部合作，把传统媒体的港台报道资源成功引入新媒体。比如，对于台湾地区领导人选举、岛内政治斗争等事件，"侠客岛"均有第一时间的深入观察，岛内媒体引用"侠客岛"观点的频次非常高；围绕香港修例风波、国安法修订等，也有一系列重磅作品。台湾地区"九合一"选举国民党一败涂地，我们单篇文章仅在今日头条就取得了超过 900 万的阅读量；香港修例风波中，我们联系到新加坡国立大学郑永年教授、香港大学阎小骏教授等，推出的核心文章包括《香港需要人心的"二次回归"》《北京的底线究竟在哪里》，均在舆论场尤其香港媒体上反响强烈。解读国际热点不仅考验作者的写作速度，也考验作者的写作深度和质量。如果只有速度没有深度，就会沦为标题党和"鸡血党"，更谈不上质量。兼顾速度与深度，就需要积累优质作者资源，也需要做足功课。

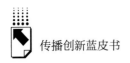

从 2016 年至今，我们统计的境外传播效果数据显示，"侠客岛"文章频繁成为境外媒体关注的重要信源，包括《纽约时报》、BBC、《华尔街日报》、路透社、《金融时报》等西方主流媒体都曾转引过"侠客岛"文章的观点。在海外中文世界，"侠客岛"更是拥有广大用户和广泛影响力。在涉外舆论斗争中，"侠客岛"既积极正面又通俗易懂地阐释中国观点和立场，有力回击境外质疑炒作，坚决捍卫中国利益，向国际社会传递了坚定的中国声音。

四　多元化媒体融合实践

现在业界和学界都在说"媒体融合"。究竟怎么"融"才算融合，"融"到什么程度算做得好的融合？我们到底为什么搞媒体融合？在我们看来，媒体融合不是为"融"而"融"，融合是手段，目的是打造一批具有强大影响力、竞争力的新型主流媒体。融合成不成功，影响力说了算。这需要我们把影响力拆分成不同层面，比如品牌塑造、用户黏性、活跃度、转载量等。

以"侠客岛"的两微运营为例。"侠客岛"属于比较少有的先有微信公众号再系统化运营微博账号的新媒体，从 2018 年正式有专人运营到现在，已经有近 800 万粉丝，活跃度非常高。"侠客岛"的作者被用户亲切地称为"岛叔""岛妹"，我们对广大用户也有一个特殊的称呼——"岛友"。先看微博运营。相较于微信相对私密化的场域，微博更广场化、碎片化，高度互动化，这对提升品牌知名度和积累更多用户有帮助。目前，在新浪微博上，"侠客岛"基本保持每天 10～15 次的更新，除了转发一般新闻文章，更多的是发表带有强烈"人设"内容的文章。"侠客岛"微信公众号的岛叔形象就像火车上经常能遇到的海侃中外局势的迷之大叔，亲切有料，而微博上的岛叔、岛妹则更直率、坦诚，敢于亮观点，有脾气。其共同特点是接地气、轻松幽默、讲话通俗易懂，都能在短时间内抓住用户注意力、拉近距离。为了适应微博的风格，我们的主运营者专门选择"95 后"的"后浪"负责其运营工作。再看微信运营。"侠客岛"于 2016 年开设了几个微信用户群。最初是以职业和地域划分，如"学生分舵""公务员分舵""媒体分舵""经济金融分舵""海外分舵"等，后来因为群名额有限，一些比较火爆的群开了"二分舵""三分舵"。这些群的用户黏性极强，几乎每天都能在群里刷出近千条聊天记录，他们是"侠客岛"最忠实的用户。一些新产品在正式发布之前，可以在群里提前请他们试读；群里也可以提供各种新闻线索，我们可以把群友发展成消息来源、采访对象，因为我们的用户遍布全球各行各业，在各自细分领域内专业性较强。

"侠客岛"也采用了多元化的呈现方式，从最初图文方式呈现拓展到音视频、小程序、小游戏、H5 等多元方式呈现。但这些方式不是为了博眼球，不是为创新而创新，而是服务于内容和用户体验。例如，在新冠肺炎疫情的报道中，"侠客岛"推出了"武汉 vlog"系列短视频，由身处武汉一线 70 多天的岛叔出镜拍摄，他记录了包括医护人员、社区工作者、志愿者、片区民警、复工人员等多个群体的抗疫实况。这是超出文字图片之外的鲜活记录，更具有现场感和感染力。其中一集拍摄志愿者，许多用户评论说"第一次在报道中看到武汉人民露出了笑容"；抓拍到的"派出所里的哭声"，全网播放量超过 4000 万，登上当天热搜；自愿用派出所的面包车运送发热病人，民警们在请愿书上写下"泰坦尼克号沉没的时候，老人们会选择留在船上"等，这些记录平凡而真实，也因此充满力量、感人至深，这是"侠客岛"现场新闻报道的一次成功尝试。

在新中国成立 70 周年之际，我们推出的两个系列作品也是融合式的。一个是推出"微观中国·中国卫士"系列短视频，10 期短视频记录了我们日常看不到的中国卫士，包括边疆战士、陆海空军、病毒所研究人员、海关缉毒警察、打拐公安、秦岭护林员、深山里的法官等，记者深入塞北江南、高山密林，有的更爬上海拔 4600 多米的边境哨所采访拍摄，取得了全网阅读过亿的传播量；二是与"星球研究所"合作，推出"我们的习以为常 先人的宏大梦想"系列图文报道，报道选取粮食生产、交通设施、生态环境、居住环境等多个侧面，讲述"中国今天的一切都来之不易，并非理所当

然"，文雅图美，制作精良。

此外，线上线下活动也是"侠客岛"联系粉丝、增强黏性的有效途径。

具体来说，在线上，我们不定时地开设快闪沙龙、读书打卡、直播活动。所谓快闪沙龙，就是临时开设一个微信群，选定某一个近期热点话题，邀请嘉宾和用户在群内分享，因为群聊名额有限，所以扫描二维码入群的竞争异常激烈。快闪沙龙时间一般是1小时，到点后解散，下次重新扫码进群，这就产生饥饿营销的感觉。读书打卡活动则是利用小程序、小鹅通等技术平台，选定某一本我们认为值得推荐和细读的书，带领用户定期阅读，比如香港修例风波期间，我们选择《香港治与乱：2047的政治想象》；华为事件中，我们带领大家读《美国陷阱》等。直播也是选定与热点相关的嘉宾，比如《人民的名义》热播时我们在微博上直播与"达康书记"对话；香港修例风波期间，我们邀请香港立法会前议员何君尧接受采访；海外抗疫期间，我们连线身处伊朗的岛叔讲述前线见闻……几乎每期直播的观看人次都能过百万，何君尧的那场直播更是达到了800多万。在线下，我们也开办"侠客岛"沙龙、"侠客岛"观影会等，邀请嘉宾分享、用户参与，让岛友有机会在线下与岛叔面对面交流，丰富用户体验，拉近品牌与用户的距离。比如，2019年我们与陕西合作推出系列活动，除了举办沙龙和讲座外，我们还特地安排了一期考古体验活动，邀请一些岛友与我们一起到考古现场实地参与发掘整理文物工作、聆听专业人士讲解，有不少用户从外地专程赶来。

品牌建立起来后，我们也做了一些产品拓展工作。比如，我们把"侠客岛"2014~2018年发表的文章集结成册，形成了两本实体书：《解局——热点背后的中国逻辑》《解局——历史节点上的中国变革》。我们与郑永年教授进行了深入访谈，整理成原创作品《"侠客岛"对话郑永年》。这三本书均已由人民出版社出版，成为热销图书。

可以说，这些拓展工作一方面丰富了"侠客岛"的表现形式，另一方面增强了用户黏性、激发了"侠客岛"的内生动力和增加了发展的可能性。围绕"侠客岛"品牌的塑造工作大有作为。

五　体制机制保障

媒体是新闻与用户之间的信息中介，需要"上接天线、下接地气"。但要在日常的内容生产中做到这一点，还需要盘活资源。现在，"侠客岛"的内容生产已经从单纯的时政领域拓展到包含财经、社会、国际、军事、文化等在内的"大时政"领域。要在每一个具体的选题中体现"专、深、活"的特色，光靠小团队的力量是不可能办到的，必须盘活资源，建立起涵盖各专业领域的作者团队。在此方面，"侠客岛"主要尝试的方式是建构"多层同心圆"。

首先是"侠客岛"+《人民日报》，即盘活报社内多条线的专业编辑记者资源，之后是"侠客岛"+部委、"侠客岛"+地方政府、"侠客岛"+智库、"侠客岛"+专家、"侠客岛"+出版社、"侠客岛"+企业、"侠客岛"+用户等，团结一大批术业有专攻、文风思维接地气、政治素养过硬的作者，在保证报道安全的基础上，既保证生产的高效，也保证"侠客岛"可以源源不断地为舆论场提供权威、专业、理性、建设性的意见。这些年，"侠客岛"花了大量时间壮大作者队伍，并且着力于与中青年作者一同成长。社内外作者的多篇作品为"侠客岛"赢得了广泛的影响力和良好的声誉，同时，"侠客岛"也凭借良好的品牌声誉为作者提供了展现平台。例如，"侠客岛"与《人民日报》海外版港澳台部长期合作，专注港澳台评论，在港澳台地区长期引起高度关注；与海外版文艺部合作，推出"侠客风云会"系列报道，访谈了单霁翔、黄渤、宁浩、徐克、麦家、阿来等；与一些高校研究团队合作推出的"侠客岛"基层治理系列，成为中共中央办公厅、国务院办公厅等机关的重要参考，获得多位中央领导和省委书记批示；在对美舆论斗争、朝鲜半岛风云等国际新闻报道中，"侠客岛"的文章多次得到中联部、外交部等部委好评；"侠客岛"还与《中国经济周刊》合作推出《经济ke》栏目，主打财经热点解读，一经推出便迅速受到读者的普遍欢迎；在全国两会、党的十九大、中美贸易摩擦等重大事件报道上，

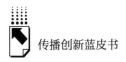

"侠客岛"在《人民日报》海外版报纸端开设专栏,真正实现了报网的深度融合。

综上,我们从"侠客岛"发展亲历者的视角呈现其发展历程,将其传播创新归纳为四个主要维度,包括产品定位、内容生产、媒体融合、体制机制。互联网因技术驱动更新迭代速度快,各种平台层出不穷。要适应这样的变化,必须迅速反应、扁平决策、鼓励创新。"侠客岛"这几年的成功实践得益于此,但也面临体制机制改革难题。新媒体领域的竞争日趋激烈,已有品牌面临不进则退的危险。"侠客岛"不仅要保持舆论场"轻骑兵"的优势,还要不断稳中求进,一方面稳住已有的新闻产品的优势,在政治上站稳脚跟,在新闻专业品格上坚持高标准;另一方面要不断尝试创新,进一步丰富表现形式和优化落地平台,打造更为多彩的品牌生态。可以说,中国传播创新应该是永无止境的,作为传播者我们有责任从用户出发、从国家需要出发探索更多的可能性。

B.12
中国传统媒体的微博传播及其趋势

汪抒　李博*

摘　要： 近年来，新媒体逐渐成为民众获取信息的最重要的媒介，而传统媒体将无一例外面临媒体融合转型发展的巨大挑战。微博的诞生，为中国传统媒体的转型发展提供了最为鲜活的案例和良好的平台。作为新媒体领域最具代表性的平台，微博集传播与社交功能于一身，使得信息传播具有高度的迅捷性、开放性和交互性等特征，不但对传统媒体产生了重大影响，更加速了中国传统媒体与新媒体融合的进程。深入研究微博的传播和发展趋势，不但有助于传统媒体转型升级，更为中国新媒体领域发展完善提供了有益借鉴。

关键词： 微博　媒体融合　传播创新

一　中央媒体拥抱微博实现转型

微博作为最大的中文社交媒体平台，在互联网的急速发展中逐渐承载了公众越来越多的信息获取需求。据统计，中国的 8 亿网民中，近 99% 的用户是手机用户，[①] 移动端成了当下人们获取资讯的关键渠道，而轻量化、碎

---

* 汪抒，新浪微博副总编辑、微博智库总编辑，研究方向为移动互联网、新媒体传播；李博，新浪微博公共事务总监，研究方向为新媒体传播与公共价值。

① 中国互联网络信息中心：第 44 次《中国互联网络发展状况统计报告》，2019 年 8 月 30 日，http://cnnic.cn/gywm/xwzx/rdxw/20172017_ 7056/201908/P020190829682860695686.pdf。

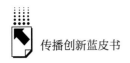

片化内容也成为信息传递的核心内容。中央媒体在保证高质量发展的同时须尽快"瘦身",以适应互联网的传播节奏和满足网友的阅读需求。于是@人民日报、央视新闻等央媒纷纷与微博合作,使主旋律内容能够在平台上得到更加立体、丰富、灵活的展示,让人耳目一新。微博也在与央媒的深度合作中,凸显宣传的社会价值,与央媒共同构筑传播主旋律、弘扬正能量的新阵地。

自2010年2月央广《中国之声》节目率先登录微博平台起,中央媒体与微博的合作越来越多。各类央媒包括其子媒、频道、栏目竞相开通微博账号,短短几年时间便形成了报纸、杂志、广播、电视等媒体微博"国家队"矩阵,并在重要事件窗口频繁发声,助力重大主题报道,有效地引导了社会舆论。

2019年8月3日香港反对派煽动发起"旺角再游行",该事件在微博上持续发酵,人民日报、新华视点、央视新闻等央媒陆续发布以"五星红旗"为主题的内容,微博在8月4日加急上线国旗icon点亮机制,引导网友抒发爱国情怀。8月13日,香港非法集结行动升级,示威者公开扰乱香港机场等场所的公共秩序,并欺辱殴打内地记者和游客。对此,原有国旗icon点亮机制进一步升级,针对"我也支持香港警察""香港是中国的香港""香港永远是中国的一部分""香港止暴制乱"等央媒、政务话题上线点亮国旗+香港区旗icon,并联动全站各领域大V传播。微博媒体与政务、明星、垂直大V等联动,搭建用户表达爱国情的渠道与平台,加强话题热搜、超话等产品在主题宣传中的带动作用,实现10天50亿次话题阅读增量、新闻联播2分钟活动展播,[1] 发挥了强大的正能量。

为献礼新中国成立70周年,微博联动央媒推出"70年70城"活动,从用户视角出发,生动讲述中国故事,从人文历史、科技创新、乡村剧变到城市发展,全方位呈现新中国成立70年来所取得的伟大成就。活动由"明星

---

① 微博内部统计数据。

大使"为城市代言，联动"明星博主－粉丝－城市"实现线上线下互动。微博引入强势资源打造原生城市文化、生活、人物故事等，带动用户了解城市变迁，让其感受到 70 年建设与每个人息息相关。据统计，该话题总阅读量达 48 亿，总发博量 156 万，总播放量 2.7 亿，总讨论量 284 万,[①] 全国 30 个省（区、市）参与，36 位明星为家乡代言，1000 多个大 V 账号联动。

同时，为了满足用户全方位的观看需求，国庆 70 周年阅兵当日，微博联动中央广播电视总台、中国移动等三大运营商，首次在平台上对阅兵式进行 4K 超高清、多机位直播。网友可以自选机位观看想看的视频，长安街的地面上、行进的花车上、参与阅兵的战机上都安装了摄像头，全视角地记录阅兵的每一刻，网友也仿佛成了行进队伍的一部分，走过天安门，在心情激荡中体验到前所未有的代入感。独特的感官体验激发了网友表达、参与的热情，他们纷纷通过弹幕等进行互动。其中，28 分钟的贴地镜头画面震撼人心，得到大量网友的好评，"我爱中国""祖国万岁"等热门弹幕直接体现出网友对祖国最真挚的表白。"国庆阅兵""中国最帅天团""阅兵车牌号是 1949 和 2019"等与庆祝活动相关的话题频频登上微博热搜榜。截至 10 月 3 日晚，"国庆阅兵"的阅读量达 57.7 亿，讨论量超 507 万,[②] 形成了集知识、趣味、感动于一体的正能量舆论场，其非凡的传播力和影响力激发了网友的爱国热情。

通过庞大的数据统计可以看到，微博主旋律、正能量宣传热度已远胜其他新媒体平台。微博平台集图文、视频、直播等形式于一体的全媒体特点，有效地丰富了媒体发布内容的表现形态，为主流媒体带来更加活跃年轻的用户。央媒等主流媒体也通过平台特有调性，逐步放下其原有的"高姿态"，形象更加鲜活，更加贴近受众，进而实现"裂变式"的传播效果。同时，微博为央媒等主流媒体多层次内容传播赋能，在重大主题宣传、重大事件报道中扮演着愈加重要的角色，为主旋律内容传播构建了新的空间。相信随着

① 微博内部统计数据。
② 微博内部统计数据。

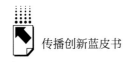

直播等视频化元素的进一步普及，主旋律内容会实现更深层次、更广范围的传播。

二 省级媒体与微博的联动效应

为了加强传统媒体与新媒体的融合发展，中央早在 2014 年就下发了《关于推动传统媒体和新兴媒体融合发展的指导意见》，中央财政下拨地方相关专项基金高达 23.6 亿元人民币[1]，得到各省市纷纷响应。广州、上海等地设置了媒体融合发展专项基金，重点帮助党媒实现传统媒体和新兴媒体共融共生发展；浙江通过召开专项会议、制发红头文件等方式，积极推进《浙江日报》移动客户端和所有新媒体发展；江苏拨付当地日报 3000 万元用于建设新媒体；西安拨付 1000 万元宣传文化产业基金，用于支持《西安日报》打造新媒体版图。[2] 地方媒体除了发展自身新媒体品牌外，还积极与各大平台合作，微博是重要的合作伙伴之一。目前，微博平台共有 3.5 万个媒体账号，地方媒体微博基本覆盖了全国所有省级行政区域，并形成了矩阵联动的宣传架构，成为地方宣传报道的主要阵地之一。

2018 年 10 月，一个"为生命接力"的截图刷爆网络。初中学生小宇泽发生交通意外，情况危急，必须从内蒙古人民医院转诊至北京天坛医院，跨越三省市。为了争取抢救时间，北京交通广播、北京青年报等数十家媒体在微博上进行爱心接力，呼吁私家车车主有序避让，为生命打通绿色通道，最终小宇泽提前两小时抵达天坛医院。该事件相关博文有 15000 余篇，转发量超 140 万人次。[3] 小宇泽最后不幸去世，其家属同意将小宇泽的角膜捐赠给需要

---

[1] 《关于加大政府扶持、推动党报传媒与新兴媒体融合发展的议案》，厦门人大，2016 年 4 月 20 日，http：//www.xmrd.gov.cn/rdlz/dbjygk/dbjy/201604/t20160420_4879421.htm? from = singlemessage。

[2] 《关于加大政府扶持、推动党报传媒与新兴媒体融合发展的议案》，厦门人大，2016 年 4 月 20 日，http：//www.xmrd.gov.cn/rdlz/dbjygk/dbjy/201604/t20160420_4879421.htm? from = singlemessage。

[3] 微博内部统计数据。

帮助的人，让这次爱心传递产生了更多的连锁反应，令人铭记在心。

2019 年国庆档电影《中国机长》爆红银幕，故事原型川航 3U8633 航班机长面对突发飞机风挡玻璃破裂脱落情况，带领机组人员成功备降成都双流机场。四川电视台微博账号四川观察第一时间独家发布了相关报道，引发全国网友高度关注。事件发生后，四川观察又以视频直播形式播报事件最新进展，虽然当时@四川观察微博账号只有 5 万粉丝，但是直播观看量高达1297 万。① 四川电视台新闻媒体在向网友真实生动地展现事件全景、最大限度地保障公众知情权的同时，还极大地提升了四川电视台媒体自身形象，扩大了品牌影响力，树立了权威。四川电视台充分利用自己拥有权威信息源的优势以及微博传播速度快、范围广的特点，在"第一时间、第一现场"对事件进行播报，让公众及时了解事件更多的细节，深刻感受到英雄精神。微博平台上的多方联动，有效地推动了相关工作迅速展开，媒体融合让新闻宣传效率变得更高，该事件堪称互联网时代传播报道的典范。

同时我们看到，传统媒体特别是地方电视媒体与微博平台同步传播的案例越来越多。2018 年 10 月，微博与四川广电达成战略协定，重点围绕 IP 打造、跨领域联动、媒体库建设等方面开展细致有效的合作，充分结合四川广电资源特点，全力助推四川省、市州、区县各级融媒体中心建设。"省台牵头、全域覆盖"的模式，成为微博与地方媒体合作发展的一次新尝试，真正帮助地方媒体转型升级，并在合作中达成共赢。作为全球最大的 IPTV 视讯网，四川 IPTV 目前拥有用户达 1400 万。② 微博上的视频资源可以同步在四川 IPTV 上播放，帮助微博获得更多用户，实现进一步拓展下沉市场。同时，微博上集结了当下最流行、最新鲜、最热门的时政、文娱等内容信息，渠道整合为四川当地用户带来了更多可看性强的优质内容，帮助四川本地媒体、机构通过微博平台传播发布更多内容，有效提升主流声音传播力和媒体品牌影响力。截至 2019 年 7 月，共有 5 个省（区、

① 微博内部统计数据。
② 《微博携手四川广播电视台开创媒体融合新模式》，新浪科技，2018 年 10 月 12 日，http：//tech. sina. com. cn/i/2018 - 10 - 12/doc - ifxeuwws3421591. shtml。

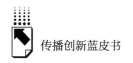
市）电视台的 20 档节目实现微博同步播出，① 这种做法也成为传统媒体和新媒体融合发展的趋势。

三　县级媒体在微博上的发力传播

对于地方媒体而言，微博平台不但能够帮助其提升自身传播力和影响力，而且可以为其发展提供更多资源与帮助。近年来，微博一直在坚持"市场下沉"的关键策略，不断加大对地方、市、县级融媒体的资源投入力度。2019 年上半年媒体认证蓝 V 数量实现了 10% 的增长，② 主要体现在地方电视台和县融账号的增加。目前微博已经帮助一大批县报纸、广播、电视台完成了向县级融媒体的转型。可以说，微博平台利用自身优势帮助传统媒体找到了新的下沉渠道出口，实现了对受众的"再触达"。数据显示，激增的月活跃用户中超过 55% 来自三、四线城市和县域地区。③

微博重点为县域用户推送符合当地市场的个性化内容，县域用户参与度显著提升。与此同时，地方政府、企业、媒体和大 V 愈加活跃，对社会热点、难点问题进行传播，提供一手新闻资讯。平台与超过 1000 家县级电视台、广播、报刊等媒体进行合作，帮助县级媒体加快媒体融合进程，助力传统媒体向新媒体转型升级。如北京延庆融媒、山东寿光融媒、广东番禺融媒等一批新兴融媒体中心寻找到新的发展方向，支持广州海珠发布、江西分宜发布等一批账号向县级融媒体转型升级。目前，微博平台上县级融媒体覆盖率超过 65%，④ 微博与县级融媒体自有平台共生共建的模式已经初步形成。

针对县级融媒体微博主要采取了以下合作方式。

---

① 《CSM 启动电视节目跨端传播价值评估模型研究》，新浪科技，2019 年 7 月 15 日，https：//tech. sina. com. cn/i/2019 – 07 – 15/doc – ihytcitm2194513. shtml。
② 微博内部统计数据。
③ 微博内部统计数据。
④ 微博内部统计数据。

一是加大智慧投入。微博在学术、人才研发培养方面具备独特的优势，微博智库充分发挥行业专家、学者的作用，通过培训、讲座、论坛、报告等形式为县级融媒体提供从运营的顶层设计到项目落地、从思路开发到提升业务能力等全方位的学术支持。同时，微博为县级融媒体不断赋能，深入挖掘县级融媒体机构的内容创造潜力，寻找薄弱环节，并通过新媒体学院培养和增强县级融媒体机构基础运营、内容生产、粉丝资产、活动运营以及数据分析等一系列能力。创作者可以在这里打磨高质量的作品，成为帮助县级融媒体账号发展的一大利器。微博多元化的智慧输出，为县级融媒体开辟了一条人才培养的渠道，有效助力县级融媒体持续健康发展。

二是优化技术支持。作为规模最大的中文社交媒体平台，微博技术经验丰富，可以为县级融媒体建设提供有力的技术支持和模式参考。依托平台的海量数据，县级融媒体可以更好地把握用户的需求，明确账号定位、统一风格调性、优化内容质量，进行深度创作。

在内容生产与管理方面，微博从技术上可以帮助县级融媒体实现智能采剪分发，降低内容编辑处理的难度。完善的数据分析及舆情监控，可以帮助县级融媒体更好地了解用户对事件的看法，及时修正完善发布内容，使内容更有针对性和可读性，有效规避舆情风险。在传播方面，微博可以提供组合信息舆论引导、定向推送、矩阵化传播等平台赋能手段，有效帮助县级融媒体更好地把握信息源、传播者、受众、讯息、媒介和反馈六大传播要素，加大不同传播维度的主动干预力度，实现内容的智能分发与精准推送，进而增强用户黏性，提高双向互动传播效率。

三是突出商业效果。多年来，微博始终秉持为国家发展服务、为社会服务、为人民服务的宗旨与理念，充分发挥"连接器"和"放大器"的独特价值与社交优势，积极探索新媒体领域招商引资、精准扶贫新模式，和地方媒体一道打造出一张张展示新农村发展建设成果的"金名片"。地方媒体也通过与微博合作，不断优化自身功能定位，除了做好本地新闻宣传和报道工作外，还要重点提高引导和服务群众的能力与水平，急群众之所急、想群众

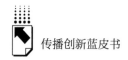
之所想。特别是在相对贫困的县域地区，地方媒体需要借助微博这样的新媒体资源，切实帮助贫困地区拓宽特色农产品的销路，实现脱贫攻坚。在平台覆盖的海量数据中，地方媒体可以第一时间快速便捷地获得与民生息息相关的科教文卫、交通商旅、市政服务等实用信息，将其分享推送给需要的群众，并通过互联网帮助群众解决实际问题和困难，让群众真正得到"看得见、摸得着"的实惠。

2019年8月，微博推出"百县千红新农人"活动，与地方媒体一道会聚行业专家、影响力大V、企业代表走进乡村，对当地特色产业发展进行深度考察调研，提供智库指导，加强对外宣传、助力产销对接、提升产业化发展。自启动以来，活动扶持了全国16个省（区、市）43个县的600余名新农人，创立农业品牌近百个，推动乡村振兴、发展乡村旅游目的地超过30个①，为当地农业、农村及农民发展带来了切实利益。微博真正成为地方媒体助推当地经济、进行文旅推介、脱贫攻坚的最重要的宣传阵地和参与平台。

四 结论

（一）微博融汇各方媒体力量，有效传递中国声音

党的十九大以来，微博立足社交媒体平台，发挥专业优势，不断密切与各主流媒体的合作，探索出独具特色的媒体融合发展之路。微博的影响力快速提升，月阅读量突破千亿，较五年前增长6倍②。同时，新闻视频和优质视频的影响力也快速提升，以梨视频矩阵为例，其共有账号近70个，微博+秒拍日均播放量4亿，显现出蓬勃向上的生命力。这里面有"两会"这样阅读量超过145亿的爆款话题③，也有四川宜宾地震发生后，央媒及地

---

① 微博内部统计数据。
② 微博内部统计数据。
③ 微博内部统计数据。

方媒体通过直播、短视频等方式对震区进行的全方位多维度报道。

2019 年两会期间，"全国两会""两会""两会政在说"等话题连续多日上榜，体现出网民对全国两会的高度关注。其中一些政务微博账号针对主管业务推出的专题活动也登上新时代榜，如"2019 最高法工作报告""法眼看两会""2019 最高检工作报告""代表委员说检察"等阅读量达到 2500 万至 8500 万①。新时代榜聚焦两会，可以使用户全面了解两会相关内容。另外，新时代榜成为平台放大主流声音、加强正能量宣传的一种产品形态，是微博主动履行社会责任、营造风清气朗平台生态的直接体现。

（二）微博完善数据、产品、运营逻辑，助力传统媒体蓬勃发展

微博与视听平台一直是共生关系，随着媒体融合的推进，越来越多的媒体开始发布视频新闻，而多平台分发也成为趋势，微博更是视频新闻必不可少的传播渠道。2019 年 7 月，微博与中国广视索福瑞媒介研究机构共同启动视频跨端传播价值评估模型研究，旨在通过打造电视媒体融合评估标准，拓展电视的新闻传播影响力，助力各大电视机构推进数据跨端统计及模型分析，进一步加快媒体融合进程。与此同时，微博提供了同城推送、原创标识等精细化产品，助力媒体发挥内容优势，实现短时、高效、精准地分发新闻。特别是微博辟谣功能的上线有效净化了网络空间。微博按照社区公约管理规则对时政有害信息、违法信息、不实信息及用户纠纷和垃圾信息进行了大规模的清理处置。2019 年 11 月，微博通过检查网友投诉、主动巡查等方式，对 11 万余条时政有害信息采取果断处置措施，删除违法、涉黄等信息750 万条，并将可能涉及违法犯罪行为的案件移交相关部门。微博接到投诉并有效处理不实信息微博 6700 余条，发布辟谣信息 112 条，其中包括"俄罗斯正式提议将联合国搬到中国上海"。经查证，在俄媒报道的申请草案中并不包含中国上海，只有维也纳和日内瓦。再如，网传视频称"28 岁未婚

---

① 微博内部统计数据。

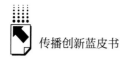
属五保户，每月可领 500 元"，经查证，相关部门人士指出，在现行五保和低保政策规定中并没有 "28 岁未婚属于五保户" 一说。① 技术推动产品的优化升级，不但可以去除有害及无效信息，提升新闻传播效率，并且有助于在媒体深度融合发展的过程中提高媒体品牌认知度和强化传播效果。

---

① 《微博管理月刊》（内部刊物）2019 年第 11 期。

B.13
省级党报融合传播创新探究

——以湖北日报传媒集团融合传播实践为例

张小燕　李泽坤*

摘　要： 省级党报融合传播的创新是中国传播创新的重要体现。湖北日报传媒集团在融合传播的历史实践中，逐步形成了内容、平台以及运作三个层面的融合传播创新路径。在第七届世界军人运动会的报道中，湖北日报的实践创新为省级党报的融合传播提供了生产新媒体产品的经验：以用户的情感诉求为切入点增加新闻的情感含量；保持对公众情感的灵敏感知，把握产品运作与分发的节奏；以不同的叙事视角适配不同的媒介平台，将细节刻画与宏大主题叙事相结合。同时，省级党报融合传播过程中存在的深层次问题有待反思与破解。

关键词： 融合传播　省级党报　《湖北日报》

一　省级党媒与湖北日报

在 2019 年 7 月 30 日举办的第四届全国党报网站高峰论坛上，人民网研究院发布的《2019 全国党报融合传播指数报告》显示，2019 年在全国范围

---

* 张小燕，湖北日报融媒体中心主任、高级记者，近年来一直从事新媒体建设与发展相关工作，先后策划组织了十九大、外交部湖北全球推介会、改革开放 40 周年、国庆 70 周年阅兵、军运会等重大主题的新媒体报道；李泽坤，武汉大学新闻与传播学院网络传播方向硕士研究生。

内党报融合传播力指数排名前 10 的党报中, 省级党报占据 4 席; 在各渠道传播力排名前 20 的党报中, 省级党报分别占据报纸的 9 席、网站的 12 席、微博的 9 席、微信的 5 席、自有 App 的 11 席、入驻 App 的 9 席。① 在当下的传播格局中, 省级党报旗下的各媒体平台仍然是大众获取信息的重要渠道。

同时, 省级党报在各个传播渠道的覆盖目前最为完备。数据显示, 2019 年全国党报在网站、微博、微信、入驻及自有 App 等各渠道的覆盖率均较 2018 年有所提高, 融合传播体系进一步完善; 其中, 省级党报在除抖音平台外的其他渠道覆盖率均为100%,② 超过中央级党报与地市级党报的相关覆盖率。在融合传播矩阵的建设与完善上, 省级党报如今走在前列。

但是, 省级媒体的融合传播建设目前依然面临着一系列问题。有学者指出, 缺乏清晰的融合转型思路与明确的发展路径, 是目前省级媒体面临的主要问题之一。③ 在中央级媒体融合传播建设工作逐步深入、县级媒体融合全面展开并获得普遍关注的背景下, 思路不清、路径不明成为省级媒体融合传播建设的瓶颈。

作为中部广大地区省级党报的典型代表, 湖北日报在实践中不断尝试探索融合传播的路径。湖北日报传媒集团以中共湖北省委机关报《湖北日报》为旗舰媒体, 在长期的发展中已建设成为具备完备的融合传播矩阵的专业化综合性传媒集团。相关数据显示, 截至 2019 年 3 月中旬, 集团已开设 5 个移动客户端, 旗下的网络媒体包括微博、微信等第三方平台官方账号 90 个,

① 《人民网副总裁唐维红发布〈2019 全国党报融合传播指数报告〉》, 人民网, 2019 年 8 月 13 日, http://yuqing.people.com.cn/n1/2019/0813/c405625 - 31293074.html, 最后访问日期: 2020 年 3 月 3 日。
② 《人民网副总裁唐维红发布〈2019 全国党报融合传播指数报告〉》, 人民网, 2019 年 8 月 13 日, http://yuqing.people.com.cn/n1/2019/0813/c405625 - 31293074.html, 最后访问日期: 2020 年 3 月 3 日。
③ 张芸:《省级媒体深度融合的现实问题与理论思考——基于河北省的调研》,《新闻与传播研究》2018 年第 1 期。

日均新媒体受众 5500 多万人；此外还包括抖音、头条等其他入驻 App 平台。其中，湖北日报客户端装机量达 700 万，是湖北省下载量和用户量最大的本土新闻客户端。[①]

2019 年，大型国际赛事的举办，为湖北日报提供了进行融合传播创新的契机。作为 2019 年中国承办的最重要的国际体育赛事之一，10 月于武汉举办的第七届世界军人运动会为本地新闻媒体提供了检验融合传播能力、进行融合传播实践创新的机会。而在军运会期间，湖北日报共推出 10 大类近300 个新媒体产品，其中包含 2 部现象级产品、6 部阅读量过千万的作品、17 部阅读量过百万的作品，[②] 其融合传播的能力得到全面检验，为省级党报的融合传播实践创新提供了湖北日报的独特经验。

二 如何理解融合传播

基于长年对融合传播的探索，笔者认为国内党媒的融合传播发展可以理解为三层含义：一是内容层面上的融合传播，二是平台层面上的融合传播，三是运作层面上的融合传播。

（一）内容层面上的融合传播

融合传播首先是内容层面上的融合传播，即技术给传播带来的赋能以及其他更多无限的可能性，使其内容融合了图片、文字、音频、视频、图表等各种元素。例如，报纸是图片和文字的报道，电视是视频的报道，广播是音频的报道，而新媒体平台为将这些元素集中到一起提供了可能。

此外，融合传播还包含漫画、表情包、H5、数据新闻、沙画等新形式，如湖北日报在迎来改革开放 40 周年之际，曾推出名为《40 年，湖北的变化

---

① 《湖北日报传媒集团简介》，湖北日报传媒集团官网，2019 年 5 月，http：//www.hubeidaily. net/GroupSurvey. html，最后访问日期：2020 年 3 月 3 日。

② 资料来源：湖北日报融媒体中心内部统计数据。

有多大？看完这个手绘长卷你就懂了!》①的新媒体作品，该作品以手绘长图的形式，帮助人们形成对湖北40年改革开放历程的完整认识，其在微信平台一经推出便圈粉无数。

文本意义上的融合传播对记者、编辑的生产技能提出了更高要求，如需要通过熟练运用富文本编辑器来进行新闻产品的生产与加工等。

（二）平台层面上的融合传播

在平台层面，目前各省级党报多通过各媒体平台之间的融合来提升融合传播的能力。首先，它包括党报新媒体生产内容的多渠道传播以及多平台分发，为优质内容的传播提供广泛延伸的触角，形成了包括两微一端、头条号以及抖音号等多类新媒体传播渠道的融合传播矩阵；同时，人民网研究院在《2019全国党报融合传播指数报告》中首次将"入驻抖音平台"指标纳入对党报融合传播的总体评价指标体系，而各种聚合类新闻客户端的入驻数量、用户订阅数量以及推送文章数量等也是评价融合传播能力的重要指标。

其次，平台层面上的融合传播涉及不同新媒体平台之间新闻资源的共享与报道的互动，以此提升各新媒体平台的融合传播能力。这既包括各种新媒体平台之间的协同生产，也包括新旧媒体之间的新闻资源共享与互动。如湖北日报在改革开放40周年的主题报道中，即实现了报纸与新媒体平台之间生产的良性互动与内容的互补。2018年末，《湖北日报》在头版连续推出"改革开放40年实践思辨录"系列述评，讲述湖北省改革开放40年来的变化与故事。融媒体中心的新媒体编辑以报纸文章为素材，从6篇思辨录报道中抽取改革开放40年中的标志性事件与人物，以时间为轴重新串联，以手绘长图的形式推出了一款新的融媒体产品。新媒体平台从报纸的深度报道中获取加工素材，报纸的文字与新媒体平台的长图互为补充，丰富了报道的形式，达到了良好的传播效果。

---

① 《40年，湖北的变化有多大？看完这个手绘长卷你就懂了!》，湖北日报微信公众号，2018年12月19日，https：//mp.weixin.qq.com/s/TCGzxFrKW1hqDlcYCAxsDg，最后访问日期：2020年3月1日。

（三）运作层面上的融合传播

文本与平台层面传播形态的改变，必然对媒体的运营机制提出新的要求，具体体现在对党报媒体内部采编流程、运行机制、考评体系的改革等方面。这是新闻业正在进行的实践，是新媒体技术的发展倒逼媒体对运行机制内部进行调整的体现。

1. 采编流程的改革：实现全天候实时生产

媒体运作层面上的融合传播首先包括采编流程的改革。以报纸为例，以前党报媒体的工作流程是"白天在别人单位上班，晚上在自己单位上班"，即记者白天在新闻现场或者所采访的单位工作，晚上在报社写稿。编辑晚上上班，集中处理记者稿件，当天的新闻要等到第二天刊发。生产过程是"由采到编到发"。如今，记者需要在新闻现场或采访的同时就要往后方编辑部传稿，后方的编辑需要对稿件进行实时编辑加工，记者和编辑的对接更加紧密。编辑需要从早上就开始上班，随时对接一线采访。在采编运转过程中，编辑工作的时间大大延长，岗位的关键性作用更加凸显，新闻生产过程变为"即采即编即发"，速度大大提高。以编辑分发环节为中心，或者说围绕产品供给，融合传播使整个采编流程发生了变化，实现了全天候实时生产。

以湖北日报为例，在组织架构调整之前，记者需要白天外出采访，晚上回到报社写稿，而现在基本实现了 24 小时全天候的生产：早上 7 点钟新媒体平台的编辑到岗，分两班工作到晚上 12 点；下午 4 点半报纸平台的编辑到岗，工作到凌晨 2 点后将版面传到印刷厂印刷，早上五六点印刷完成后邮车前往报亭，早上七八点报纸到达读者手中，而融媒体中心新媒体平台的编辑已在 7 点上班。

同时，新的中央稿件系统的采用也实现了对采编流程的再造：首先新闻选题与线索被汇集到中央稿库平台，然后报社的值班编委主持采前会对其进行分析与研判，会上产生的重要指令将直接分发给记者，记者根据这些指令生产的稿件再回流到中央稿库，之后由报纸和新媒体各个平台的编辑根据自

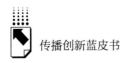

己对新闻的判断、对平台特性的把握选用稿件，进行二次包装，以完成对产品的分发。在此过程中，中央稿库的大数据系统对传播效果进行跟踪评测。由此，稿件生产的全过程形成闭环。

2. 运行机制的改革：各部门协同配合，实现平面作业

除了采编流程上的再造，融合传播对媒体组织生产的能力也提出了更高要求。其一，对各部门之间的协调与配合度要求更高。例如，以前一次报道一个部门一个记者就可以完成，采访部门只需要驾轻就熟地提供文字和图片即可，至多同时调度文字和摄影两类记者，现在，完成一次报道，更多需要团队作业，可能需要同时调度文字、摄影、视频、美工、技术等各类记者。以前，一次报道采访部门拿出报道方案即可，现在可能需要采访部门和编辑出版中心、融媒体中心提前对接，会商报道方案。其二，在采编过程中或采编之前，就要考虑分发即传统媒体时代的发行。由此，媒体的组织运行架构发生了改变：过去，媒体的组织运行是流水线作业，即采访部门→编辑部门→印刷→发行；现在，全媒体指挥中心、融媒体中心、新闻编辑出版中心共同组成生产中枢，实现平面作业。

2017 年 6 月，湖北日报传媒集团组建了湖北日报融媒体中心，各部门在物理空间上的阻隔被消除，全媒体指挥中心、新闻编辑出版中心、融媒体中心三者处在同一楼层且相互连通，为部门间的团队作业提供了运营体系上的支持，新闻报道逐步走向深度融合。

此外，湖北日报改变以往单篇稿件分别独立生产的模式，逐渐开始进行项目制的全媒体生产，新媒体产品的产出进一步提高。2018 年 7 月在外交部湖北全球推介会系列报道中，湖北日报首次实现了全集团范围的组织调度。在领取了相应的传播任务后，集团的融媒体中心、经济新闻中心、《楚天都市报》、大楚网、荆楚网、襄阳分社、宜昌分社等部门均参与报道，通过选题与素材的共享互补以及产品的集中分发，实现了跨媒体、跨平台的协作。各媒体平台首先报送选题目录与对应的新闻素材，汇集到中央稿库，之后由各媒体平台自行选发分发内容，从而使湖北日报传媒集团几乎所有的平台与采编力量都被调度起来。在集团的统一调度下，湖北日报生产出如

《你好，我叫湖北！这是我的最新简历》《美丽长江我的家》《埃及美女看湖北》等多个爆款产品。

3. 考评体系的改革：新媒体生产纳入考核

运作层面上的融合传播还包括对考评体系的改革。科学合理的考评办法是深入推动媒体融合的最有效的指挥棒，在新媒体时代，融合传播对以考核报纸图文稿件为主的考评体系提出了改革要求。

在推进融合传播过程中，湖北日报对考评机制进行了创新。一是将新媒体的生产与传统的报纸生产一起纳入考核。二是在考评办法中体现"移动优先"原则，即记者稿件先发新媒体再发报纸，可以双重计分；先发报纸再由新媒体编辑转发新媒体平台，则只计报纸稿分。三是增加了对传播效果的考评。传统报纸稿件考核，由值班负责人对所有稿件逐一打分，稿分高低由负责人说了算。新媒体稿件的考核，由"基础分＋传播分"构成，基础分是对记者劳动量的认定，传播分则是对记者劳动效果的认定。稿分高低主要由用户决定。

三　湖北日报传媒集团融合传播的演进历程

从 20 世纪末开始，湖北日报便已开启融合传播的历程。湖北日报传媒集团所走的是一条以《湖北日报》为旗舰媒体、逐步拓展传媒平台并发展为综合性传媒集团的道路。随着传播技术的演进，湖北日报在长期的实践探索中逐步实现了融合传播的深入发展。

（一）融合传播的早期探索

1999 年 7 月 1 日，湖北日报传媒集团创办了第一家新闻网站"荆楚在线"（后更名为"荆楚网"）。湖北日报进驻荆楚网，但两者一直处于各自发展的状态，未能实现融合。

2008 年 7 月 22 日，湖北日报传媒集团正式开通"腾讯·大楚网"，该网由湖北日报传媒集团与腾讯集团合作开办。这一年也是基于 PC 端的网络

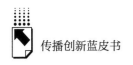

媒体发力且取得成效非常大的一年，在报道奥运会、汶川地震等大事件上，网络媒体表现出很强的竞争性。2009 年，湖北日报传媒集团旗下的《楚天都市报》创办了楚天都市网。该网试图通过报纸与网络技术的结合取得与读者的联系与互动。

2009 年 1 月 1 日起，湖北日报正式开办了一个名为《记者手机快报》的新媒体栏目。《记者手机快报》的内容来自驻设于湖北省的 17 个市州的多家记者站，以发送手机短信的方式为读者发报道；同时在栏目上明确标示"详见荆楚网"，并注有荆楚网的网址。这种栏目是湖北日报将传统报纸与新兴媒体相结合的有效尝试，它把报纸、手机、电脑三者连接起来，实现了发稿与网站发布的同步。

2010 年，微博兴起，《楚天都市报》在微博平台开设了官方号，但因微博的平台特性，其所发新闻以社会新闻和娱乐新闻为主；此外，由于发微博有 140 字的限制，微博平台上的新闻也被局限于对时效性更强的突发事件的报道。2012 年微信公众号获得迅速发展，由于微信是一个基于熟人之间相互传递信息的平台，传递的信息能够引起好友间的关注，因而深度的内容也能获得很好的传播效果。但是由于微信公众号有发送次数与条数的限制，媒体微信公众号的信息分发依然受到较大的局限。

（二）融合传播的深入发展

在 2015 年之前的 PC 端时代，虽然湖北日报在网络上进行过信息的传播，但传统媒体和新媒体的发展实际上是两条线，处于各自发展的状态。而从 2015 年开始，传统媒体自觉地引入新媒体技术，并关注新媒体平台，湖北日报真正进入新媒体时代。2015 年，湖北日报"动向""看楚天"新闻客户端相继上线。由于客户端可以承载很多新闻内容，既可以克服微博与微信的局限性，又能方便移动化阅读，更适合运用于大众传播，因而获得了媒体的广泛欢迎。

2016 年，直播行业得到迅猛发展。湖北日报传媒集团紧跟时代风向，开始介入新媒体直播的领域，在一系列的融合传播实践中生产出一批优秀作品。其中《楚天都市报》对"煎饼姐"的全媒体报道等融合传播实践取得了不错的传播效果。

2017年3月召开全国两会，中央级媒体开始集中发力，移动端涌现了《王小艺的朋友圈》《快看呐！这是我的军装照》等现象级的新媒体产品，令全国新闻界耳目一新，同时也带动了省级媒体践行融合传播的热情。同年，湖北日报传媒集团进行了组织架构的大调整，成立了湖北日报融媒体中心，完成了对采编流程、运行机制和考评体系的改革。同时，在党的十九大、湖北省第十一次党代会等重大主题报道中，湖北日报更多地尝试全媒体报道。

（三）开启新时代的融合传播

2018年8月，全国宣传思想工作会议提出了建设县级融媒体中心的要求，这进一步激发了媒体与互联网技术公司的热情。同年，湖北日报在外交部湖北全球推介会系列报道中，首次实现了全集团范围的组织调度，并正式开通了抖音号。

2019年对于湖北日报而言是全面检验其融合传播能力的一年。这一年，湖北日报的各新媒体全面发力，在各重大时间节点上尤其是第七届世界军人运动会期间推出了一系列爆款产品，《湖北，新主场，赢天下》《大武汉，荣耀归来》等新媒体产品全面证明了其融合传播的能力。

中国新闻业及湖北日报的融合传播演进历程见表1。

表1　中国新闻业及湖北日报的融合传播演进历程

时间	融合传播的演进	湖北日报的融合传播探索
1999年	国内新闻业的文章中出现"全媒体"这一概念	湖北省唯一的全国重点综合性新闻类门户网站"荆楚在线"上线（后更名为"荆楚网"），湖北日报正式进驻
2008年	"腾讯·大楚网"开通	湖北日报尝试与互联网公司合作办网，按照市场模式运作
2009年	《楚天都市报》创办楚天都市网	湖北日报传媒集团尝试子媒办网，借助互联网技术与读者建立联系和互动
2010年	微博元年，微博用户规模得到爆炸性增长	湖北日报对微博平台进行了有限的尝试

时间	融合传播的演进	湖北日报的融合传播探索
2012 年	微信公众号出现,各媒体公众号纷纷上线	湖北日报开设微信公众号
2014 年	习近平总书记强调"推动传统媒体和新兴媒体融合发展",媒体融合正式成为新的国家发展战略	"i 楚天"客户端于 2014 年上线,其定位主要是为社区提供文化娱乐生活信息类服务,因而还未充分将传统媒体的优质新闻报道与新兴的客户端媒介模式相结合
2015 年	各级媒体新闻客户端集中上线;人民日报社组织撰写的《融合元年——中国媒体融合发展年度报告(2014)》正式出版	"动向""看楚天"等新闻客户端相继开通上线,推动湖北日报的融合传播进程向纵深发展
2016 年	直播行业迅猛发展;人民网研究院首次对外发布《中国媒体融合传播指数报告》	湖北日报传媒集团开始介入新媒体直播领域;其中《楚天都市报》对"煎饼姐"的直播报道全媒体融合传播实践,进一步推动了集团上下对融合传播的认识与理解
2017 年	全国两会上央媒集中发力,多款移动端现象级产品涌现,带动了省级媒体践行融合传播的热情	湖北日报融媒体中心开通运营,并对采编流程、运行机制、考评体系进行改革
2018 年	县级融媒体中心的建设被提上日程	首次实现了全集团范围的组织调度;开通抖音号
2019 年	"四全媒体"概念提出	湖北日报融合传播全面发力,军运会等主题报道全面检验了其融合传播能力

资料来源:罗鑫:《什么是全媒体》,《中国记者》2010 年第 3 期,第 82 页。

四　湖北日报的融合传播实践
创新——以军运会报道为例

2019 年 10 月 18 日,第七届世界军人运动会在武汉拉开帷幕。这场国际大型综合赛事的举办,为湖北日报的融合传播提供了在实践中创新的契机;在此期间,湖北日报的一系列新媒体产品均取得良好的传播效果,为探索省级党报的融合传播提供了自身的独特经验。

（一）内容精准定位：满足情感诉求，营造"情感共同体"

新媒体环境下的人们正在进入"后真相"的时代。有学者将现阶段我国网络舆论场的特征概括为"成见在前、事实在后，情绪在前、客观在后，话语在前、真相在后，态度在前、认知在后"①。情感具有信息传递与行为调控功能，是传递一定思想与意图的重要途径，② 在这种媒介环境下，越来越多的信息通过情感承载与传播。

军运会期间，湖北日报以用户内在的情感诉求为切入点，抓住新媒体环境下情感传播的特点，充分发挥了主流媒体强化主流价值观、塑造社会共识的社会功能。

首先，湖北日报的新媒体产品满足了武汉市民对于城市重新崛起的迫切心理诉求，给予用户"武汉荣耀归来"的情感体验。武汉曾经取得了一系列的辉煌成就，例如国家众多重点建设曾经集中在武汉，诞生了武钢等国家重点项目，这些都成为武汉人的骄傲。而从 20 世纪 80 年代末起，湖北和武汉逐渐丧失了以往的经济地位，即"中部塌陷"，武汉市市长甚至在全国两会上提出了"武汉在哪里"的问题。这使得部分武汉市民普遍产生了一种强烈的失落感，这种情感逐渐成为武汉市民的一种基调情感。而军运会这项国际赛事的举办，使武汉重新登上了国际舞台，受到全国乃至世界的瞩目。湖北日报对军运会的相关报道，迎合了武汉市民内心的情感诉求，使武汉市民普遍产生了一种正面指向的情绪。如湖北日报在军运会举办前夕，在微信公众号推出现象级产品《湖北，新主场，迎天下》，以横屏高清大图的形式全面展现湖北的人文历史和发展成就，以此迎合并进一步激发湖北人民对家乡承办国际赛事的自豪感。在作品推出的一小时内，微信后台显示阅读量即达到"10 万 +"，这在省级党媒中非常罕见；在中央网信办对该产品进行了全网推送后，该产品的阅读量超过 2.1 亿；在湖北日报微信后台，该产品最

---

① 张华：《"后真相"时代的中国新闻业》，《新闻大学》2017 年第 3 期，第 30 页。
② 张志安、黄剑超：《融合环境下的党媒情感传播模式：策略、动因和影响》，《新闻与写作》2019 年第 3 期，第 79 页。

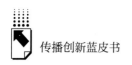

终拥有385万的阅读量、1.7万的点赞、4000多条评论以及100多万次转发,成为湖北日报进行融合传播探索的代表性作品。而在军运会即将结束之时,湖北日报微信公众号推出作品《大武汉,荣耀归来》,为武汉的"高光时刻"做总结,洗刷"武汉是个大县城"的形象,引发了又一轮传播热潮,微信后台达到80多万阅读量。① 能取得如此好的传播效果,得益于湖北日报对武汉市民心理与情绪的准确把握。

其次,湖北日报的新媒体产品通过建构国家认同,激发了广大用户的爱国情感,唤起了广泛的情感共鸣。如《周凤夺冠:为了背后的"CHN",绝不松手》这款抖音产品,捕捉了中国选手周凤在裁判吹哨后仍然死死抱住对手的这一画面,以"我是中国女兵"的醒目字幕唤起用户的内心情感。此外,选手背后的"CHN"标识以及具有震撼力的背景音乐,作为视觉与听觉符号亦强化了用户的情感体验,从而以建构用户国家认同的方式达到良好的传播效果,获得5000多万的播放量②。这一系列新媒体产品以用户内在的情感诉求为切入点,通过唤起与激发广大用户的情感体验,引发了大范围的共情,取得了良好的传播效果与网络影响力。

人民日报新媒体中心主任丁伟认为,党媒和用户进行情感交流,"要有真情实感",两者之间是"情感共同体"。他主张,当下内容生产除了要增加信息含量和观点含量外,还应该增加情感含量。③ 湖北日报在军运会期间推出的一系列爆款产品,正是通过新闻事实与情感体验的结合,打造了党媒与用户的"情感共同体"。

(二)优化运作方式:把握时间节点,掌控传播节奏

要打造媒体与用户的"情感共同体",要求媒体在注重自豪、感动、喜悦等正面情感的传播的同时,还需要保持对公众情感的灵敏感知,从而在关键时间节点或是重大事件发生时,调动公众的状态情感,放大正面情感的累加

① 资料来源:湖北日报融媒体中心后台数据。
② 资料来源:湖北日报融媒体中心后台数据。
③ 丁伟、胡洪江:《微信公号内容运营的三个维度》,《中国报业》2015年第21期,第40页。

效应，进而获得用户的关注和喜爱。

因此，媒体在对新闻报道进行策划时，除选择产品类型与报道的重点之外，还需要考虑传播节奏，把握时间节点。以对军运会的报道为例，媒体需要思考一系列问题：预热阶段应该推出什么产品？开幕的当天应该如何报道？在此期间需要报道什么？用户此时最关注什么？事件结束时如何收尾？

以《大武汉，荣耀归来》这一款产品为例，湖北日报之所以有意选择在军运会闭幕的 10 月 27 日这天早上推出，是因为其对用户心理与时间节点进行了充分的考量。在军运会期间，用户已经通过一系列的报道重新认识了武汉，一直被"武汉是个大县城"所困扰、所刺激的武汉人意识到属于自己城市的"高光时刻"终于到来。此时的武汉人迫切希望抒发"武汉已重新崛起"的情绪，急需媒体的报道将用户普遍存在的个人情感转化为公共情感。湖北日报直接鲜明地提出"大武汉，荣耀归来"，实际上比较准确地判断了武汉市民的这种心理和情绪，同时也充分把握了新闻的时效性。27日，各家媒体尤其是同城媒体大多还沉浸在比赛过程中，并没有推出类似的产品，所以这款产品最终达到了良好的传播效果，仅微信后台便达到了 80 多万的阅读量[1]。

湖北日报另一款抖音产品《军运会专用车道》，也是一款具有代表性的新媒体产品。这款产品本身非常简短，视频时间约 10 秒钟，展示的是武汉市多条街道一侧的军运会专用车道，并配上简单的字幕与背景音乐，最终取得了 1100 多万的播放量。其他一些同城媒体也推出了有关军运会专用车道的新闻产品，却没有取得理想的效果。湖北日报将推出该产品的时间节点选择在军运会已经开幕的 19 日，开幕式此时已将武汉市民的自豪感与对城市的认同感激发出来，专用车道唤起的更多是市民对城市文明秩序的认可；而其他一些同城媒体选择将其作为军运会的预热报道，未能给武汉市民带来深刻的情感体验。

---

[1]　资料来源：湖北日报融媒体中心后台数据。

（三）适配媒介平台：创新叙事视角，实现细节捕捉与宏大主题叙事相结合

在社会化媒体更多成为用户信息来源的时代，随着传递信息的媒介平台越发多元，省级媒体需要用不同的叙事视角适配不同的媒介平台，从而对新闻媒体报道的切入视角提出了新的要求。在抖音等社交属性更强的平台中，其更加贴近用户个体视角、能够激发情感共鸣的新闻细节往往更容易取得良好的传播效果。

在湖北日报对军运会的报道中，一类新媒体产品通过宏观视角直接展现宏大的主题，如湖北日报微信公众号推出的《湖北，新主场，迎天下》《大武汉，荣耀归来》等，这些作品中每一幅图片都是摄影师用专业摄影设备采取精选的机位拍摄而成，这些高清图片以直接的视觉冲击力带给用户极具震撼力的视觉体验；而微信公众号更具内容深度的媒介属性与以图文为主的媒体呈现方式，也更加适合高清横屏大图的展示。

另一类新媒体产品则通过对细节的捕捉，以微小的叙事来展现更加宏大的主题。这类产品更加适合在抖音等内容简短、社交属性更强的媒介平台上传播。如《周凤夺冠：为了背后的"CHN"，绝不松手》这部作品即展示了摔跤比赛过程中的一个细节：裁判当时已经吹哨判定中国选手周凤赢得了比赛，但她因为没有听到哨声，还死死地抱住对手。当时身在现场负责拍摄的记者的机位并不算好，但其敏锐地将这一细节用镜头记录了下来；后方编辑配上音乐与文字，将其剪成了一段短视频推送在抖音平台上。这段视频通过展示选手比赛中"绝不松手"这一细节，进一步与民族崛起的宏大主题相连接，唤起了众多用户内心的爱国主义情感，引发广泛共鸣，最终达到5000多万的播放量①。《军运会专用车道》这部抖音作品则是湖北日报客户端的编辑在上班的路上随手所拍的一段视频。在多条川流不息的武汉市街道旁，存在一条畅通无阻的军运会专用车道：虽然正常车道因车

---

① 资料来源：湖北日报融媒体中心后台数据。

辆众多而行驶缓慢甚至发生堵车，所有司机仍然自觉让出一条畅通的专用道，两条车道形成了鲜明对比。作品以这一细节，让用户感受到军运会期间武汉市的文明秩序，激发了其作为武汉市民的自豪感。这些内容都通过个体视野下的细节进行呈现，从而与更加宏大的主题相连接，更容易引发用户的情感共鸣。

五　对融合传播实践的总结与反思

以湖北日报为代表的省级党媒在自身长期的融合传播实践中，逐步明确了三个层面的融合传播路径：在内容层面，融合多种不同的元素，开辟全新的传播形式；在平台层面，形成多渠道、多平台的传播矩阵，形成不同平台之间的资源共享与报道互动；在运作层面，形成全天候实时生产的采编流程、各部门协调合作的运行机制以及将新媒体生产纳入考核的考评体系。

不同于将原有多家媒体进行整合（如天津海河传媒中心等），或在原有媒体集团之外重新组建新的传媒集团（如安徽新媒体集团等）等发展路径，湖北日报传媒集团所走的是一条以省委机关报为旗舰媒体、逐步拓展传媒平台并发展为综合性传媒集团的道路。但其围绕内容、平台与运作层面的传播实践与创新，亦能为其他省级党媒的融合传播建设提供可资借鉴的案例——在内容、平台与运作等层面上的融合传播中，省级媒体有共同的目标，即覆盖更多的用户、将信息抵达尽可能多的人群、使信息给用户留下更为深刻的印象，从而发挥主流媒体的舆论引导力，强化其塑造社会共识的社会功能。而在进行传播创新实践的背后，省级党媒融合传播的实践仍然需要在不断的"变化"中遵循"不变"的逻辑。

（一）湖北日报的融合传播创新：情感增量、节奏控制、适配视角

当下的网络社会中，不同的个体节点通过网络相连接，基于个体的认同形成了多元化的群体；而省级地方媒体所拥有的用户群体，相比其他网络群体则有着更加鲜明的地域性特征，激发地域性群体的认同是提升传播效果的

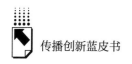

重点，而情感因素则是获得用户群体认同的关键要素。新时期，省级媒体需要在内容、运作层面进一步形成自身的融合传播路径：首先，以用户的情感诉求为切入点增加新闻的情感含量，作为省级媒体精准定位自身的用户群体，并通过内容与用户群体形成"情感共同体"；其次，对用户情感的准确把握要求媒体保持对公众情感的灵敏感知，通过挖掘与把握公众的情感诉求合理安排信息的分发，掌控新闻分发的节奏，在新的融合传播运营机制下发挥统一指挥、部门协同的优势。

在平台层面，省级媒体普遍形成了完备的传播矩阵，融合传播的深入发展在于如何发挥传播矩阵的效力：面对不同的传播平台，需要用不同的叙事视角适配不同的媒介平台，即突破媒体原有的叙事模式，在叙事视角上大胆创新。如湖北日报在抖音等平台通过个人化的视角与对细节的刻画，实现与宏大主题叙事相结合，从而利用已有的传播矩阵，发挥矩阵建设的优势。

（二）融合传播的深层逻辑：创新中的"变"与"不变"

然而，无论是传播形式与传播载体的变迁，还是内容坐标的位移，省级媒体的融合传播创新始终都需建立在"不变"的逻辑之上。

首先，在内容层面，虽然融合传播中传播的表现手段发生了变化，比如我们经常会使用H5、微信或抖音等新形式，但是传播的核心内容并没有变。深刻的思想、独到的见解、感人的故事、新鲜的知识、有趣的事情，这些内容仍然是传播的核心内容。在融合传播的实践里，涉及社会的核心价值观、体现社会正能量的暖文，在新媒体平台往往依然会得到人们的认同，引起情感共鸣。

其次，在运作层面，融合传播中传播的路径发生了变化，但是传播的核心逻辑没有变——融合传播依然要强调生产、加工、发布、推广的传播逻辑，不过这个过程中各个环节的联系在当下变得更加紧密了——从前生产与加工属于编辑部的工作，推广由专门的发行部负责，如今在生产过程中就需要考虑发布与推广的问题。但是新闻价值中的时效性、重要性、接近性等这些核心价值并没有发生变化，这些方面正是评价媒体新闻专业能力的依据。

最后，在平台层面，融合传播虽然改变了传播的载体与呈现的平台，但传播的终极目标没有变。融合传播视野下传播的终极目标仍然是要抵达尽可能多的人群，影响尽可能广泛的用户。虽然如今的用户不一定在报纸上接触新闻，而更多地在客户端、微信，或者是在抖音、头条等平台上阅读信息，但是为了实现新闻传播的终极目标，媒体仍然需要强调扩大传播的覆盖面，提升传播的影响力。

（三）融合传播深度发展面临的问题

在融合传播的建设中，平台建设一直是重要的一环。在自主可控平台的建设上，省级媒体仍面临着结构性问题。

有学者指出，目前省级媒体存在各路媒体争抢融合平台主导权的困境，这一方面造成有限资源的浪费，另一方面又会加剧对有限的报道资源的竞争。[①] 同时，随着信息主体的多元化，第三方信息分发平台亦成为信息传播中的重要环节。应如何处理自主可控平台与第三方平台之间的关系？在融合传播的实践当中，针对传统媒体将自身的内容发送到头条、抖音等平台的行为，一直不乏质疑的声音。但实际上，从一定程度上来说，传统媒体自主可控平台与第三方平台的关系类似于路易威登（LV）在法国巴黎的旗舰店与在武广商圈等地区专柜之间的关系——传统媒体打造的自主可控平台是生产优质内容的"旗舰店"，而第三方平台则是拓展传播渠道的"专柜"，优质内容的生产能力是省级媒体立足的核心，但优质内容永远需要借助更多元、更广泛的传播渠道才能"推销"出去。"造船出海"与"借船出海"应相互结合，而并非相互对立的矛盾。那么，在资源有限的情况下，各级媒体的平台该如何建设？党报自身的平台与市场资本注入的第三方平台该如何实现共赢？省级党报融合发展的实践中所面临的种种问题，仍然需要我们进一步探索与破解。

[①] 张芸：《省级媒体深度融合的现实问题与理论思考——基于河北省的调研》，《新闻与传播研究》2018 年第 1 期。

附　　录

Appendix

B.14

中国传播创新大事记（2019）

赵珞琳[*]

1月1日　党报改版，"学习强国"上线

2019年元旦起，《人民日报》等20余家中央与地方党报实行改版，突出可视化元素，以适应读者的阅读需求。同日，"学习强国"学习平台上线，"学习强国"是立足党员、面向全社会，以学习宣传习近平新时代中国特色社会主义思想为核心内容的互联网平台。上线半年内，"学习强国"用户过亿，成为现象级的融媒体平台。

1月10日　国家互联网信息办公室发布《区块链信息服务管理规定》

《区块链信息服务管理规定》自2019年2月15日起施行，旨在为区块链信息服务的提供、使用、管理等提供有效的法律依据。该规定是我国针对区块链行业建立合规监管体系的首次尝试。

---

　*　赵珞琳，武汉大学新闻与传播学院博士后，武汉大学媒体发展研究中心助理研究员。

1 月 11 日　小米宣布启动"手机＋AIoT"战略

AIoT 是指人工智能与物联网平台的联合，具备深度学习能力的 AI 可以通过精确算法加速物联网行业应用的落地。

1 月 15 日　县级融媒体中心建设规范发布

中共中央宣传部和国家广播电视总局联合发布《县级融媒体中心建设规范》和《县级融媒体中心省级技术平台规范要求》。两个规范对县级融媒体中心技术系统的总体架构及各项功能提出了要求，可操作性强，对县级融媒体中心建设有实质性指导作用。

2 月 4 日　春晚首次实现 4K 超高清直播

2019 年春节联欢晚会首次使用 5G 技术将长春、深圳、井冈山三个分会场的画面实时回传到主会场，实现 4K 超高清直播。直播期间，通过电视、网络、社交媒体等多终端观看春晚的海内外用户总规模达 11.73 亿。

2 月 12 日　"小艾帮帮"与华为联合推出助视软件

由视障律师金希发起的"小艾帮帮"助盲公益平台携手华为推出助视软件，以辅助视障人士完成日常生活活动。视障人士在应用程序中长按求助按钮，志愿者就可以通过视频连线的方式为其提供帮助，内容包括寻找丢失的物品，描述文字、图片、人物、环境等。

2 月 19 日　《流浪地球》实现中国科幻电影新突破

国产科幻电影《流浪地球》将宇宙、未来等宏大议题和中国人关于"家"的伦理、价值观相结合，获得广大观众的共鸣，截至 19 日，票房突破 40 亿元。

2 月 20 日　"夕阳再晨"科技助老项目发起人张佳鑫获"时代楷模"称号

中共中央宣传部向"夕阳再晨"科技助老项目发起者张佳鑫授予"时

代楷模"称号。该项目组织大学生志愿者走进社区，帮助老年人更好地融入信息科技社会。截至 2019 年 8 月，志愿者已覆盖全国 500 多个社区，直接帮助老人达 20 万人次，间接帮助老人达 80 多万人次。

3 月 3 日 两会期间，5G 登场、AI 上岗

在两会的代表委员通道和记者会上，央视新闻新媒体首次使用 4K + 5G + 移动直播技术进行移动端的新媒体直播。中央广播电视总台在国际上首次实现 5G 技术持续传输 4K 超高清信号，在总台 4K 超高清频道现场直播两会记者会。新华社推出的全球首个 AI 人工智能合成女主播"新小萌"于 3 月 3 日正式上岗，智能 AR 直播眼镜也在两会期间亮相。由科大讯飞打造的央视 AI 记者助理"小白"也现身两会新闻中心。智能语音转写工具"讯飞听见"成为会议记者的利器，通过一键连接便可实现全流程移动发稿。

4 月 11 日 县级融媒体中心建设 3 项规范发布

继 1 月发布两个规范之后，中共中央宣传部和国家广播电视总局联合发布《县级融媒体中心网络安全规范》《县级融媒体中心运行维护规范》《县级融媒体中心监测监管规范》。至此，中共中央宣传部和国家广播电视总局共发布县级融媒体中心 5 个规范，我国县级融媒体中心建设的标准体系基本建立。

4 月 16 日 抖音推出"非遗合伙人"计划

该计划将以加强流量扶持、提高变现能力的方式，帮助非物质文化遗产传承人在抖音 App 中实现百万个粉丝或百万元收入的目标。计划还将通过合作地方非遗话题和地方非遗文创产品，帮助全国各地尤其是贫困地区挖掘非遗的文化和市场价值。

4 月 23 日 国务院"互联网 + 督查"平台开通

国务院办公厅开通"互联网 + 督查"平台和微信小程序，面向社会征

集问题线索或意见建议。这将有利于整合社会督查力量，实现督查线索、信息资源的线上收集分析和线下处理，有利于建设规范、高效的督查工作新格局。

5月21日　淘宝发布"国宝联萌"计划

"国宝联萌"计划宣布未来3年将联动淘宝卖家、平台设计师资源以及生态伙伴，共同开发超100个国宝IP，首批联动包括兵马俑淘宝、川剧变脸淘宝、敦煌淘宝、天眼淘宝、长城淘宝、长征火箭淘宝、中国航母淘宝、圆明园兽首淘宝、西湖淘宝、熊猫淘宝（公益）10大国宝IP。此计划将在IP引入、产品设计生产与销售、版权保护等多个方面为国宝IP的"跨界"提供支持。

5月30日　中国主持人刘欣与美国主持人翠西·里根跨洋对话

中央广播电视总台中国国际电视台（CGTN）主播刘欣与美国福克斯商业频道主播翠西·里根（Trish Regan）进行了一场"跨洋对话"，双方围绕中美贸易、知识产权、华为问题等展开了16分钟的卫星连线直播对话，引起社会各界的热议。

6月6日　中国正式进入5G商用阶段

工信部正式向中国电信、中国移动、中国联通、中国广电发放5G商用牌照，我国正式进入5G商用元年。5G具有高速度、低时延、高可靠等特点，是新一代信息技术的发展方向和数字经济的重要基础。

6月13日　公安部部署开展"云剑行动"

"云剑行动"是指以互联网云服务、云平台为"利剑"去抓捕疑犯。其目的在于，通过综合应用刑事科学技术、网络技术、视频技术等最新科技手段，整合资源，构建缉捕在逃人员的天罗地网，大幅削减逃犯"库存"。从高承勇案、吴谢宇案到劳荣枝案，网络技术手段在案件侦破中发挥了重要作用。

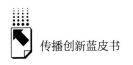
6月17日 华为启动"与任正非咖啡对话"活动

华为在深圳总部启动了"A Coffee with Ren"("与任正非咖啡对话")活动，截至年底共举办了三期活动。对话使用语言为英语，主要面向美国受众，涉及美国对华为的封锁、5G技术及华为产品安全问题等当前海外用户最为关注的内容。任正非通过回应华为"不被信任"的争议、与学者探讨5G时代华为如何与海外企业进行技术合作与创新等，试图与海外用户重建信任关系。

6月26日 中国首次实现8K超高清内容的5G远程传输

中央广播电视总台成功实现我国首次8K超高清内容的5G远程传输，并为参加2019年世界移动大会的嘉宾现场呈现极致流畅的传输速度以及清晰明艳、纤毫毕现的画质体验。

7月26日 动画电影《哪吒之魔童降世》上映，展现创新元素

《哪吒之魔童降世》成功地将古代神话故事和影视作品相结合，对传统IP进行了大胆改编，在内容和技术上都融入了大量创新元素，收获了"国漫之光"的美誉。

7月29日 央视短视频栏目《主播说联播》上线

中央广播电视总台新闻新媒体中心推出短视频栏目《主播说联播》。该视频时长2分钟左右，主播更接地气、更具个人思考的语言风格和竖屏、短视频、多屏互动的内容形式受到网民欢迎。

8月1日 公安部"互联网＋政务服务"平台正式上线

公安部"互联网＋政务服务"平台是全国公安机关互联网政务服务的总门户，打造了"一大平台全网贯通、双源数据全面支撑、四级联动全警应用、多种措施全力防护"的应用体系。平台的上线是公安机关为人民服务的创新成果，标志着全国公安政务服务工作水平迈上一个新台阶。

8月1日　我国科学家开发出全球首款异构融合类脑计算芯片

该芯片被命名为"天机芯"，它有多个高度可重构的功能性核，可以同时支持机器学习算法和类脑计算算法，这种融合技术或能促进人工通用智能研究的进步。相关研究成果作为封面文章发表在《自然》杂志上。

8月5日　中国日报新媒体中心推出"70秒·看见中国"系列短视频

该系列短视频深度挖掘新中国成立70年以来全国各省（区、市）取得的成就，每期视频以短短70秒进行全景鸟瞰的介绍和回溯，共计播发33期，中国日报自有平台累计播放量超过1.2亿次。

8月28日　中央广播电视总台"品牌强国工程"发布

"品牌强国工程"分为强国品牌、TOP品牌、领跑品牌、国资典范品牌四个层级，将依托中央广播电视总台各平台，通过全媒体传播"品牌强国"战略，助力培育能代表中国参与全球经济文化交流的新时代国家级品牌。

8月31日　我国"5G＋8K"技术在国际重大赛事中得到首次示范应用

在2019年国际篮联篮球世界杯北京赛场上，由我国主导设计、集成建造的全球首台"5G＋8K"转播车对赛事进行了试播，数百名观众在五棵松篮球公园的户外大屏现场观看了通过5G实时传输的8K电视信号直播试播。

9月2日　人民网推出大型全媒体系列报道"70年70问"

"70年70问"以《中国为什么被称为"流动的中国"》为开篇，到11月25日以《为什么说中国共产党是世界上最优秀的HR？》收官，从中国社会的多个方面来讲述大背景下的小故事。该系列报道融合图文、视频、H5等多种表达形式，截至11月20日，人民网两微阅读量达6985万，视频播放量达2.3亿。

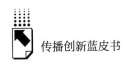

9 月 15 日　国家社会保险公共服务平台门户网站正式上线

国家社会保险公共服务平台是全国统一的社会保险公共服务总门户，重点为参保人和参保单位提供全国性、跨地区的社会保险公共服务。此门户网站将为参保人和参保单位提供更为便利的本地化、个性化服务。

9 月 16 日　故宫博物院与腾讯达成"数字故宫"战略合作

未来三年双方将聚焦科技应用与学术创新，通过"数字化 + 云化 + AI化"，在文物数字化采集与文化研究等领域深入助力"数字故宫"建设，通过推出《故宫如梦》剧集等产品来探索 5G 与新文创有机结合的内容范本。

9 月 19 日　"人民日报 +"短视频客户端正式上线

"人民日报 +"由普通用户、专业用户生产内容，以"人民问政"为主要特点，致力于构建兼具主流价值和创新活力的短视频内容生态，为主流媒体建立自主可控的短视频平台迈出第一步。

9 月 19 日　"设计下乡"主题展览亮相伦敦设计节

该展览包含了"设计精准扶贫四川小凉山公益计划""设计下乡协同创新宁波象山计划""黔东南雷山县非遗守护计划"等乡村振兴项目的成果，将彝绣、月琴、苗绣、苗银等传统艺术品传递到世界另一端。

9 月 20 日　快手扶贫启动"点亮百县"计划

"点亮百县"计划在未来几年，通过线下线上相结合的培训方式以及持续流量扶持，利用短视频、直播带货等多种手段，助力地方特产和文旅宣传，帮助全国 100 个贫困县、贫困地区进行流量扶贫、电商扶贫、产业扶贫、文旅扶贫。据快手官方数据，2018 年超过 1600 万人在快手获得收入，其中 340 万人来自国家级贫困县。

9月23日　国庆活动新闻中心首设融媒体体验室

融媒体体验室正式启动服务，邀请人民日报社、新华社、中央广播电视总台入驻，为中外记者提供多样的融媒体产品体验，包括基于5G网络传输的8K超高清电视直播、AI主播、媒体大脑、现场云等智能新闻生产和新闻分发等创意融媒体产品。

9月24日　公益手游《家国梦》上线

人民日报全媒体新闻平台和腾讯联合出品公益手游《家国梦》，该游戏将模拟家园建设类游戏与国家发展进程相融合，大力弘扬家国情怀，让玩家以主人翁身份体验建设祖国的乐趣，感受新中国成立70年来的变化发展。

9月25日　"体验中国之'中华武魂'"亮相威尼斯双年展

上海广播电视台制作的新媒体艺术展"体验中国之'中华武魂'"登上第58届威尼斯双年展，这是中国武术首次登上这一世界顶尖艺术平台。项目通过搭建沉浸式体验环境、进行多载体立体式传播，对中华武术文化进行了全新的艺术构建，使世界各地的观众更为深刻地理解武术的文化内涵。

9月27日　《QQ飞车手游》的"飞跃神州"赛道上线

为庆祝新中国成立70周年，新华社全媒编辑中心、新华社北京分社联合腾讯游戏《QQ飞车手游》推出"飞跃神州"主题赛道。赛道以游戏的形式包含新中国成立70年来的各项成就（如杂交水稻、青藏铁路、港珠澳大桥等）和祖国各地的壮丽河山，邀请玩家在玩游戏的过程中回溯和见证国家发展历程。截至12月6日23：59分，"飞跃神州"赛道总跑次数超过7亿人次。

10月1日　人民网新中国成立70周年系列报道发布

10月1日上午，庆祝中华人民共和国成立70周年大会在北京天安门广场隆重举行。各大主流媒体纷纷策划推出形式多样、主题鲜明的融媒体报

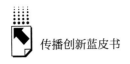

道。国庆当天，国庆相关话题牢牢占据新浪微博热门话题榜前 8 名，微博话题"国庆阅兵"阅读量达 80 亿，讨论量达 648.3 万。抖音热点榜前 9 名均为国庆相关话题。人民网、人民日报推出了一系列结合 H5、直播、短视频、手游等多种形式的融媒体报道，如《2019 国庆盛典时刻》《56 个民族服装任你选！快秀出你的爱国 Style》《今天，我们都是升旗手》等。

10 月 18 日　湖北日报军运会系列新媒体报道发布

第七届世界军人运动会在武汉开幕，从军运会筹备、预热、开幕到闭幕，湖北日报传媒集团在各新媒体平台共推出图文、直播、航拍、H5、小游戏等 10 类共 40 余个新媒体产品，其中包含 2 个阅读/播放量过亿的产品（《湖北，新主场，迎天下》《超燃！军运会 30 场馆航拍，武汉准备好了》）、6 个千万级产品、17 个百万级产品，将武汉打造成名副其实的"网红"东道主。

11 月 1 日　杭州法院受理中国"人脸识别第一案"

由于反对采用人脸识别的方式进入动物园，浙江理工大学特聘副教授郭兵将杭州野生动物世界告上法庭，认为其未经消费者同意强制收集属于消费者个人敏感信息的个人生物识别信息，违反了《消费者权益保护法》相关规定，损害了消费者的合法权益。

11 月 2 日　"设计中国·魅力汉字"展览亮相雅典

展览分"汉字的历史与艺术""汉字与中国人的生活""汉字的设计与文创""中国与希腊""汉字的信息化与汉字的传播"五个部分，呈现汉字的历史源流，表明汉字在中华与世界文明的交流中起到重要作用。展览以汉字为媒，成为中国与希腊之间交流互鉴的纽带。

11 月 3 日　我国正式启动 6G 研发

科技部会同国家发展改革委、教育部、工业和信息化部、中科院、自然科学基金委在北京组织召开 6G 技术研发工作启动会，会议宣布成立国家 6G 技术研发推进工作组和总体专家组，标志着我国正式启动 6G 技术的研发工作。

11 月 6 日　爱奇艺国际版（iQIYI）"出海"马来西亚

爱奇艺与马来西亚第一媒体品牌 Astro 达成战略合作，此次合作主要是爱奇艺 AI 技术产品的"出海"。Astro 是马来西亚在电视、OTT、广播等数字媒体领域的重要平台，当前服务马来西亚 570 万户家庭（占马来西亚家庭数的 76%）。截至 2019 年年底，iQIYI 长期位于马来西亚地区 iPhone 应用商店娱乐类应用下载量前列及 Google Play 娱乐类应用下载量第 1 名。

11 月 11 日　工信部发布《携号转网服务管理规定》

在新政策下，符合条件的用户可自由选择移动、联通、电信等运营商，而不用变更原有电话号码。携号转网将进一步推动信息通信技术更好地服务于大众，促进国内运营商在创新业务技术、丰富服务产品等方面的进步。

11 月 13 日　科技部批准建设"媒体融合与传播国家重点实验室"等 4 个实验室

科技部批准建设"媒体融合与传播国家重点实验室""传播内容认知国家重点实验室""媒体融合生产技术与系统国家重点实验室""超高清视音频制播呈现国家重点实验室"。通知宣称，为适应全媒体时代发展需求，此举将推动媒体融合向纵深发展，强化科技支撑。这一具有战略高度的举措，将为培养新媒介技术和教学科研的相关传播人才提供良好平台。

11 月 18 日　《网络音视频信息服务管理规定》发布

国家互联网信息办公室、文化和旅游部、国家广播电视总局联合印发《网络音视频信息服务管理规定》，自 2020 年 1 月 1 日起施行。出台该规定旨在促进网络音视频信息服务健康有序发展，保护公民、法人和其他组织的合法权益，维护国家安全和公共利益。

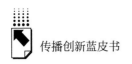

11 月 20 日　我国首个国家级 5G 新媒体平台正式上线

中央广播电视总台"央视频"5G 新媒体平台上线,"央视频"是基于"5G +
4K/8K + AI + VR"等新技术打造的全新综合性视听新媒体平台,其将以短视频为
主,依托总台的资源和知名品牌、IP,联合"央视频号"进一步拓展内容生态。

11 月 26 日　新华智云发布"媒体大脑 3.0"融媒体中心智能化解决方案

新华智云科技有限公司发布"媒体大脑 3.0"融媒体中心智能化解决方
案,这是国内第一个面向融媒体中心的智能化解决方案。该方案以区块链技
术和 AI 审核为显著特征,在"策、采、编、发、审、存"全流程为内容工
作者提供赋能,能为媒体机构、宣发部门、企业单位等各类融媒体中心提供
服务。当前,"媒体大脑 3.0"已在江西省融媒体中心、齐鲁智慧媒体云等
平台落地,并在不断迭代完善中。

**11 月 28 日　四部门联合印发《App 违法违规收集使用个人信息行为认
定方法》**

国家互联网信息办公室、工业和信息化部、公安部、国家市场监管总局
四部门联合印发《App 违法违规收集使用个人信息行为认定方法》。自此,
6 大类共 31 种 App 违法违规收集使用个人信息行为在我国将有章可依。

12 月 4 日　CGTN 入驻亚马逊流媒体平台和微软全球新闻平台

中国国际电视台(中国环球电视网)CGTN 宣布正式入驻亚马逊的流媒
体平台 Fire TV,上线应用 CGTN Now,提供 CGTN 英语频道电视直播内容和
原创内容点播服务。此外,CGTN 还将精选其多语种版权内容和双语原创内
容授权微软新闻平台进行分发,后者在欧美地区有逾 5 亿月活跃用户,具有
较高的市场占有率。

12 月 6 日　视频博主李子柒引起热议

通过自媒体短视频展示中国田园牧歌式生活的李子柒在国内外网络平台

吸引了大量关注和讨论。"李子柒是不是文化输出"的讨论话题于 12 月 6 日登上新浪微博热搜榜，一周之内，话题阅读量达 8.4 亿。

12 月 12 日 新华社首个智能化编辑部正式建成并投入使用

智能化编辑部以人工智能技术为基础，以人机协作为特征，对新闻生产进行全环节、全流程、全系统再造，旨在大幅提高新媒体产品创意创新能力和生产传播效率。智能化编辑部通过一次采集、N 次加工、多元分发，让新闻生产提速、提量、提质、提效，打通在线新闻生产的"最后一公里"。

12 月 15 日 《网络信息内容生态治理规定》正式发布

该规定以网络信息内容为主要治理对象，以营造文明健康的良好生态环境为目标，突出"政府、企业、社会、网民"等多元主体参与网络生态治理的主观能动性，对网络信息内容生产者、服务平台、服务使用者等提出明确要求，该规定自 2020 年 3 月 1 日起施行。这是我国网络生态治理领域的一个里程碑事件，以"网络生态"为网络空间治理立法的目标，在全球也属首创。

12 月 25 日 央视网"人工智能编辑部"发布创新产品

中央广播电视总台央视网"人工智能编辑部"正式启用，并发布系列创新产品：时政产品《I 学习》、智能传播效果评估系统"智晓"和 AI 内容风控平台"融媒质控云矩阵"。

12 月 30 日 我国第一条智能高铁——京张高铁开通运营

京张高铁是由我国自主研发的、世界上首条全线采用智能技术和北斗卫星导航系统的智能高铁。它采用智能化列车运行调度指挥系统和牵引供电系统，实现了有人值守的自动驾驶，并提供刷脸进站、站内导航和自助服务等，方便旅客出行。开通运营后，北京至张家口最快运行时间将由目前的 3 小时 7 分钟压缩至 47 分钟。

Abstract

This report is organized and compiled by the Center for Studies of Media Development (CSMD) at Wuhan University, the key research institute of Humanities and Social Sciences at Universities, Ministry of Education, P. R. C. , including seven parts: General Report, Social Communication, Economic Communication, Political Communication, Cultural Communication, Media Communication and Appendix.

The General Report focuses on the theme of " China communication innovation" and evaluates China communication innovation in 2019 from four dimensions: communication organization, content production, communication mode and social connection. This report analyses typical cases, summarizes the characteristics and trends of China communication innovation in 2019 and extracts the wisdom of communication.

The General Report points out that the year 2019 is the first year of 5G communication in China. Technological development shows the prospect of the transformation from " everyone's connected" to " everything's connected" and " everyone and everything's connected ". The platformized technology, the increase of social uncertainty, together with the collective wisdom of the public, are the driving forces for China communication innovation. In 2019, social communication innovation is driven by social issues and public welfare. It is closely integrated with social backgrounds and newest technologies. Cultural communication innovation focuses on exploring the cultural attributes and the "activated" elements of cultural China to apply new forms and methods to spread Chinese culture. Political communication innovation continues to focus on the use of new technological means and media platforms to communicate between the government and the public. Relevant government departments lay emphasis on promoting communication by "benefiting the people" . Economic communication innovation is seen in the collision of different business models. It focuses on exploring the blue sea in the socialist market economy. Media communication innovation is mainly driven by new forms of technology (e. g. , 5G, AI, blockchain, etc.) and is dedicated to exploring new opportunities brought by new forms of technology to content production and organizational structure. In general, China communication innovation presents its characteristics of complexity, creativeness and therapeutic. China communication innovation is faced with three challenges: how does the capital stick to communication innovation, how to make event-driven innovation sustainable and life-oriented, and how to create conditions and accumulate energy for innovation.

Our studies find that the hotspots of China communication innovation in 2019 are mainly as such aspects. Firstly, in the field of social communication innovation practice, the use of new media creates opportunities for change and renewal in community and family interactions. On one hand, online digital community communication has further strengthened the stickiness of rural community. The "co-presence" of multiple subjects has broken the original single centralized structure. This is conducive to the establishment of a new model of rural governance. On the other hand, mobile media plays an important role in the family education of left-behind children, so it is necessary to enhance the basic media literacy education of left-behind children. Secondly, in the practice of political communication innovation, projects such as "China's Change on QQ Speed" bring immersive experience to the target audience and obtain good communication effect by integrating news elements into the game design through cross-border integration with games. Thirdly, the innovative practice of cultural communication in 2019 shows that the state media has improved its ability of intercultural communication in the face of controversial topics, and the personalized intercultural narrative has produced a global communication effect. Fourthly, in the practice of economic communication innovation, the operation of brand communication focuses on "intelligent decision-making", explores and innovates in precision, automation and intelligence. Its content operation continuously realizes the mass, personalized and scene-oriented development, and show a trend of vertical deepening and integration of brand

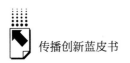
services. Lastly, in the practice of media communication innovation, the innovative application of new technologies such as 5G, blockchain, AI and 4K has spawned new products such as "media brain 3. 0", while short video products have maintained a rapid development trend.

Overall, seeing from the hotspots and frontiers in 2019, China communication innovation presents the characteristics of richness and diversity, and evolves towards the direction of public-driven communication innovation.

Keywords: China Communication; Innovation; Society; Connection

Contents

I General Report

B. 1 China Communication Innovation in 2019: The Progress,

Challenges and Future Directions

Shan Bo, Wu Shiwen / 001

Abstract: China communication innovation is a systematic progress which is based on social, media and technological environments. It is a conditional and cumulative progress. This report evaluates China communication innovation from four dimensions, namely, communication organization, content production, communication mode and social connection, analyzes representative cases, to interpret China communication innovation practice in 2019. In the new prospect of the transformation from "everyone's connected" to "everything's connected" and "everyone and everthing's connected", China communication is more inclined to show contextualized communication, relationship communication and emotion communication in convergence. The platformized technology, the increase of social uncertainty, together with the collective wisdom of the public, are the driving forces for China communication innovation. Some media events such as "the 70th anniversary of the founding of the P. R. C", "the 7th World Military Games", show the vitality of communication at the macro-level. However, the innovation of the medium organization level is not thorough. Also, micro individuals desire not only communication and interaction, but also the right to "disconnect". Overall, China communication innovation presents

its characteristics of complexity, creativeness and therapeutic. China communication innovation is faced with three challenges: how does the capital stick to communication innovation, how to make event-driven innovation sustainable and life-oriented, and how to create conditions and accumulate energy for innovation.

Keywords: China Communication; Innovation; 5G; Social Connection; Public Practice

Ⅱ   Social Communication

B. 2   Online Community Communication and New Models of

Rural Governance: A Case Study of Wechat Groups

in Zhongbei Village of Ningxia   *Ran Hua*, *Geng Shupei* / 026

Abstract: Since the reform and opening in 1978, China's western rural areas have developed rapidly in terms of economy. Nonetheless, a series of problems, including hollow community, loose organization and weakened public space, have simultaneously occurred and then resulted in many troubles for local managers who deal with rural community governance and village community construction. Inspired by new media technology, these problems are quietly changing now. This paper takes the WeChat groups of Zhongbei Village in Ningxia Hui Autonomous Region as an example, and observes the identity of rural community and online construction under the new media environment from the perspectives of rural governance, public sphere and online community. Findings indicated that the circled communication of online digital communities further strengthens the engagement of rural communities, the co-presence of a multi-center subjects has broken the " center-edge " structure and promoted a new model of rural governance, the construction of sense of community and the formation of identity have promoted the willingness of villagers to participate in the discussion of public issues. This paper also makes some contributions for future research about the role of new media in rural community governance and integration. Implications from theory to practice have also been discussed.

Keywords: Virtual Community; Rural Governance; WeChat Groups; Zhongbei Village

B. 3   Research on Short Kwai Video App Influence on Rural Users'
        Subjective Well-being   *Deng Yuanbing, Li Hui* / 046

Abstract: The short video App represented by "Kwai" provides a platform of entertainment and communication for users in rural areas. Exploring the relationship between adoption of Kwai App and rural users' subjective well-being has far-reaching practical value and theoretical significance. Adopting questionnaire survey, through the survey of 400 "Kwai" users in rural areas, this paper found that Kwai short video improves the subjective well-being of rural users, obtaining online social capital increases rural users subjective well-being; upward social comparison will weaken the subjective well-being, online social capital and the upward social comparison are able to play an intermediary role between use intensity and subjective well-being; unmarried rural users have higher subjective well-being; users with high school education have the highest intensity of use, are most likely to obtain social capital, and are more inclined to make social comparison. Economic income level still plays a leading role in the acquisition of social capital online, gender and age factors show no significant differences in the use intensity, obtaining online social capital, upward social comparison and subjective well-being.

Keywords: Rural Users; Kwai Short Video; Subjective Well-being; Social Capital; Social Comparison

B. 4 The Role of Mobile Phones in Family Education of Rural
Left-behind Children: An Investigation of
Wuling Mountain Area　　　　*Yu Fengjing, Wang Wenquan* / 064

Abstract: Through in-depth interviews and questionnaires, the research team found that the characteristics of the lack of family education for rural left-behind children in Wuling Mountain Area in the era of mobile phone popularity were as follows: deficient face-to-face communication with their parents, mobile phones have become the main communication channel between left-behind children and their parents; deficient their parents' company, mobile phones have become the main psychological comfort for left-behind children; deficient communication with the surrogate guardian, making friends and entertainment become the main purpose of left-behind children to use mobile phones; deficient the richness of tutor content, mobile phones become the most important supplementary channel of tutor content; deficient the time and space for tutoring of parents, they rely heavily on school education. Research data analysis showed: parents of left-behind children have little awareness of tutoring through mobile phones, and the parenting style is relatively single; parents' tutoring content is monotonous, the parents' initiative and left-behind children's willingness to accept the tutor are both weak; schools and teachers are absent from home-tutoring. Therefore, in the era of mobile phone popularization, we should innovate the parenting mode of left-behind children in rural areas. Parents of left-behind children should take the initiative to learn the new content of tutor and master the new skills of using mobile phone for tutor. The government and social forces should systematically train parents' parenting ability, attach importance to the basic media literacy education of left-behind children, and improve the position of schools and teachers in the tutoring of left-behind children.

Keywords: Mobile Phone Popularization Era; Wuling Mountain Area; Rural Left-behind Children; Lack of Family Education

Ⅲ Economic Communication

B. 5 Transformation of China's Media and Residents' Lifestyle

in 2019　　　*Xu Lijun, Yao Lin, Liu Haiyu and Chu Xiaokun* / 080

Abstract: This study sorts out the media development and trends in China in 2019, analyzes and interprets emerging tendency of media channels, e. g. online media, TV, radio, OOH, newspaper, magazine and so on; meanwhile, it also makes deep analysis on lifestyle transformation of Chinese residents in 2019 on the basis of data comparison. This study finds that the end of Internet traffic dividend has led to a new stage of communication and consumption. Firstly, the growth rate of Internet media slows down and tends to be saturated. The sinking market becomes the blue ocean market of Internet competition, and the traffic continues to permeate the middle-aged and senior citizens. Secondly, with the increase of the penetration rate of short video among all Internet users, the explosion of short video industry has become the most significant feature of the development of Internet media in the past two years. In terms of traditional media, the decline of daily arrival rate of TV is slowing down, and TV still has higher authority than other media, and it is still the media most recognized by residents. broadcast media has bucked the trend and developed steadily, and with the rapid development of Internet audio, the "ear economy" has emerged. Thirdly, in the outdoor travel scene, OOH has a strong momentum of development and enters the fast lane of digital transformation. Fourthly, print media is experiencing a tremendous transformation towards mobility, digitalization and intelligence. The change of residents' lifestyle is also deeply influenced by the development trend of the Internet. The saturation of traffic and the gradual loss of dividend bring the new consumption characteristics, which promote the consumption to be more differentiated. The consumption of "Generation Z", silver consumption, "Her" economy and maternal and infant consumption become new market growth points. It is an important prerequisite for media marketing and consumer marketing to

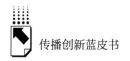
understand the latest trends of media and consumer lifestyle in China.

Keywords: China National Resident Survey; Media Convergence; Media Transformation; Short Video; Lifestyle

B. 6 2019: Brand Communication in China in the Era of 5G and Intelligent Technology

Yao Xi, Yao Jun, Guo Xiaoxuan and Yuan Jun / 105

Abstract: The combination of 5G, Internet of things, block chain and artificial intelligence technologies is putting human beings in an intelligent and interactive network, which has completely changed the way of human decision-making and social interaction. In this context, Chinese brand communication is facing a new round of communication reform and marketing innovation. Based on the literature analysis, we interviewed 11 service providers in China, and discussed the brand communication innovation in 2019 from the communication operation mode and communication process. From the perspective of innovation of brand communication operation mode, it reflects the central guidance of "intelligent decision-making"; driven by technology, brand communication tends to be precise, automatic and intelligent; in terms of content operation, it realizes batch, personalized and scenario development; in brand service, it shows the tendency of vertical deepening, self-help and integration. From the perspective of brand communication process innovation, first of all, the proportion of machine as the main body of production content is increased; second, the expression form of brand communication content presents original biochemistry and immersion; finally, the innovation of brand communication method is reflected in the boundary expansion of communication carrier and the interactive communication based on senses.

Keywords: 5G; Intellectual Technology; Innovation of Brand Communication; Operation Mode; Communication Process

Ⅳ Political Communication

B. 7 How Could Journalism and Mobile Games Realize Convergence on Significant Subject Reports? The Case from Xinhua News Agency *Li Bin , Wu Mengda and Fan Pan* / 127

Abstract: This report explores how mainstream media could realize trans-platform convergence in subject reports by analyzing the case of Xinhua News Agency's news game product *China's Change* on *QQ Speed*. Mainstream media nowadays faces new challenges such as the youth-dominated audience population and the mediated communication environment. By integrating news with gaming, Xinhua News Agency embodies national identity and news elements in game design, so as to realize the trans-platform communication of patriotism education. This practice attracts the target audience to immerse and to experience, and is regarded as a beneficial attempt to improve the communication effect in the era of mobile Internet. In the future, the practice of trans-platform convergence should proceed from the perspective of the audience and integrate mainstream media with commercial platforms.

Keywords: News Game; Media Convergence; Subject Reports; 70th Anniversary of the Founding of PRC

B. 8 Report on Innovations of Data Protection Regulations in 2019 *Wang Min , Cao Fang* / 139

Abstract: This report summarizes the top ten data breaches, respectively home and abroad, from official reports in 2019. Among them, overseas data breaches are concentrated in the realms of network website, health care and information technology; the main breach reason is hacker intrusion; the main

types of personal data breached are names, email addresses, address or location information. By comparing with the situation abroad, the report depicts the data breach scenario of China in 2019: data breach events decreased yet scale increased; e-commerce retail and smart home are the major intruded industries; lack of security is the main reason for data breach. From the perspective of data protection regulations, 2019 is the "first year of system supporting construction" and "first year of face recognition" in the area of global data protection. China's data protection legislation has been set on agenda, and the specialized and subdivided data protection principles have been gradually endorsed, and data collection and transaction have been nationally standardized. In the future, the protection of sensitive data such as health and biometrics will be the focus; the overall trend of China's data protection regulation innovation will be the emergence of legislative achievements and the improvement of national standards.

Keywords: Privacy; Data Breaches; Data Protection; Institutional Innovation; National Standards

V Cultural Communication

B. 9 China's Innovation Practices on Intercultural Communication
in 2019 *Xiao Jun, Guo Sunan* / 169

Abstract: This paper aims to explore the path of China's Innovation Practices on Intercultural Communication in 2019 by the cases study. Based on four analytical dimensions, this study classifies a text of over 170000 words according to concept innovation, content innovation, and platform innovation, and finally determines 12 typical cases. This research finds that concept innovation reflects the response to controversy and the focus on global issues, content innovation seeks cultural integration based on human common emotions, and platform innovation manifests in globalization driven by technology and market. The overall practices in 2019 show that national media's intercultural communication skills on controversial topics have been enhanced; personalized intercultural narratives have produced strong global communication effects; Chinese culture is creating new possibility of global listening through communication innovation. China's international communication has had the necessity and possibility to shift to intercultural communication. In other words, we need to consider the path of innovation in international communication capabilities from the perspective of communication between cultures. In the future, the concept innovation, content innovation, and platform innovation of intercultural communication all need to expand ideas and methods from multi-dimensional perspective of global politics, economy and culture.

Keywords: China's Intercultural Communication; Concept Innovation; Content Innovation; Platform Innovation

B. 10 A Study on the Innovation of Nanning TV's Transnational Spring Festival Gala *Liu Wenjun* / 189

Abstract: By 2020, the Nanning TV Transnational Spring Festival Gala has been held for 13 times, and it continuously tells Chinese stories to Southeast Asia and other countries and regions. This article comprehensively uses research methods such as interview method, field survey method and literature analysis method to try to analyze the innovation strategy of transnational Spring Festival Gala from the three dimensions of idea innovation, content innovation and platform innovation. In the dimension of conceptual innovation, the Transnational Spring Festival Gala practices the concept of "resonance", and realizes the "resonance and harmony" of China and Southeast Asian countries and regions by finding ways to resonate and create resonance. In the dimension of content innovation, the Transnational Spring Festival Gala is good at using games and stories for communication, the media allows games and stories to cleverly convey their inner voice; in the platform innovation dimension, the Transnational Spring Festival Gala uses the strategy of "borrowing ships to go to sea" and leverages the influence of local media in Southeast Asian countries and regions to achieve a

传播创新蓝皮书

widespread coverage.

Keywords: Transnational Spring Festival Gala; Cross-cultural Communication; Communication Innovation

Ⅵ Media Communication

B. 11 An Exploration of In-depth Newspaper-Internet Convergence: The Communication Innovation of "Xiake Island"

Zhang Yuanqing, Shen Mengzhe and Zhang Xue / 202

Abstract: "Xiake Island" is a new media brand under the overseas edition of *People's Daily*, which has gained extensive communication power and influence in the field of public opinion at home and abroad. This paper presents its development process from the perspective of those who have experienced it, and concludes its communication innovation into four main dimensions, including product positioning, content production, media convergence, system and mechanism. This paper also analyzes the four features of "Xiake Island" 's content production: accurate interpretation of the speeches and activities of General Secretary Xi Jinping; laying out and explaining major policies and news; constructive involvement in social hot spots; daring to speak out in international public opinion conflicts.

Keywords: "Xiake Island"; Communication Innovation; Product Positioning; Content Production; Media Convergence

B. 12 Weibo Communication of China's Traditional Media: Current Situation and Trends

Wang Shu, Li Bo / 219

Abstract: In recent years, new media has gradually become the most important media for the public to obtain information, while traditional media faces the great challenge of media convergence. The birth of Weibo provides the most vivid case and a good platform for the transformation, and development of China's traditional media. As the most representative platform in the field of new media, Weibo integrates communication and social connection, making information dissemination highly rapid, open and interactive. It not only has a great impact on traditional media, but also accelerates the integration process from traditional media to new media. The in-depth study of the status quo and future trends of Weibo communication not only promotes the upgrading and transformation of traditional media, but also provides a useful reference for the development of new media in China.

Keywords: Weibo; Media Convergence; Communication Innovation

B. 13 Research on Convergent Communication Innovation of Provincial Party Newspaper
—*Taking Hubei Daily Media Group's Convergent Communication Practice as an Example*   *Zhang Xiaoyan, Li Zekun* / 229

Abstract: The convergent communication innovation of Provincial party newspaper is an important manifestation of China's communication innovation. In the historical practice of convergent communication, Hubei Daily Media Group has gradually formed a convergent communication innovation path at three levels: content, platform, and operation. By the reports of the World Military Games, the practice innovation of Hubei Daily provided the production experience of new media products for the integration and dissemination of provincial party newspapers: the user's emotional appeal as the starting point, increasing the emotional content of the news; maintaining sensitivity to the public emotion recognize and grasp the rhythm of product operation and distribution; adapt to different media platforms with different narrative perspectives, and combine details and grand themes. At the same time, the deep problems existing in the process of the integration and development of provincial party newspapers need to be reflected and cracked.

Keywords: Convergent Communication; Provincial Party Newspaper; *Hubei Daily*

Ⅶ Appendix

B. 14 Chronicle of China's Communication Innovation（2019）

Zhao Luolin / 246

社会科学文献出版社

皮 书

智库报告的主要形式
同一主题智库报告的聚合

❖ 皮书定义 ❖

皮书是对中国与世界发展状况和热点问题进行年度监测，以专业的角度、专家的视野和实证研究方法，针对某一领域或区域现状与发展态势展开分析和预测，具备前沿性、原创性、实证性、连续性、时效性等特点的公开出版物，由一系列权威研究报告组成。

❖ 皮书作者 ❖

皮书系列报告作者以国内外一流研究机构、知名高校等重点智库的研究人员为主，多为相关领域一流专家学者，他们的观点代表了当下学界对中国与世界的现实和未来最高水平的解读与分析。截至2020年，皮书研创机构有近千家，报告作者累计超过7万人。

❖ 皮书荣誉 ❖

皮书系列已成为社会科学文献出版社的著名图书品牌和中国社会科学院的知名学术品牌。2016年皮书系列正式列入"十三五"国家重点出版规划项目；2013~2020年，重点皮书列入中国社会科学院承担的国家哲学社会科学创新工程项目。

中国皮书网

（网址：www.pishu.cn）

发布皮书研创资讯，传播皮书精彩内容
引领皮书出版潮流，打造皮书服务平台

栏目设置

◆ 关于皮书

何谓皮书、皮书分类、皮书大事记、
皮书荣誉、皮书出版第一人、皮书编辑部

◆ 最新资讯

通知公告、新闻动态、媒体聚焦、
网站专题、视频直播、下载专区

◆ 皮书研创

皮书规范、皮书选题、皮书出版、
皮书研究、研创团队

◆ 皮书评奖评价

指标体系、皮书评价、皮书评奖

◆ 互动专区

皮书说、社科数托邦、皮书微博、留言板

所获荣誉

◆ 2008 年、2011 年、2014 年，中国皮书
网均在全国新闻出版业网站荣誉评选中
获得"最具商业价值网站"称号；
◆ 2012 年，获得"出版业网站百强"称号。

网库合一

2014年，中国皮书网与皮书数据库端口
合一，实现资源共享。

权威报告·一手数据·特色资源

皮书数据库
ANNUAL REPORT(YEARBOOK)
DATABASE

分析解读当下中国发展变迁的高端智库平台

所获荣誉

- 2019年，入围国家新闻出版署数字出版精品遴选推荐计划项目
- 2016年，入选"'十三五'国家重点电子出版物出版规划骨干工程"
- 2015年，荣获"搜索中国正能量 点赞2015""创新中国科技创新奖"
- 2013年，荣获"中国出版政府奖·网络出版物奖"提名奖
- 连续多年荣获中国数字出版博览会"数字出版·优秀品牌"奖

成为会员

通过网址www.pishu.com.cn访问皮书数据库网站或下载皮书数据库APP，进行手机号码验证或邮箱验证即可成为皮书数据库会员。

会员福利

- 已注册用户购书后可免费获赠100元皮书数据库充值卡。刮开充值卡涂层获取充值密码，登录并进入"会员中心"—"在线充值"—"充值卡充值"，充值成功即可购买和查看数据库内容。
- 会员福利最终解释权归社会科学文献出版社所有。

数据库服务热线：400-008-6695
数据库服务QQ：2475522410
数据库服务邮箱：database@ssap.cn
图书销售热线：010-59367070/7028
图书服务QQ：1265056568
图书服务邮箱：duzhe@ssap.cn

社会科学文献出版社 皮书系列
SOCIAL SCIENCES ACADEMIC PRESS (CHINA)

卡号：818844468889
密码：

S 基本子库
SUB DATABASE

中国社会发展数据库（下设 12 个子库）

整合国内外中国社会发展研究成果，汇聚独家统计数据、深度分析报告，涉及社会、人口、政治、教育、法律等 12 个领域，为了解中国社会发展动态、跟踪社会核心热点、分析社会发展趋势提供一站式资源搜索和数据服务。

中国经济发展数据库（下设 12 个子库）

围绕国内外中国经济发展主题研究报告、学术资讯、基础数据等资料构建，内容涵盖宏观经济、农业经济、工业经济、产业经济等 12 个重点经济领域，为实时掌控经济运行态势、把握经济发展规律、洞察经济形势、进行经济决策提供参考和依据。

中国行业发展数据库（下设 17 个子库）

以中国国民经济行业分类为依据，覆盖金融业、旅游、医疗卫生、交通运输、能源矿产等 100 多个行业，跟踪分析国民经济相关行业市场运行状况和政策导向，汇集行业发展前沿资讯，为投资、从业及各种经济决策提供理论基础和实践指导。

中国区域发展数据库（下设 6 个子库）

对中国特定区域内的经济、社会、文化等领域现状与发展情况进行深度分析和预测，研究层级至县及县以下行政区，涉及地区、区域经济体、城市、农村等不同维度，为地方经济社会宏观态势研究、发展经验研究、案例分析提供数据服务。

中国文化传媒数据库（下设 18 个子库）

汇聚文化传媒领域专家观点、热点资讯，梳理国内外中国文化发展相关学术研究成果、一手统计数据，涵盖文化产业、新闻传播、电影娱乐、文学艺术、群众文化等 18 个重点研究领域。为文化传媒研究提供相关数据、研究报告和综合分析服务。

世界经济与国际关系数据库（下设 6 个子库）

立足"皮书系列"世界经济、国际关系相关学术资源，整合世界经济、国际政治、世界文化与科技、全球性问题、国际组织与国际法、区域研究 6 大领域研究成果，为世界经济与国际关系研究提供全方位数据分析，为决策和形势研判提供参考。

法律声明

"皮书系列"（含蓝皮书、绿皮书、黄皮书）之品牌由社会科学文献出版社最早使用并持续至今，现已被中国图书市场所熟知。"皮书系列"的相关商标已在中华人民共和国国家工商行政管理总局商标局注册，如 LOGO（ ）、皮书、Pishu、经济蓝皮书、社会蓝皮书等。"皮书系列"图书的注册商标专用权及封面设计、版式设计的著作权均为社会科学文献出版社所有。未经社会科学文献出版社书面授权许可，任何使用与"皮书系列"图书注册商标、封面设计、版式设计相同或者近似的文字、图形或其组合的行为均系侵权行为。

经作者授权，本书的专有出版权及信息网络传播权等为社会科学文献出版社享有。未经社会科学文献出版社书面授权许可，任何就本书内容的复制、发行或以数字形式进行网络传播的行为均系侵权行为。

社会科学文献出版社将通过法律途径追究上述侵权行为的法律责任，维护自身合法权益。

欢迎社会各界人士对侵犯社会科学文献出版社上述权利的侵权行为进行举报。电话：010-59367121，电子邮箱：fawubu@ssap.cn。

社会科学文献出版社